A^{t}V

Deutschland befreit sich von der Erblast der NS-Vergangenheit, agiert selbst- und machtbewußter. Das zeigt sich beim Kriegseinsatz der Bundeswehr gegen Serbien und beim Ablaßkauf für Zwangsarbeiter. Wo Auschwitz zur Metapher eines »humanitären Militarismus« wird, erhält die daraus zu ziehende Lehre eine neue Bestimmung. Die Schatten der Vergangenheit werden zum Verblassen gebracht. Von Vaterland, Heimat und »deutscher Leitkultur« ist die Rede. Deutlicher jedoch artikuliert sich der Antisemitismus honoriger Bürger: Die Juden seien letztlich an ihrer eigenen Verfolgung und Vernichtung selbst schuld. Das »Weltjudentum« verfüge noch heute über die Macht, Deutschland in der Schuld gefangen zu halten. Preisgekrönte Intellektuelle wie der Schriftsteller Martin Walser und der Publizist Rudolf Augstein verleihen dem »gesunden Volksempfinden« und virulentem Antisemitismus Ausdruck. Die Walser-Kontroverse wird als »Grundsatzdebatte der neuen Berliner Republik« (FAZ) und als Bruch des Tabus, daß »Juden in Sachen Auschwitz das letzte Wort haben« (TAZ), in die Geschichte eingehen.

Die Autoren des Bandes setzen sich mit den Geschichtsdebatten der letzten Jahre über den Umgang mit der NS-Vergangenheit auseinander und analysieren Muster antisemitischer Rhetorik in den Briefen zur Walser-Bubis-Debatte, in den jüngeren Romanen Martin Walsers und in Artikeln Rudolf Augsteins.

Johannes Klotz/Gerd Wiegel (Hg.)

Geistige Brandstiftung

Die neue Sprache
der Berliner Republik

Aufbau Taschenbuch Verlag

ISBN 3-7466-7035-7

1. Auflage 2001
© Aufbau Taschenbuch Verlag GmbH, Berlin 2001
Einbandgestaltung Preuße & Hülpüsch Grafik Design
unter Verwendung eines Fotos von Bert Hülpüsch
Druck Elsnerdruck GmbH, Berlin
Printed in Germany

www.aufbau-taschenbuch.de

INHALT

... ich mache mir nicht vor, daß nicht auch ... geschehen könnte, diesem Buch *[Mein Krieg]* was mit dem Komplex »Auschwitz« geschehen soll: fort damit, wir wollen wieder ein ganz normales Volk sein.

Erich Kuby: Mein Krieg. Berlin 2000

... 12 Jahre Nazi-Terror, so tragisch und verbrecherisch sie waren, sind nicht die zentrale Achse der deutschen Geschichte.

Klaus von Dohnanyi am 26. Mai 2000
während der Römerberggespräche

Uns steht das Argument »Wegen der deutschen Geschichte geht es nicht« nicht mehr zur Verfügung.

Bundeskanzler Gerhard Schröder
am 4. Februar 2000 in der »Zeit«

Im öffentlichen Bewußtsein ist die Verantwortung für Auschwitz nicht verankert. Jeder in Deutschland fühlt sich verantwortlich für Schiller, für Goethe und für Beethoven, aber keiner für Himmler. Ein Großteil der Bevölkerung denkt wie Martin Walser. Zeit, Schluß zu machen, nur noch nach vorne schauen.

Ignatz Bubis im Stern-Gespräch vom 29. Juli 1999

VORBEMERKUNG

In seiner Regierungserklärung proklamierte der neue, sozial-demokratische Bundeskanzler Gerhard Schröder – anknüpfend an neo-konservative Selbstverständnisse – das »Selbstbewußtsein einer erwachsen gewordenen Nation«[1]. Kurze Zeit später äußerte er sich dahingehend, daß die Gestaltung der Gegenwart und vor allem der Zukunft der Berliner Republik nicht mehr durch die NS-Vergangenheit behindert werden solle. Schröder erklärte, daß Deutschland sich nicht mehr »mit dem schlechten Gewissen traktieren«[2] lasse. Wenige Wochen vor Beginn des NATO-Kriegs gegen Jugoslawien und damit des ersten Kampfeinsatzes der Bundeswehr machte Schröder in einem »Zeit«-Interview klar, daß das Argument »›Wegen der deutschen Geschichte geht es nicht‹ nicht mehr zur Verfügung« stehe.[3] Inzwischen hat sich ein völlig anderes Verständnis davon etabliert, was es bedeute, »Lehre aus Auschwitz« zu ziehen und »den Anfängen zu wehren«.[4] »Nie wieder Krieg« kann nun »Wegschauen« bedeuten und »Nie wieder Auschwitz« die Zerstörung eines Landes erfordern. Der Kanzler trieb damit nicht nur die spezielle »Vergangenheitsbewältigung« der Deutschen auf die Spitze, sondern er setzte vielmehr die Schlußstrich-Argumentationen intellektueller Vorredner wie Martin Walser und Rudolf Augstein in aktuelle Politik um: Die Forderung nach dem Schlußstrich unter die NS-Vergangenheit und den von ihr ausgehenden Beschränkungen kam nirgends so klar zum Ausdruck wie beim »unverkrampften Ablaßkauf« für ehemalige Zwangsarbeiter, der die »deutsche Industrie vor Entschädigungsklagen und vor Boykottkampagnen auf dem amerikanischen Markt«[5] schützen soll. Der entsprechende Gesetzestext für die Einrichtung der Bundesstiftung »Erinnerung,

Verantwortung und Zukunft« verhehlt weder diese Absicht, spätere Einzelklagen auszuschließen, noch den staatsoffiziellen Geschichtsrevisionismus, der die deutsche Schuld für Faschismus, Krieg und Verbrechen relativiert.[6] Auch die Zwangsarbeiter-Entschädigungsdebatte machte deutlich: Die deutsche Gegenwart soll von den Lasten der Vergangenheit befreit werden und es so möglich machen, die Zukunft ohne sie zu gestalten. Dabei ist das so brisante Thema der Entschädigung für »Arisierungen«, bei der Millionen Deutsche während der NS-Zeit profitierten und noch heute als Erben dieses größten Enteignungsverbrechens profitieren, selbst 55 Jahre nach Kriegsende in der Politik und in der deutschen Öffentlichkeit tabu.[7] Dem sozialdemokratischen Bundeskanzler, der die Richtlinien der Politik bestimmt, geht es – diese Haltung teilt er mit den konservativen (Geschichts-)Politikern und Vorgängern im Amte – nicht um schonungslose Erkenntnis und um die Fähigkeit, das Erkannte auszuhalten, sondern darum, die bisherige Befangenheit der Deutschen und die Erblast der NS-Vergangenheit durch Umdeutung der Begriffe zu überwinden, um so eine neue »Normalität« zu konstituieren und sie zu legitimieren.

Parallel zu dieser Politik bildete sich in den 90er Jahren in Deutschland eine spezifische »Kultur des Erinnerns«[8] heraus, die einerseits den Bedarf an nationaler Symbolik deckt und die andererseits das Land politisch handlungsfähiger werden ließ, indem es vom Angeklagten in die Rolle des Anklägers wechselte und von der »deutschen Schuld« zur »deutschen Verantwortung«. Dieser wie alle bisherigen Versuche des kollektiven Erinnerns lassen den Eindruck entstehen, so Salomon Korn, daß »die Erinnerung an das nationalsozialistische Jahrhundertverbrechen ... nicht wirklich Teil einer nationalen deutschen Identität geworden«[9] ist. Im Gegenteil: Schuldabwehr und mangelndes Unrechtsbewußtsein der eigenen Geschichte gegenüber sind nach wie vor offen und unterschwellig im deutschen Volk weit verbreitet. Ein Bewußtsein darüber, daß es zwischen 1933 und 1945 zu einer »tiefgreifenden kulturellen und zivilisatorischen Selbstamputation«[10] gekommen ist, kann – trotz der großen in der Öffentlichkeit geführten Geschichtsdebatten der letzten Jahre – kaum festgestellt werden. Um so erschreckender und bedrohlicher ist es deshalb für die politische Kultur in Deutschland, wenn Politik, Literatur und Publizistik langlebige Mythen und hartnäckige Vorurteile bedienen und fördern, die sich als »fest gefügte Bilder oder sprachliche Stereotype in die Volksseele eingenistet haben«[11]. Während die CDU schwarze Kassen als jüdische Vermächtnisse ausgab, schreckte zuletzt Alt-Bundeskanzler Kohl nicht davor zurück, sein Schicksal im Spendenskandal seiner Partei mit dem der jüdischen Opfer der NS-Ausgrenzungs- und Vernichtungspolitik zu vergleichen.[12] Wir wollen hier den die deutsche »Volksseele« provozierenden Thesen Salomon Korns nachgehen, die er erst jüngst in die Debatte warf.

Der angesehene und respektierte deutsche Schriftsteller Martin Walser erlaubte es mit seiner »Friedenspreis«-Rede der politischen Klasse und dem »normalen Deutschen« und »guten Bürger«, sich hinter Sprache und Ästhetik zu verstecken, um damit gefahrlos deren Inhalt und geschichtspolitische Schlußstrich-Passage zu übernehmen. Im Gespräch mit Bubis machte Walser deutlich, daß er *den Juden* das Recht abspricht, über die Deutschen während der NS-Zeit zu urteilen: Wollen *die Juden* zur deutschen Nation gehören, dann müßten sie, so Walser, den ihnen unterstellten Gestus der moralischen Überlegenheit ablegen. Als Opfer und deren Nachkommen sieht

11

Walser sie außerhalb der deutschen Nation stehen. Wer den Deutschen ihre Schuld vorhalte, könne nicht zur Volksgemeinschaft derselben gehören. Gegen die Nestbeschmutzer richtet nicht nur Walser antisemitische Untertöne, sondern auch eine große Gemeinde von Anhängern.[13]

Auch Daniel J. Goldhagen schlug Antisemitismus entgegen, als er die Deutschen mit seiner These provozierte, »Hitlers willige Vollstrecker« gewesen zu sein. Viele, die sich aus Profession mit der NS-Geschichte beschäftigen, aber auch viele gewöhnliche Deutsche attackierten Goldhagen wie auch Jan Philipp Reemtsma mit seiner »Wehrmachtsausstellung«, weil sie den Schlußstrichpropagandisten und der These widersprachen, der »gewöhnliche« Deutsche sei nicht schuldig geworden an den Verbrechen des NS-Regimes. Vorurteile, Feindbilder, Antisemitismus, Rassismus und Nationalismus kamen in diesen Auseinandersetzungen offen zum Vorschein. In der Tat haben der Schriftsteller Martin Walser und der Publizist Rudolf Augstein recht, wenn sie behaupten, sie formulierten nur das, was im Volk gedacht werde. Doch sind ihre Vorurteile, ihre Abneigung und ihr Haß gegen Juden von wesentlich größerer Bedeutung, als sie es besser wissend vorgeben: Walser und Co. sehen die Intellektuellen von der Art Goldhagens oder Reemtsmas als Vaterlandsverräter, als zersetzende Aufklärer und vor allem als ›Jud‹, der mit zersetzender Intelligenz gesegnet (Walter Jens)[14] ist – wohlwissend, beim Volk auf verbreitete antiintellektuelle, antiaufklärerische und antisemitische Einstellungen zu treffen. Goldhagen und Reemtsma hätten sich – so lautet der Vorwurf Walsers und anderer – somit selbst außerhalb des nationalen Kollektivs gestellt, als sie die deutsche Schuld zum Gegenstand ihrer Darstellungen und des öffentlichen Diskurses machten. Das aber erschwert es, sich in die »Unschuld der Erinnerung« zu retten, deren literarischer Konstruktion sich Martin Walser bedient, um dem Schuldvorwurf zu entkommen. Wir lesen Walsers Begriffsschöpfung als Metapher dafür, daß das nationalsozialistische Jahrhundertverbrechen nicht wirklich Teil der nationalen deutschen Identität geworden ist und nicht werden soll. Die »Unschuld der Erinnerung« gilt Walser eigentlich als Synonym für die Verteidigung seiner Kindheit, in der »Sechs- bis Achtzehnjährige« von Auschwitz nichts bemerkten. Für uns Herausgeber aber liegt darin das geläufige Abwehren des »wir haben nichts gewußt«, des »wir haben nicht mitgemacht« und des »wir konnten nichts tun«, das u. a. Goldhagen und die »Wehrmachtsausstellung« auf eindrucksvolle Weise widerlegten. Es werden und wurden immer »rationale« Gründe angeführt, um ausgeprägte Feindbilder zu verdecken und das mangelnde Bewußtsein darüber, was Deutsche anderen angetan haben. Weder vor 1933 und schon gar nicht danach gehörten z. B. Juden im kollektiven Gedächtnis der meisten Deutschen zur deutschen Volksgemeinschaft. Und was den Juden widerfuhr, lag gar, so Saul Friedländer, »im Bereich eines stillschweigenden Einverständnisses oder einer mehr oder weniger ausgeprägten Willfährigkeit«[15].

Die Autoren unseres Bandes setzen sich mit den in der Öffentlichkeit ausgetragenen Geschichtsdebatten der letzten Jahre über den Umgang mit der NS-Vergangenheit auseinander und erörtern eingehend die Bedeutung der Friedenspreisrede Martin Walsers in diesem Kontext. Sie analysieren seine Rhetorik und Denkhaltung, die vielfach auf Zustimmung stieß, und diskutieren die Muster antisemitischer Rhetorik in den Briefen zur Walser-Bubis-Debatte und in den jüngeren

Romanen Martin Walsers. In letzter Konsequenz wird am »gewissen Antisemitismus« Walsers und Augsteins der Nachweis geführt, daß deren Judenbild auch im deutschen Volk virulent ist: Einzig Hitler bzw. wohl eigentlich die Juden selbst seien am Holocaust schuld, und das Weltjudentum verfüge noch heute über die Macht, Deutschland in der Schuld gefangenzuhalten. Dieser Zustand aber müsse überwunden werden, so lautet deren Forderung. Der eigentliche Skandal jedoch ist, daß Walser und Augstein als hochausgezeichnete Intellektuelle, der eine als Träger des Friedenspreises des deutschen Buchhandels, der andere als Träger des Ludwig-Börne-Preises, ihre antisemitischen Neigungen nicht nur fast unwidersprochen verbreiten können, sondern ihre Äußerungen geteilt werden.[16] Beide entwerfen ein nationales Selbstbild, das sich »von der kritischen Erinnerung an den Holocaust zu befreien trachtet und dabei mythisierend erneuert.«[17] Ihnen geht es nicht um die Erinnerung an die Opfer der NS-Vernichtungspolitik, sondern um uns, die Deutschen.

1 Zit.n. Hajo Funke: Friedensrede als Brandstiftung. In: Micha Brumlik, Hajo Funke, Lars Rensmann: Umkämpftes Vergessen. Walser-Debatte, Holocaust-Mahnmal und neuere deutsche Geschichtspolitik. Berlin 2000, S. 13.
2 Stefanie Christmann, Dieter S. Lutz: Die Zerstörung der Vernunft in Zeiten des Krieges. Zum Demokratieverlust nach 1989. Berlin 2000, S. 74.
3 Gerhard Schröder: Interview. In: Die Zeit vom 4. Februar 1999, S. 35.
4 Vgl. zum Verlauf dieser Entwicklung: Günter Jacob: Die Metaphern des Holocaust. In: 1999. Zeitschrift für Sozialgeschichte des 20. und 21. Jahrhunderts. 15. Jg., März 2000, Heft 1, S. 160–183.
5 Stefanie Christmann, Dieter S. Lutz: Die Zerstörung der Vernunft in Zeiten des Krieges. S. 74 f.
6 Vgl. Karl D. Bredthauer: Wenn Wohl-Täter stiften gehen. Die beiden Wahrheiten über die Bundesstiftung Erinnerung, Verantwortung und Zukunft. In: Blätter für deutsche und internationale Politik 6/2000, S. 674–686.

7 Vgl. dazu die Arbeiten von Frank Bajohr, der an der Forschungsstelle für Zeitgeschichte in Hamburg arbeitet; Wolfgang Mönninghoff. Enteignung der Juden. Hamburg/Wien 2000; Betrifft: »Aktion 3«. Deutsche verwerten jüdische Nachbarn. Dokumente zur Arisierung ausgewählt und kommentiert von Wolfgang Dreßen. Berlin 1998.

8 Vgl. dazu Günther Jacob: Die Metaphern des Holocaust. A. a. O. Vgl. a. Lars Rensmann, siehe Fn. 16.

9 Salomon Korn: Die Schmerzlosen. Warum den Deutschen nichts fehlt. In: Frankfurter Allgemeine Zeitung vom 7. Juni 2000. Es handelt sich um einen kurzen Abschnitt aus der Rede Korns zum »deutsch-jüdischen Mythos«, die er bei den Römerberg-Gesprächen hielt. Sie ist abgedruckt in der Frankfurter Rundschau vom 15. Juni 2000. Vgl. dazu auch Rafael Seligmanns Antwort in der Frankfurter Rundschau vom 6. Juli 2000.

10 Ebd.

11 Ebd.

12 Vgl. Frankfurter Rundschau vom 24. Juni 2000.

13 Siehe hierzu besonders den Beitrag von Wulf D. Hund und Thomas Gondermann in diesem Band.

14 Walter Jens hat sich so im DeutschlandRadio geäußert und dort sein Votum für die Walser-Rede völlig revidiert; vgl. Forum Kultur: Gründe für ein Mißverständnis. Mitschnitt vom 18. Dezember 1998.

15 Saul Friedländer, zit. n. Salomon Korn: Die Schmerzlosen. A. a. O.

16 Vgl. dazu die ausgezeichnete Analyse von Lars Rensmann, die empirische Daten heranzieht und die Bundestagsdebatte zur »Mahnmals-Entscheidung« zum Gegenstand hat: a. Lars Rensmann: Enthauptung der Medusa. Zur diskurshistorischen Rekonstruktion der Walser-Debatte im Licht politischer Psychologie; b. ders. Baustein der Erinnerungspolitik. Die politische Textur der Bundestagsdebatte über ein zentrales ›Holocaust-Mahnmal‹. Beide in: Brumlik, Funke, Rensmann: Umkämpftes Vergessen. A. a. O.26, insbes. 101–126 sowie b. S. 135–167.

17 Lars Rensmann: Enthauptung der Medusa. In: »Umkämpftes Vergessen«, S. 126.

Johannes Klotz / Gerd Wiegel

GEGENWART OHNE VERGANGENHEIT

Die alte Bundesrepublik war gebunden an und begrenzt durch die NS-Vergangenheit. Ihre nationale Identität bezog sich immer auf den 8. Mai 1945, ob als »Stunde Null«, Kapitulation oder Befreiung. Auf das Verlangen weiter Teile der deutschen Gesellschaft nach einem »Schlußstrich« unter die politische und strafrechtliche Auseinandersetzung mit der NS-Diktatur reagierte die Politik in der Ära Adenauer mit einer gesellschaftlichen Reintegration »fast um jeden Preis«. Die Politik der »Bewältigung der frühen NS-Bewältigung« war gekoppelt an eine »Politik der normativ-symbolischen Abgrenzung vom Nationalsozialismus«[1]. Ein anderer großer Teil der Gesellschaft, die Arbeiterbewegung, Verfolgte des Nazi-Regimes und andere Gruppen forderten noch lange nach der Befreiung vom Faschismus ordnungspolitische und kulturelle Konsequenzen. Bis zur Gründung der Berliner Republik am 3. Oktober 1990 war dem »Inbegriff des Bösen«[2] nicht zu entkommen. Die gesamte Periode zwischen 1945 und 1989 kann gelesen werden als Versuch, die verbrecherische Diktatur und deren Folgen zu »bewältigen«. Augenscheinlich zeigt die Walser-Bubis-Debatte, daß dieser Versuch zu scheitern droht und daß die Vergangenheits»bewältigung« einer kritischen Erneuerung bedarf. Wir vernehmen den Aufschrei im deutschen Volk, wenn wir mit der Ansicht des Liberalen und deutschen Staatsbürgers jüdischen Glaubens Ignatz Bubis konfrontiert werden, der Deutschland durch eine »antisemitische Kultur« geprägt sieht. Viele werden diese Sicht ebenso abwehren wie

17

jene Sentenz in der »Berliner Rede« des Bundespräsidenten Johannes Rau, in der er feststellte, daß es in unserer Gesellschaft Ausländerfeindlichkeit, ja Fremdenhaß gibt und Gewalt bis hin zum Mord, vor allem aber, daß gefährlicher noch als einzelne Gewaltakte ein gesellschaftliches Klima ist, »das Ausländerfeindlichkeit mit klammheimlicher oder sogar mit offener Sympathie begleitet.«[3] Die NS-Vergangenheit ist nicht »bewältigt«, im Gegenteil, Rassismus und Antisemitismus wirken in der »Moderne« fort bzw. scheinen mit den gesellschaftlichen Problemlagen zu wachsen.[4] Es handelt sich um Kontinuitäten, die Vergangenheit und Gegenwart miteinander verbinden.

Die besondere geschichtliche Stellung der Nazi-Vergangenheit war in der alten Bundesrepublik durch ihren nur teil-souveränen Status und das Bewußtsein präsent, daß das geteilte Deutschland eine bestimmte Vorgeschichte des Schreckens hatte. Machtpolitische Ambitionen beider deutscher Staaten waren durch die Nachkriegsordnung beschränkt.

Mit dem 2+4-Vertrag, der zwischen den beiden deutschen Staaten und den vier Siegermächten des 2. Weltkriegs im September 1990 geschlossen worden war, änderte sich die völkerrechtliche Situation Deutschlands von Grund auf. Die alte Bundesrepublik und die DDR waren souverän geworden und formal mit gleichen Rechten wie jeder »normale« Staat ausgestattet. Mit dem Beitritt der DDR zum Geltungsbereich des Grundgesetzes entstand die größere Bundesrepublik auf veränderter Grundlage und mit neuen Ambitionen. Die Nachkriegsordnung war aufgehoben; der neue Status wurde so gleich mit politischen Forderungen verknüpft (u. a. mit der Forderung nach Einschränkung/Aufhebung des Asylgrundrechts oder mit Bestrebungen, Deutschland solle in der neuen Weltordnung »selbstbewußter« auftreten).[5] In dieser veränderten Lage wurden Stimmen lauter, vergangenheitspolitischen Ballast abzuwerfen, um politisch handlungsfähiger zu werden. Intellektuelle, politische, militärische und wirtschaftliche Kreise verlangten nach einer »normalen« Interessen- und Machtstaatspolitik. Sie verlangten Revisionen und vor allem unter dem Einfluß des Neoliberalismus Entgrenzungen. Im Golfkrieg im Januar 1991 äußerte sich dieses Verlangen in der Frage, »warum wir nicht (dabei) sein könnten wie Engländer und Franzosen«[6]. In Deutschland begannen Debatten zum Selbstverständnis und zur neuen Rolle des souverän gewordenen Staates in Europa und in der Welt mit einem neuen Leitbegriff, der gleichzeitig eine veränderte Haltung zur NS-Vergangenheit einschloß: der »Normalisierung«. In welcher Hinsicht würden die Veränderungen zum Ausdruck kommen? Martin Walser schrieb noch 1993, daß man dem, »was die deutsche Nation von 1870 bis 1945 getan hat, nicht durch Austritt, Verabschiedung oder Negation entkommen« könne. In seiner Friedenspreis-Rede vom Oktober 1998 forderte Walser die radikale Lösung, die breite Zustimmung in der Öffentlichkeit und im politischen Establishment fand: die Forderung nach einem Schlußstrich unter die öffentliche deutsche Vergangenheits»bewältigung«.

Parallel hierzu verstärkte sich die Entwicklungstendenz, die NS-Vergangenheit in Erinnerungssymbolik zu transformieren. In dieser Umformung von Geschichte kommt ein neuer Zeitgeist zum Vorschein sowie der Verlust, gesellschaftspolitische Konsequenzen (z. B. für Erziehung, Bildung, Werteentwicklung und Gestaltung des sozialen und politischen Lebens) in Gegenwart und Zukunft überhaupt noch aus der Vergangenheit zu ziehen. Wenn Peter Glotz in seiner im Januar 1994 erschienen Schrift von »falscher Normalisierung«

spricht und damit jene kritisiert, die sich vom deutschen »Sonderweg« der alten Bundesrepublik zu emanzipieren suchen, so handelt es sich hierbei mittlerweile um eine Minderheitenposition, die innerhalb von nur zehn Jahren bei den Sozialdemokraten und den Grünen an den Rand gedrängt wurde.[7] Der einstige Vordenker und Modernisierer der SPD schlug ein »Konzept der historischen Lernfähigkeit« vor: »Kein Waffenexport, keine Militäreinsätze out of area, keine Kriegsfinanzierung mehr, keine logistische Hilfe für Kriegsparteien.«[8] Glotz formuliert den fast schon anachronistisch gewordenen Anspruch, daß – über die Erinnerung an die besondere »geschichtliche Stellung« des Nationalsozialismus und seine Verbrechen hinaus – für Gegenwart und Zukunft pädagogische, politische und gesellschaftliche Konsequenzen gezogen werden müßten. Er versteht damit ›Erinnerung‹ nicht hauptsächlich als Bewahrung eines besonderen Weges deutscher Geschichte im Geiste, sondern als Handlungsauftrag für die Praxis, und zwar in dem Sinne, daß die Erfahrung des deutschen Faschismus, des NS-Terrors, des Vernichtungskriegs und der Shoah als Voraussetzung für die Bestimmung unserer Gesellschaft und der Erziehung nach Auschwitz gelten sollen. Glotz' Haltung blieb Vision, und es setzten sich jene durch, die aus Geschichte symbolische Erinnerung »machen«, über die sich die Deutschen aber nicht (mehr) kollektiv verständigen (wollen). Das Jahrhundertverbrechen deutscher Faschismus wird so aus der nationalen deutschen Identität weiter zurückgedrängt. Darüber hinaus ist Kulturentwicklung, also auch die Erinnerungskultur nach Auschwitz durch die Ästhetik der Moderne und bloße *Symbolik* sowie durch Ökonomisierung und Neoliberalismus stark beeinflußt, die Identifizierung erschweren.

Es entwickeln sich spezifische Formen der Erinnerungskultur, die selbst ein stückweit den Schlußstrich in sich tragen, insofern Vergangenheit und Gegenwart entkoppelt werden. Es soll Schluß sein mit den ständigen Rückbindungen an die NS-Zeit. Es soll Schluß sein mit Antifaschismus und dem Antimilitarismus als historische und handlungsleitende Kategorien, die vor allem in Ostdeutschland noch über eine spezifische Tradition verfügen. Unausgesprochen soll auch mit Ansprüchen nach Demokratisierung und Entmilitarisierung bzw. Abrüstung Schluß sein. Es soll Schluß sein mit Entschädigungszahlungen Deutscher und Deutschlands für geleistete Zwangsarbeit während der Nazi-Diktatur; die Frage der Entschädigung wegen »Arisierung« jüdischen Eigentums oder der Kriegsverbrechen der deutschen Wehrmacht in Griechenland,[9] die jeweils im einzelnen Fall unvorstellbares Leid verursachten und jedes faßbare Maß überschreiten, soll erst gar nicht gestellt werden. Ein für allemal soll Schluß sein mit Reparationszahlungen. All diese ungeklärten Fragen thematisieren die nichtbewältigte NS-Vergangenheit. Die Bundes- und Länderregierungen, die meisten Kommunen und Verwaltungen, die Wirtschaft und die meisten Verbände und Vereinigungen und der gewöhnliche Bürger versuchen diese Themen zu verdrängen bzw. endgültig abzuschließen.

Politiker, Intellektuelle, Wirtschaftsleute und Medien, aber auch Wissenschaftler treiben die Entkopplung von NS-Vergangenheit und Gegenwart voran. Der Ruf des Philosophen Sloterdijk vom Ende der »kritischen Theorie« und vom »Tod des Humanismus« beschreibt zunächst nur die zutreffende Wahrnehmung, daß erkenntnisleitende Prinzipien wie die Kritik (der Gesellschaft) und das Ursachen-Wirkungsprinzip oder der Impuls von Aufklärung und Vernunft praktisch zur

Disposition stehen.[10] Auch ihnen droht der Schlußstrich. Die Geschichtsdebatten nach 1989 haben eine Gemeinsamkeit, so verschieden sie im einzelnen waren: die *Entkoppelung von NS-Vergangenheit und Realpolitik* zu konstituieren, die in der Legitimation des ersten Kriegseinsatzes durch deutsche Militärs gegen Jugoslawien ihren dramatischen Höhepunkt fand. Aus der Formel »Nie wieder Krieg – Nie wieder Auschwitz« machten der sozialdemokratische Verteidigungsminister Scharping und der grüne Außenminister Fischer die kriegslegitimierende Verkehrung des historischen Zusammenhangs, indem Deutschland nun Krieg führte, um angeblich ein neues ›Auschwitz‹ zu verhindern. Die Umformung geschichtlichen Wissens, seine »Instrumentalisierung zu gegenwärtigen Zwecken«, und zwar zum Zwecke der Führung eines »humanitären« Kriegs, bedeutete in Wirklichkeit den Bruch zwischen Gegenwart und Vergangenheit und die Preisgabe der »Lehren« aus der NS-Geschichte, die vor 1989 staatsoffiziell galten. Der Geschichtsstreit um Goldhagen und um die »Wehrmachtsausstellung« in der zweiten Hälfte der neunziger Jahre belegte andererseits die Beschäftigung vieler Deutscher mit dem Holocaust und dem Vernichtungskrieg. Während die Gegner dieser Dokumentationen ihre Ehre als Deutsche geschändet sahen und/oder deren Wissenschaftlichkeit in Zweifel zogen, sahen die Befürworter die begangenen Verbrechen ausschließlich in der Perspektive einer abgeschlossenen Vergangenheit. Die kausalen Zusammenhänge von Krieg und Vernichtung im deutschen Faschismus bzw. die Frage nach den sozialen Trägern dieses »Projekts« blieben weitgehend unreflektiert. Ebenso unerörtert blieb zumeist die Frage, welche Konsequenzen nach 1945 zu ziehen waren, welche gezogen worden waren und ob die Infragestellung »humanitärer«

Kriege in der Gegenwart mit Blick auf die deutsche Vergangenheit nicht mindestens zu stellen gewesen wäre. Die heute propagierte Erinnerungskultur muß die Rekonstruktion der wirklichen Geschichte (»Nie wieder Krieg« – »Nie wieder Auschwitz«) zur Grundlage haben, soll die ›Erinnerung‹ an das ›Unnormale‹ über den bloßen Eigenwert des Erinnerns hinauskommen. Wir wollen diesen Tendenzen im Streit um Geschichte und Vergangenheit der ersten zehn Jahre der »Berliner Republik« nachspüren.

Der Umgang mit der NS-Vergangenheit in der Berliner Republik

Die Nachkriegszeit in Europa und damit eine Epoche endete 1989/90 mit dem Zusammenbruch des sozialistischen Weltsystems. Am Ende des 20. Jahrhunderts stellte sich folglich insbesondere für Deutschland die Frage, welche Bilanz es aus seiner jüngeren Geschichte ziehen wollte. Ohne Zweifel war dies die Frage nach dem Umgang mit der NS-Vergangenheit.[11] Hat sich dieser Umgang nach 1989 verändert, und wie hat er sich verändert? Welchen Stellenwert hatte er und hat er heute für die Kultur des Landes und besonders für das konkrete politische Verhalten der führenden Repräsentanten aus Wirtschaft, Staat und Gesellschaft? Welche Rolle spielt die Vergangenheit von Vernichtungskrieg, Shoah und NS-Terror noch für das heutige politische Tagesgeschäft? Wie weit ist die Entkopplung von Erinnerungs- und Tagespolitik[12] schon vorangeschritten, und wer treibt sie voran? Wie sieht die neue »Normalität« aus, besonders im Umgang mit den Opfern des

23

deutschen Faschismus, und welche Bedeutung kommt in diesem Zusammenhang der Walser-Bubis-Kontroverse zu, deren antisemitische Untertöne für uns von besonderem Interesse sind, die aber bisher noch kaum wahrgenommen wurden? Anhand der beiden wichtigsten geschichtspolitischen Debatten nach 1989/90 wollen wir diesen Fragen nachgehen: der Debatte über Goldhagens »Hitlers willige Vollstrecker« und über die »Ausstellung:Vernichtungskrieg«. Beide Debatten stehen gerade nicht für einen Schlußstrich unter die NS-Vergangenheit, zeigen aber dennoch die veränderte Sichtweise kritischer Geschichtswissenschaft.

Neue Normalität und alter Antisemitismus

Nach der epochalen Wende von 1989/90 gewinnen in Deutschland Vorstellungen des historischen Revisionismus an Zuspruch. Die vergangenen 40 Jahre der Bonner Republik werden zu einer Periode des Sonderwegs deklariert, und die Fragestellung nach Kontinuitäten des deutschen Nationalstaats rückt in den Vordergrund. Eine andere Deutung sieht in Anknüpfung an Carl Schmitts und Ernst Noltes Version vom Weltbürgerkrieg das NS-Regime nur als eine »radikale oder entartete Vorhut des sich selbstbehauptenden okzidentalen Bürgertums«[13], das den Kampf des liberalen Westens gegen den Bolschewismus geführt habe. Beiden Interpretationen zufolge beendete die Epochenwende von 1989/90 eine »vorübergehende Anomalie«. Die Einebnung der Zäsur von 1945 und die Relativierung dieses Zivilisationsbruchs verheiße »dem souverän gewordenen Deutschland eine normale Existenz in der Mitte

Europas ohne ›Angst vor der Macht‹«, erklärte Habermas in seinem Beitrag über die Normalität einer künftigen Berliner Republik.[14] Angesichts der Komplexität weltweiter Beziehungen und der dynamischen Entwicklung supranationaler Organisationen und Institutionen hätten Appelle an die »selbstbewußte Nation« ihre Grenzen,[15] meinte der Philosoph, ohne zu bedenken, daß sich die selbstbewußte Nation auch auf andere Art und in neuen Formen realisieren kann.

Wer jedenfalls den Begriff der Normalität heute verwendet, »will aus der Geschichte aussteigen und die Zukunft von der Gegenwart aus bestimmen«[16]. Der Begriff der Normalität erhielt nach 1989 eine gänzlich neue Dimension: Das wiedervereinigte und souveräne Deutschland sah sich vor die Aufgabe gestellt, seine Rolle in der Welt neu zu definieren, und wird inzwischen von einer Generation politisch geführt, die für sich in Anspruch nimmt, die »richtigen« Lehren aus Auschwitz und der NS-Geschichte gezogen zu haben.

Gegen die seit 1989 »anschwellenden Bocksgesänge« (Botho Strauss) für eine »selbstbewußte Nation« und gegen das Aufkommen einer »neuen Sorte von vaterländischem Geist« (Jürgen Habermas) wirkten in der zweiten Hälfte der neunziger Jahre mehrere geschichtspolitische Großereignisse. Dennoch ist darin ein Paradigmenwechsel in der historischen Forschung zu sehen, der das Geschichtsbild der Berliner Republik über die NS-Vergangenheit in entscheidender Weise verändert hat. So paradox es klingt: scheinbar wird, je größer der historische Abstand zu Faschismus und Holocaust wird, die Debatte darum intensiver. Nimmt man nur die zweite Hälfte der neunziger Jahre, dann haben wir hier die Debatten um Daniel Gold hagens Buch »Hitlers willige Vollstrecker«, die Ausstellung

»Vernichtungskrieg. Verbrechen der Wehrmacht 1941 bis 1944«, das Holocaust-Mahnmal in Berlin, die Raubgolddiskussion, die Frage der Zwangsarbeiterentschädigung und schließlich die Walser-Bubis-Kontroverse.

Für die öffentliche Diskussion waren sicherlich die Goldhagen-Debatte und die »Wehrmachtsausstellung« am wichtigsten. Beide Diskussionen verliefen äußerst emotionalisiert und führten zu heftigen Reaktionen auf konservativer Seite (so bis heute bei der »Wehrmachtsausstellung«), aber auch bei eher liberalen Historikern (so bei Goldhagen). Der Grund für die breite Resonanz beider Debatten lag in der ähnlichen inhaltlichen Ausrichtung von Goldhagen und der »Wehrmachtsausstellung«. Thematisiert wurde hier wie da die breite Beteiligung der deutschen Bevölkerung am Holocaust. Die Sozialwissenschaftlerin Birgit Rommelspacher spricht in diesem Zusammenhang von der Ausweitung des »Normalitätsfeldes«, die durch Goldhagen und die Ausstellung vorgenommen wurde[17]. Gemeint ist damit, daß die Verbrechen und Massenmorde hier nicht mehr einer engen und festumrissenen Gruppe von Tätern, etwa der SS, zugeordnet werden, sondern die Beteiligung Tausender, ja Millionen thematisiert wird. Erschwert wird damit die einfache Distanzierung der damaligen Bevölkerung. Wenn die Beteiligung an den Verbrechen so verbreitet war, daß sie quasi »normal« war, dann stellt sich die Frage, wie hätte ich mich verhalten, auch für die vielleicht nur zufällig nicht Beteiligten neu. Die Verdachtsmomente und der Rechtfertigungsdruck für die damalige Bevölkerung wird also größer. Hier liegt der entscheidende Grund für die sehr starke Emotionalität der Abwehr, bei der Ausstellung mehr noch als bei Goldhagen.

Martin Walser setzt einen bewußten Kontrapunkt gegen

diese Thematisierung deutscher Schuld. Der öffentlichen Thematisierung der Schuldverstrickung weiter Teile der Bevölkerung begegnet Walser mit der Forderung, diese öffentliche Debatte zu beenden. Die Gewissensfrage, d. h. die Frage nach der »Verstrickung« des einzelnen, soll seiner Ansicht nach individualisiert und nicht länger öffentlich thematisiert werden. Nicht der Schlußstrich unter die Erinnerung ist seine Forderung, sondern die Verlagerung der Erinnerung ins private Gewissen der Individuen. Das aber wollten Goldhagen sowie Reemtsma und sein Ausstellungsleiter Heer mit ihren Dokumentationen gerade nicht. Worum ging es konkret bei Goldhagen bzw. bei der Wehrmachtsausstellung?

Goldhagen charakterisierte den Alltag der »gewöhnlichen Deutschen«, ihre Überzeugungen und Einstellungen während des Dritten Reichs. Er belegte, daß sie als Rädchen im Getriebe des NS-Regimes über Handlungsspielraum verfügten: Die »Vollstrecker« konnten selbst Entscheidungen fällen, führten ihre mörderischen Taten bewußt aus und setzten vielfach lustvoll Grausamkeit und Gewalt ein. Der Autor schilderte eindringlich und in bedrückender Weise, wie »gewöhnliche« Deutsche als »Berufspolizisten« sich für die Polizeibataillone meldeten und im von der deutschen Wehrmacht eroberten und gemeinsam mit SS, SD und Gestapo kontrollierten »Ostraum« »Ordnungsfunktionen« zu übernehmen hatten, die Vernichtungsaktionen einschlossen. Diese Art der Darstellung war für ein historiographisches Werk ebenso neu wie erschütternd. Die in Medien und Öffentlichkeit ausgetragenen Debatten über »Hitlers willige Vollstrecker – Ganz gewöhnliche Deutsche und der Holocaust« zeigten, daß der amerikanische Historiker viele Deutsche bis ins Mark traf, da er mit dem Tabu brach, daß jene, die Verbrechen des deutschen Faschismus zu verantworten hatten, nur wenige waren und die Deutschen nichts davon gewußt hatten. Ganz im Gegenteil machte Goldhagen bei den Deutschen vor 1945 einen weit verbreiteten »eliminatorischen«, also auf Auslöschung der Juden zielenden, Antisemitismus aus. Beides jedoch (ver)störte diejenigen, die wünschten, »Deutschland möge ›endlich eine ›normale Nation‹ mit einer ›normalen‹ Geschichte werden‹«[18]. Der Schlußstrich unter die NS-Vergangenheit, der am Beginn der »Berliner Republik« mit intellektueller Macht gefordert wurde, weil die Schuld nun durch Anerkennung als gleichberechtigte Nation unter gleichen getilgt sei, konnte wieder nicht durchgesetzt werden. Stattdessen traten antisemitische Ressentiments offen zutage. Es formierte sich eine Art »Volksgemeinschaft der Beleidigten«, denn nicht wenige hielten an dem Mythos fest, »Hitlers willige Vollstrecker« seien »Opfer« der Diktatur gewesen oder etwa auschließlich Menschen, die der Krieg brutalisiert hatte. Der Antisemitismus nahm subtile bis offen aggressive Formen an: Die jüdische Abstammung Goldhagens, die Tatsache, daß sein Vater ein Überlebender des Holocaust ist, wurde vielen Besprechungen quasi zur Einstimmung vorangestellt,[19] gerade so, als habe die Herkunft des Autors entscheidendes mit dem Inhalt seiner Arbeit zu tun. Nahegelegt wurde, daß Juden einfach nicht objektiv über die Shoah schreiben könnten und als drücke Goldhagens Arbeit und ihr Erfolg den immer schon behaupteten Einfluß der jüdischen Lobby in den USA aus. Ganz in diesem Sinne reduzierten Matthias Arning und Rolf Paasch in der »Frankfurter Rundschau« die amerikanische Holocaustdebatte auf den Kreis »meist jüdische(r) NichtHistoriker, sprich Journalisten und Kolumnisten«[20]. Warum

28

die religiöse bzw. ethnische Zugehörigkeit hier auftaucht, bleibt unerfindlich, wenn sie nicht als Ausweis der Befangenheit angeführt werden soll. Daß diese Unterstellung ausgerechnet im Land der Täter formuliert wurde, zeugt von einem neuen Bewußtsein im Umgang mit der Geschichte, das sonst nur in neokonservativen Kreisen zu finden war. Geradezu als Drohung in diesem Zusammenhang muß die »Befürchtung« von Marion Gräfin Dönhoff empfunden werden, »daß das Goldhagen-Buch den mehr oder weniger verstummten Antisemitismus wieder neu beleben könnte«[21].

Der hier als Subtext zu charakterisierende Inhalt vieler Kritiken verdeutlicht einen Abwehrreflex gegen eine als fundamental aufgefaßte Kritik an der deutschen Geschichte und »den Deutschen«, der auch durch Goldhagens aus seiner eigenen Logik herausfallenden Hinweis, die Deutschen hätten sich seit 1945 vom Antisemitismus abgewandt und seien heute ganz anders, nicht aufgefangen werden konnte.

Goldhagen befreit die Deutschen
von der Last ihrer Vergangenheit

Ohne Zweifel ist die Perspektive auf das Individuum, wie gerade Goldhagen und die »Ausstellung:Vernichtungskrieg« zeigen, und damit die Anerkennung und Bestimmung seiner Bedeutung im sozialen System ein Gewinn für die Geschichtsforschung. Der konzentrierte Blick darauf hat aber zu Einseitigkeiten geführt in dem Sinne, daß die Frage nach der sozialen Verantwortung der Gruppen, Schichten und Klassen der Gesellschaft, d. h. die Frage nach den Strukturen, kaum mehr gestellt wird. Diese aber ist unabdingbar, wenn man das Ganze verstehen will, denn Gruppen, Institutionen, Parteien usw. sind, wie die Individuen selbst, maßgebliche Triebkräfte der Entwicklung menschlicher Gesellschaften. Die relative Zustimmung bei Teilen der deutschen Bevölkerung zu Goldhagens Analyse der Täter im Hitler-System enthielt gleichzeitig gewisse Aspekte der Normalisierung, und zwar in zweierlei Hinsicht: Zunächst ging der ›Normalisierung‹ Deutschlands – aus der Sicht des amerikanischen Historikers – die Umerziehung des deutschen Volkes durch die Alliierten nach 1945 voraus (dasselbe empfahl er später im Falle ›Milosević‹-Jugoslawiens – er nannte das Umerziehungsprojekt: die »deutsche Lösung«), das – dadurch inspiriert – eine spezifische, föderale und demokratische Kultur entwickelte. Goldhagen hatte das »Modell Bundesrepublik« gelobt, weil sich im Nachkriegsdeutschland (West) ein radikaler Wandel der politischen Kultur vollzogen habe, eine Umgestaltung, die im weitesten Sinne auf der Internationalisierung Deutschlands und dessen Einbindung in die eigentliche, die ›westliche Demokratie‹ und ›Wertegemeinschaft‹ beruhe. Goldhagen begrenzte die spezifische Ausprägung des Rassismus und den »eliminatorischen« Antisemitismus auf die Zeit des deutschen Faschismus und seine Vorbedingungen. Mit der These, die Bundesrepublik entspreche dem Standard »westlicher Demokratien«, befreite er »die Deutschen« von der Last der Vergangenheit. Er machte ihnen das willkommene Angebot, die Gegenwart und Zukunft des demokratischen Deutschlands von der verbrecherischen Vergangenheit des NS-Staates abzugrenzen und gleichzeitig »westlich-demokratische« »Normalität« als einziges Maß zu begründen. Was Reemstma in seiner Laudatio auf Goldhagen anläßlich der Verleihung des »Demokratiepreises« der Zeitschrift »Blätter für deutsche und internationale Politik« in einem anderen Sinne als »eine ins Lob gekleidete deutliche Ermahnung« an die Deutschen bewertete, nämlich »die Grundlagen der Bonner Republik und ihres Erfolgs« auf die »Berliner Republik« zu übertragen, erübrigt allerdings keineswegs die Frage, ob »Internationalisierung« alleine und in der Substanz demokratische Entwicklungen bedingt. Angesichts brennender Asylantenheime und Mordanschlägen gegen Ausländer, angesichts zahlreicher Schändungen jüdischer Grabmäler, offen aggressiver und unterschwellig verdeckter antisemitischer Äußerungen und ausländerfeindlicher Haltungen und Ressentiments, z. B. im Rahmen der Walser-Bubis-Debatte, muß bezweifelt werden, daß sich Einstellungen und Haltungen von Antisemitismus, von Rassismus und von Nationalismus wirklich so rasch und vor allem nachhaltig und von Grund auf geändert haben. Langfristige Wirkungen der NS-Vergangenheit in die Gegenwart, beispielsweise bedingt durch Rückkehr der alten Eliten in ihre (Macht-) Positionen in Staat und Wirtschaft und die Rolle dieser Eliten im Kalten Krieg, sind bei der Beantwortung dieser Frage von ebenso großer Bedeutung wie das Faktum, daß demokratische Strukturen nicht per se mit Aufklärung und Humanismus gleichgesetzt werden können. Demokratisch organisierte Gesellschaften werden in ihrer dauerhaften Existenz von destabilisierenden Entwicklungen im sozialen Bereich ebenso bedroht wie durch Auswirkungen weltwirtschaftlicher Determinanten. In der Demokratie wird zwar Aufklärung möglich, sie wird aber gleichermaßen durch mächtige Interessen sowie durch die kaum zu durchschauende »Infrastruktur« und Funktionsweise repräsentativ-demokratischer Gesellschaften erschwert, relativiert oder gar verhindert. So stellt sich die »demokratische Frage« immer weniger als eine nach den Formen, sondern danach, ob sie wirklich und der inneren Substanz nach einer Tendenz fortschreitender Demokratisierung entspricht. Die gesellschaftlichen Eruptionen von Antisemitismus, Rassismus und Fremdenfeindlichkeit in Deutschland am Ende des 20. Jahrhunderts lassen die demokratische Entwicklung brüchiger erscheinen, als die Lobrede Goldhagens auf das »Modell Bundesrepublik« glauben machen könnte.

Die Unschuld der deutschen Wehrmacht

Die »Wehrmachtsausstellung« provozierte viele Deutsche, weil sie öffentlich machte, daß die Zahl der an Wehrmachtsverbrechen beteiligten deutschen Soldaten und das Wissen darüber in der Heimat um ein vielfaches größer war, als man einzugestehen bereit war. Die Schuldfrage wurde erneut und noch schärfer gestellt, denn sie nötigte jeden einzelnen und jede Familie dazu, nach der eigenen Verantwortung für Völkermord und Vernichtung zu fragen. Diese Brisanz und die Gefahr für das nationale Geschichts- und Selbstbild der Deutschen erkennend, sahen sich Peter Gauweiler und die Münchener CSU veranlaßt, die »Reemtsma«-Ausstellung zum Gegenstand eines politischen Streits zu machen. Der dortige CSU-Bezirksvorstand hatte schon im Dezember 1996, also zwei Monate vor Eröffnung der Ausstellung in München, die Dokumentation des verbrecherischen Vernichtungskriegs zum gesellschaftlichen Skandal erklärt und beschlossen, die »Geschichtsschau« als eine »linke Tendenzveranstaltung zur Herabwürdigung der deutschen Soldaten in ihrer Gesamtheit«

zu brandmarken. Im Parteiorgan der CSU wurden in einem Satz die Nürnberger Prozesse als »Strafmaßnahmen gegen Deutschland« bewertet und die Gefahr beschworen, daß »die Linke ... einen moralischen Vernichtungsfeldzug gegen das deutsche Volk führt«. Man schürte nationalistische und völkische Emotionen. Die extreme Rechte nutzte diese Plattform, um in München, dem einstigen »Geburtsort der Bewegung«, zu einer »Demonstration des nationalen Widerstandes gegen die antideutsche Schandausstellung« aufzurufen, die 4 bis 5 000 Teilnehmer zählte.

Nicht wenige wollten in teilweise empörten Zuschriften an die Organisatoren, an die lokalen Zeitungsredaktionen und die überregionale Presse nachweisen, daß die Wehrmacht und ihre Soldaten nicht so verbrecherisch gewesen seien, wie es die Fotos und Dokumente suggerierten. Andere versuchten, die Aktionen der Deutschen gegen »Taten« der Russen oder Serben aufzurechnen. Ein Teil der Gesellschaft – Kriegs- und Nachkriegsgeneration oder deren Nachkommen – leugnete die Verbrechen der Wehrmacht und deren Mitwirkung beim Holocaust, auch jene, die den Historikern schon lange bekannt waren, bevor die Ausstellung die Gesellschaft damit konfrontierte. Im Zuge der Politisierung der Ausstellung war immer wieder versucht worden, den Nachweis zu führen, Fotos und Beschreibungen entsprächen sich nicht. Die These, daß es sich in dem einen oder anderen Fall nicht um deutsche Soldaten gehandelt habe, die Verbrechen begangen hatten oder haben sollen, wurde dahingehend ausgeweitet, den Vernichtungskrieg und die Massenverbrechen gewöhnlicher Wehrmachtssoldaten überhaupt in Zweifel zu ziehen oder als »normale« Kriegshandlungen zu bagatellisieren. Berechtigte Fragen und Einwände traten im Gewand des historischen

Revisionismus auf. Man wollte die deutsche Schuld für den Vernichtungskrieg, für die Beteiligung der Wehrmacht am Holocaust und an anderen Verbrechen während des Zweiten Weltkriegs relativieren, damit aber gleichzeitig die Verantwortung Deutschlands für die Opfer der mörderischen Politik des NS-Systems in Zweifel ziehen.

Klagen vor den Gerichten, in denen man den Hamburger Austellungsmachern Geschichtsfälschung unterstellte, hatten jedoch keinen Erfolg. Auch die Kernaussagen, daß es sich beim Krieg gegen die Sowjetunion um einen ›Vernichtungskrieg‹ handelte, die deutsche Wehrmacht einen verbrecherischen Rassen- und antisemitischen Krieg führte, in den einfache Soldaten involviert waren, stand nicht in Frage.

Im Herbst 1999 wiesen die Historiker Bogdan Musial und Krisztián Ungváry an einer noch nicht genau bestimmten Zahl von Ausstellungsfotos nach, daß Bedenken teilweise zu Recht geäußert worden waren. Allerdings ließen sich auch Musial und Ungváry vom Geschichtsstreit der Deutschen einfangen. Davon zeugen ihre zahlreichen Äußerungen in der Presse. Einige Medien und konservative Historiker nutzten die erneute Publizität des Streits um die »Wehrmachtsausstellung« vor allem, um das darin enthaltene Geschichtsbild zu Fall zu bringen. Sie fechten schon seit Beginn des Streits um die Ausstellung die These an, die Wehrmacht habe im Osten einen Vernichtungskrieg geplant und durchgeführt, und leugneten damit den Zusammenhang von Vernichtungskrieg und Verbrechen der Wehrmacht im Grundsatz.

Die »Wehrmachtsausstellung« ist rehabilitiert

Der Bericht[22] der vor einem Jahr eingesetzten Historiker-Kommission hat ausdrücklich die Grundaussagen über den Charakter des »Vernichtungskrieges im Osten« bestätigt. Er hat zudem auf neue Forschungsergebnisse[23] verwiesen, die das Ausmaß der Verbrechen noch krasser erscheinen lassen. »Nicht zu bestreiten sind die verbrecherischen Grundsatzentscheidungen und Befehle der Wehrmachtsführung...« Die Wehrmacht spielte eine wesentliche Rolle beim »Genozid an den Juden im Osten«[24], bei den Verbrechen an den sowjetischen Kriegsgefangenen und im Kampf gegen die Zivilbevölkerung. Sie war nicht nur in diesen Völkermord »verstrickt«, sondern an diesen Verbrechen »teils führend, teils unterstützend beteiligt.[25] Zur Relativierung der eigentlichen Thesen der Ausstellung taugen die Kritiken von Musial und Ungváry nicht, im Gegenteil, deren Einwände hält die Kommission für überzogen. Der Ausstellungsmacher Hannes Heer wurde vom Manipulations-Vorwurf des polnischen Historikers Musial entlastet. Allerdings konstatierte die Kommisssion »grobe handwerkliche« Mängel bezüglich der Zuordnungen von Fotos und einen Mangel an Differenzierung.[26] Sie begutachtete ca. 60 Prozent der 1 433 Bilder, bei weniger als 20 Prozent gab es Interpretationsprobleme. Zwei Fotos sind nachweislich falsch zugeordnet worden. Bei wenigen mußte die Zuordnung gänzlich offenbleiben.[27]

Dies schmeckte weder den Kritikern noch einem Teil der Medienvertreter, die klare und einfache Antworten lieben. In deren Vorstellungswelt paßt nicht, daß die »Wahrheit« manchmal im Detail steckt, das aber nicht zu finden oder zu rekonstruieren ist. Das brisante Thema der Ausstellung hat das

Problem der historischen Bildkritik erstmals in den Mittelpunkt öffentlicher Diskussion gerückt. Auch Geschichtswissenschaftler haben selbstkritisch einen allzu lockeren Umgang mit der Problematik, die die Ausstellung mit zeitgeschichtlichen Bild-Dokumentationen anderer Genres gemein hat, eingeräumt. Der Kommissions-Bericht gibt indirekt jenen recht, die dafür plädieren, wissenschaftliche Erkenntnisbildung als Prozeß zu sehen. Die Behebung der Mängel der »Wehrmachtsausstellung« und ihre Fortführung wäre daher konsequent.

Im Bericht der Historiker werden die Medien für die Zuspitzungen im Streit über das Geschichtsbild der deutschen Wehrmacht mit verantwortlich gemacht. Ganz »nebenbei« und oft unerkannt begünstigen oder verstärken sie *Paradigmenwechsel*, die von der Politik vorgegeben und von der Wissenschaft mitvollzogen werden. Sie erwecken – übrigens noch heute – mit der Verkürzung des Titels »*Vernichtungskrieg. Verbrechen der Wehrmacht ...*« auf Wehrmachtsausstellung den Eindruck, die Exposition wolle alle Wehrmachtssoldaten der Verbrechen beschuldigen.

Es ist den Medien bisher gelungen, von ihrer eigenen Rolle in diesem selbst miterzeugten Geschichtsstreit abzulenken und die von den Historikern begründeten Differenzierungen zu ignorieren.[28] Lapidar heißt es in der FAZ: »Wie es wirklich gewesen ist, kann uns die Ausstellung nicht sagen und auch nicht der Bericht.«[29] Weil der Bericht die Erwartung bestimmter Adressaten nicht erfüllt, wird jetzt die Reputation der Historiker-Kommission in Frage gestellt.

Reemtsma geht es darum, über die Einwände der Historiker-Kommission hinauszugehen und die »neue« »Wehrmachtsausstellung« unter ein anderes Leitmotiv zu stellen: Er will wissen, »unter welchen Umständen Menschen ihresgleichen umbringen«[30] oder »wann ... der Normalbürger zum Mörder (wird – J. K.)?« Ins Zentrum der Betrachtung soll der angeblich »universale Mechanismus« rücken, der »sich auf vielen Kriegsschauplätzen« wiederfindet, die »kalte Quälerei«, die »mit der heißen Mordgier der Marodeure« zusammentraf, was dann »zu Eskalationen« führte.[31] Aus solchen erkenntnisleitenden Fragestellungen würde sich ein anderes Projekt ergeben. »Dann wäre die Ausstellung ein Exemplum für das, was sich immer und überall an Barbarei ereignen kann, aber nicht länger die Präsentation eines präzedenzlosen Verbrechen, für das Deutsche die Verantwortung tragen,« kritisierte der »Zeit«-Redakteur Volker Ullrich.[32] Damit würden die Mordtaten relativiert und die *Singularität von Auschwitz* zur Disposition gestellt, was politisch opportun wäre, denn gebraucht wird die Vorstellung, daß das »Böse« überall in gleicher Weise am Werke ist. Gegen andere Vorstellungen wird dagegen der Ideologie-Verdacht erhoben und damit der Versuch der nicht-argumentativen Entwaffnung unternommen. Indem Medien sich gegen jede Art von Ideologie wenden, wird es ihnen selbst leichter, so zu argumentieren, daß der konforme oder auch indifferente Leser die Voraussetzungen eigenen Denkens und Schreibens nicht mehr in Frage stellt. Nicht mehr Ideologie-Kritik vermittelt Erkenntnis, sondern der bloße Verdacht.

Als Prototyp des medienbegleiteten *Paradigmenwechsels* kann im Falle der »Wehrmachtsausstellung« die liberale »Frankfurter Rundschau« gelten.[33] Sie forderte in jüngerer Zeit mit einiger Vehemenz eine andere Konzeption der »Wehrmachtsausstellung«, weil ihre »Intension« »schon im Kern verfehlt« gewesen sei. Der Redakteur der »FR«, Thomas Medicus, wähnt sich mit Reemtsma konform, der sich »einvernehmlich«

von Hannes Heer, dem ehemaligen Leiter der Ausstellung »Vernichtungskrieg. Verbrechen der Wehrmacht«, getrennt hat. Heer, ein »militanter Alt-68er«, »räume das Feld«, weil er an der alten Konzeption festhalten wollte, wird kolportiert.[34] Wahr ist, daß Reemtsma selbst unmittelbar nach der Pressekonferenz im November 1999 der FAZ zu Protokoll gab, »es sei niemals um die Legende von der ›sauberen Wehrmacht‹ gegangen, das sei eine Zuschreibung der Presse gewesen«[35]. Dabei war schon in den ersten Sätzen des Ausstellungskatalogs zu lesen: »1945, kaum daß Nazi-Deutschland besiegt war, begannen die ehemaligen Generäle mit der Fabrikation einer Legende – der Legende von der ›sauberen Wehrmacht‹ ... 1995, fünfzig Jahre später, ist es an der Zeit, sich von dieser Lüge zu verabschieden und die Realität eines großen Verbrechens zu akzeptieren.«[36]

Heers »geliehener Antifaschismus« sei für eine »Fortentwicklung« des *Hamburger Instituts für Sozialforschung* »zum Hemmschuh« geworden, weiß der »FR«-Redakteur zu berichten. Die zurückgezogene »Wehrmachtsausstellung« sei durch die »Geschichtspolitik der 68er Generation« gekennzeichnet und repräsentiere »damit die alte Bundesrepublik«. Die Ausstellung sei angeblich »durch empirische Forschungen angezweifelt worden [gemeint sein könnten Musial und Ungváry – d. Verf.], wie sie vor 1989 kaum vorstellbar gewesen wäre – eine Empirie, die im Ergebnis auf die totalitäre Logik und totalitäre Dimension der Kriegsverläufe an der Ostfront hinweist«[37]. Hannes Heer habe im Geschichtsstreit darüber eine »Politik der Schuld«[38] betrieben. Selbst in höchstem Maße geschichtspolitisch als Journalist und nicht als Historiker argumentierend, behauptet Medicus, diese Ausstellung bezeuge »nur die Wahrnehmungs- und Denkmuster vergangener Zeiten und den hilflosen Versuch, ihrerseits an obsoleten ideologischen Frontverläufen festzuhalten«[39]. Diese Sprache vernahm man bisher nur von ganz rechts, sie steht für eine Form des Journalismus, die jede Distanz zur Wissenschaft verloren hat, sich selbst zur Wahrheit stilisiert, indem sie Wissenschaftlichkeit vortäuscht, eigentlich Desinformation betreibt. In den Urteilen über Hannes Heer fokussieren sich notorische Abneigung, ein abschreckender Feuilletonjournalismus und ein Verfolgungswahn, der nicht mehr zur *Kriegsgeneration*, sondern zur *»Bewältigungsgeneration«* auf Distanz geht. Dies zielt darauf, eine ganze Generation in Sippenhaft zu nehmen und unter Ideologieverdacht im Sinne falschen Bewußtseins zu stellen. Medicus schreibt, ohne zu merken, daß er demselben Antrieb unterliegt, den er in totalitärer Manier »der« 68er-Generation unterstellt: Die »noch vom Vaterprotest der 68er zehrende, manichäische Geschichtspolitik« sei »ebenso obsolet wie die diese Perspektive tragende Ideologie des Antifaschismus«. Gefordert wird statt dessen ein Blickwinkel, »der die Erinnerungs- und Betroffenheitskulturkultur über Bord wirft und einer neototalitaristischen Debatte öffentlichkeitswirksam den Weg bereitet, die sich von der üblichen Schuldentlastung emanzipiert hat«. Nachdem nun auch die liberale »Frankfurter Rundschau« in der Kommentierung der »Wehrmachtsausstellung« die Zeichen der Zeit erkannt hat, mit dem anachronistischen sowjetischen Sozialismus zugleich die kritischen Gesellschaftstheorien auf den Müllhaufen der Geschichte zu werfen, folgt der eigentlich »totalitäre Akt«, der Hintersinn dieses geschichtspolitischen Schreibens: Nach der Auflistung des ganzen Arsenals vorurteilsbehafteter, ihres historischen Sinns entleerter Begriffe zum Streit um die Geschichte, wird die nun wirklich letztgültige, neue Geschichtsphilosophie geboren, die *ohne* theoretische Grundlage auskommt: Die *historische Anthropologie*, von der Reemtsma Aufschluß darüber erwartet, »unter welchen Bedingungen Menschen ihresgleichen umbringen und zu Tode quälen«[40]. Auf die neue geschichtspolitische Sprache, die naturgemäß mit der Formel des jungen Habermas von *Erkenntnis und Interesse* nichts mehr anfangen kann, gab jüngst der zwar schon unter Verdacht gestellte, aber noch zitierbare Mitbegründer der Oppositionsbewegung in der DDR und Theologe Friedrich Schorlemmer eine passende Antwort: »Besonders problematisch erweist sich der heute weitverbreitete Antitotalitarismus, der antikommunistisch motiviert und durch den Totalitarismus so geschädigt ist, daß er keinen differenzierenden Blick auf die überwundenen diktatorische Wirklichkeit zuläßt. Die Fragen, die das sozialistische Gesellschaftssystem gestellt hat, sind jedoch nicht dadurch zu erledigen, daß man alles, aber auch alles, was das Leben in der DDR ausgemacht hat, schwarz einfärbt und gar auf eine Stufe mit dem Leben im moralisch und politisch indiskutablen, menschenfeindlichen, rassistischen und chauvinistischen deutschen Faschismus in seiner spezifischen Ausprägung als Nationalsozialismus mit germanischen Vorherrschaftsambitionen stellt. Das fatale Wort vom ›Auschwitz in den Seelen‹ der von der ›Stasi, die viel schlimmer als die Gestapo‹ gewesen sei, zeigt, welche verbalen Geschütze aufgefahren werden, um jede Differenzierung unmöglich zu machen.«[41]

Die Vergangenheit als Last der Gegenwart

Was ergibt sich aus den erwähnten Debatten für die Frage nach Erinnerung und Normalität heute, und wie läßt sich Martin Walsers Vorstoß in dieses Geflecht einordnen?

Auf den ersten Blick stehen sowohl die Goldhagen-Debatte als auch die Ausstellung »Vernichtungskrieg. Verbrechen der Wehrmacht« dem Bedürfnis einer von der Vergangenheit abgekoppelten Normalisierung entgegen. Ein auf völkischem Rassismus gründender eliminatorischer Antisemitismus, der von weiten Teilen der Bevölkerung getragen wurde, und ein Vernichtungskrieg unter aktiver Beteiligung der Wehrmacht und damit ebenfalls weiter Teile der Bevölkerung vertragen sich auch mehr als fünfzig Jahre nach dem Ende des NS-Regimes nur schwer mit der behaupteten Normalität. Welche Langzeitwirkungen im kollektiven Gedächtnis einer Gesellschaft haben solche Verbrechen, und wie werden Einstellungsmuster, die zu solchen Taten geführt haben, über Generationen tradiert? Trotz dieser möglichen Fragen nach Kontinuitäten in all ihren Brüchen war das Ergebnis der Geschichtsdebatten der neunziger Jahre doch eher die eingangs erwähnte Entkoppelung von Erinnerungs- und Realpolitik. Wie gezeigt, trugen die einzelnen Debatten das ihre zu dieser Entkoppelung bei: so etwa Goldhagens aus seiner eigenen Logik fallende Behauptung, nach 1945 habe es in Deutschland (West) einen fundamentalen Bruch mit der Tradition des völkischen Antisemitismus gegeben, der vorher über Jahrhunderte – auch in Zeiten der Judenemanzipation – immer latent vorhanden gewesen sei.

Die Macher der »Wehrmachtsausstellung« verweigerten sich gleich ganz jeder möglichen Aktualisierung ihres Themas. Mit der Konzentration auf das Individuum unterließ man jede übergreifende historische Einordnung des Vernichtungskrieges. Warum dieser Krieg geführt worden war, welche und wessen Interessen sich mit ihm verbunden hatten, diese Fragen wurden hier nicht gestellt. So unterblieb natürlich auch die Frage nach möglichen Kontinuitäten, z. B. zur Bundeswehr und ihrem frühen Personal, aber auch zur außenpolitischen Interessenlage der »Berliner Republik« angesichts des neuen Balkankrieges. Eine Ausstellung, die die Schrecken der Wehrmacht in Jugoslawien 1941 eindringlich dokumentiert, deren Macher aber sich explizit gegen jede Thematisierung der deutschen Beteiligung beim Krieg gegen »Serbien« 1999 aussprechen, betreibt wohl bewußt die Trennung von Vergangenheit und Gegenwart.

Normalität soll heute also auch die Möglichkeit bedeuten, außenpolitische Interessen mit militärischen Mitteln zu verfolgen: dies ist sicherlich der bisher stärkste Ausdruck dafür, daß die Beschränkungen, die der Bundesrepublik aus der »Last der Vergangenheit« erwuchsen, weitgehend beseitigt sein sollen.

Sieht man sich die Beschränkungen bundesrepublikanischer Souveränität nach 1949 an, dann begründen sie sich natürlich aus den Erfahrungen der Siegermächte mit dem deutschen Faschismus und dem aggressiven deutschen Imperialismus in der ersten Hälfte des 20. Jahrhunderts generell. Vor allem militärisch wurden der jungen Bundesrepublik Beschränkungen auferlegt, die von Teilen der Eliten intonalisiert, von an deren jedoch niemals akzeptiert wurden. So stehen alle geschichtspolitischen Vorstöße, die darauf bedacht waren, die Bedeutung der NS-Vergangenheit für die Gegenwart zu mindern, im Zeichen größerer Handlungsfreiheit für die nationalen Interessen der Bundesrepublik. Im Historikerstreit ließ sich dieser Reflex sehr gut beobachten: Die durch Ernst Nolte vorge-

nommene Abwälzung der Verantwortung für die NS-Verbrechen auf den Bolschewismus wurde durch die gleichzeitig
wiederaufkommende Präventivkriegsthese – nach der der
Nationalsozialismus mit dem Überfall auf die Sowjetunion
dieser in ihrer kriegerischen Absicht nur um weniges zuvor-
gekommen sei – noch unterstützt. In der FAZ folgerte man
damals aus diesen Thesen, daß somit von einer besonderen
Friedenspflicht der Bundesrepublik gegenüber der Sowjetunion nicht länger die Rede sein könne. In der Endphase der
Blockkonfrontation war auch dies ein Versuch, die aus der
Vergangenheit begründeten Beschränkungen einer aggressi-
veren Außenpolitik zu überwinden.

Aus heutiger Sicht läßt sich sagen, daß dieses neokonser-
vative Ziel erreicht ist, jedoch gerade nicht um den Preis eines
Schlußstrichs unter die Vergangenheit. Die NS-Vergangenheit
war in den neunziger Jahren präsenter als je zuvor, und dennoch ist die hemmende Wirkung, die von dieser Vergangenheit
ausging, nahezu vollständig verschwunden. Die von Peter
Glotz noch 1994 geforderten und eingangs zitierten politischen Konsequenzen aus der deutschen Geschichte spielen
heute keine Rolle mehr. Vielmehr läßt sich fast von einer Umkehrung sprechen: War es bis zur Mitte der neunziger Jahre
die NS-Vergangenheit, die gegen eine deutsche Beteiligung an
Kampfeinsätzen angeführt wurde, so drehte sich diese Argumentation anläßlich des Krieges gegen Jugoslawien 1999 vollständig um. Nun waren es die Konsequenzen aus der deutschen Vergangenheit, die eine Beteiligung der Bundeswehr
unumgänglich machten. Die Minister Fischer und Scharping
wurden nicht müde, die Erinnerung an Auschwitz zur propagandistischen Hauptwaffe der deutschen Kriegsbeteiligung zu
machen. Was auf den ersten Blick wie eine Moralisierung der

Außenpolitik aussah, war, nachdem man einiges über die Greuelpropaganda der NATO erfahren hatte, die spezifisch deutsche Begleitung eines vor allem von außenpolitischen und strategischen Interessen geleiteten Krieges. Wie der NATO-Krieg gegen Jugoslawien zeigte, wurden die Ereignisse des Holocaust im Licht aktueller Auffassungen ständig neu interpretiert. Ein Tabu nach dem anderen wurde gebrochen.[42]

Wenn Martin Walser in seiner Friedenspreisrede von der »Instrumentalisierung unserer Schande zu gegenwärtigen Zwecken« spricht, dann trifft dies sicherlich voll und ganz auf die Äußerungen von Fischer und Scharping zu, die Auschwitz zur Rechtfertigung des Krieges mißbrauchten. Walser also als Kronzeuge gegen die Kriegspropaganda der Regierung? Ganz so einfach verlaufen die Fronten nicht, und es ist genauer zu fragen, welchen Beitrag der Vorstoß Martin Walsers bei dieser erstrebten Normalisierung hatte.

Von deutscher Schuld
zur »Unschuld der Erinnerung«

Wir denken, daß die Walser-Rede und die folgende Auseinandersetzung mit Ignatz Bubis einen wichtigen Einschnitt für die Erinnerungskultur in Deutschland darstellt, vergleichbar etwa mit dem Historikerstreit aus der Mitte der achtziger Jahre und dem Besuch des damaligen Kanzlers Kohl mit dem US-Präsidenten Reagan auf dem Soldatenfriedhof Bitburg.

Wie immer man zu politischer Symbolik steht: Walsers Rede fand wenige Wochen nach der Regierungsübernahme von Rot-Grün und einer vermeintlich neuen Politikergeneration statt, und sie wurde auf der Schwelle zur sogenannten »Berliner Republik« gehalten. Man überfrachtet Rede und Debatte sicher nicht, wenn man sie als möglichen Wegweiser einer erinnerungspolitischen Zukunft sieht. Wir legen Wert darauf, Walsers Rede und die Debatte in ihrer geschichtspolitischen Bedeutung zu begreifen.

Nun hat sich Walser bekanntlich gegen jede Instrumentalisierung der Vergangenheit ausgesprochen, und vermutlich würde er sich dagegen wehren, seine eigene Rede als Geschichtspolitik zu sehen. Was aber kann politischer sein als eine öffentliche Rede in der Paulskirche, in der das Gedenken an die Vergangenheit thematisiert und kritisiert wird? Es handelt sich hier um Geschichtspolitik par excellence, und Walser war sich dessen sehr wohl bewußt. Nicht umsonst sah er sich später als »Befreier des deutschen Gewissens«.

Wovon aber sollte das deutsche Gewissen befreit werden? Walser behauptete, sein Anspruch beziehe sich ausschließlich auf die Individuen, denen keine Vorschriften, wie sie der Vergangenheit zu gedenken hätten, gemacht werden könnten. Nun wird in der Walser-Rede aber immer wieder der Bezug zur Nation deutlich, zum nationalen Kollektiv, dessen eingeforderte Normalität durch die Erinnerung behindert werde. Walser plädiert für eine Verlagerung der Erinnerung aus dem öffentlichen Raum in die individuelle Verantwortung der Individuen, denn nur hier könne es einen ehrlichen Umgang mit ihr geben. Kollektive Erinnerung, öffentliche Gedächtnisorte, all dies blendet Walser aus, und so ist seine Polemik gegen das geplante Holocaust-Mahnmal nur logisch. Sinn und Zweck dieser Verbannung der NS-Vergangenheit aus dem öffentlichen Raum ist die behauptete und geforderte Normalität Deutschlands als Nation.

Walsers Rede ist also nach innen gerichtet; zu fragen ist, ob sie auch eine außenpolitische Dimension hat. Normalisierung innen und außen stehen ohne Zweifel in einem engen Zusammenhang, jedoch kommt es darauf an, diesen Zusammenhang genauer zu erklären. Offensichtlich wird die neue Normalität nicht mit dem berühmten und viel befürchteten oder beschworenen »Schlußstrich« erkauft: Von diesem kann für die neunziger Jahre wie gezeigt nicht die Rede sein, und dennoch vollzog sich gerade in dieser Zeit eine entscheidende Lösung von den aus der Vergangenheit begründeten Beschränkungen. Verändert hat sich also die Bedeutung der NS-Vergangenheit für die konkreten Handlungsmöglichkeiten der politischen Eliten und – was sicherlich noch genauer zu überprüfen wäre – für die Zustimmung der Bevölkerung zu diesen Handlungen. Die hemmende Wirkung der Vergangenheit, z. B. bei der Frage der Kriegsbeteiligung der Bundesrepublik, ging im Laufe der neunziger Jahre verloren, und Politiker von Rühe bis Scharping haben viel Mühe darauf verwandt, diese Hemmungen zu beseitigen. Walsers Beitrag bestand hier in dem Versuch, die Erinnerung aus dem öffentlichen Raum – in dem sie immer auch eine politische Konnotation hat – in den privaten Bereich zu verlagern. Seine gleichzeitige Beschwörung der Normalität traf sich mit den Bemühungen der rot-grünen Bundesregierung, diese Normalität für sich zu beanspruchen und mit der ersten deutschen Kriegsbeteiligung nach 1945 auch eindrucksvoll zu dokumentieren.

Wichtiger noch als dieser Strang der Walser-Debatte war jedoch der hier neu etablierte Umgang mit den Opfern des NS-Terrors: der selbstgerechte Ton Walsers, sein arrogantes Auftreten gegenüber Ignatz Bubis im FAZ-Gespräch, die teils verdeckten, teils offenen antisemitischen Untertöne in der

Debatte – all dies markierte ein neues, beunruhigendes Selbstbewußtsein, das sich aggressiv gegen jede einschränkende Mahnung an die Vergangenheit zur Wehr setzt. Die Opfer des Faschismus werden mittlerweile nur noch als störende Erinnerung an eine überwunden geglaubte Vergangenheit wahrgenommen, die sich der neuen Normalität in den Weg stellen. Je drängender das Verlangen nach dieser Normalität wird, um so aggressiver werden die Reaktionen gegen diese personifizierte Erinnerung. Wenn Walsers Anspruch, das deutsche Gewissen befreit zu haben, zutrifft, und wenn sich diese Befreiung in Walsers Ton gegenüber den Opfern des Nationalsozialismus zeigt, dann ist von hier nichts Gutes zu erwarten.

Zwei Fragen stellen sich nach der Walser-Bubis-Debatte: Ist Walsers Vorstoß typisch für den neuen Umgang mit der Vergangenheit, und welche Rolle soll die Erinnerung zukünftig einnehmen?

Bubis begründete seine vehemente Reaktion auf Walsers Rede mit dem Verweis auf dessen Rolle als Intellektueller. Es sei eben ein Unterschied, ob ein solcher Vorstoß vom Rand der Gesellschaft oder von ihren geistigen Trägern komme, letzteres könne einen Paradigmenwechsel anzeigen. Ob ein solcher Wechsel mit Walser verbunden ist, läßt sich heute noch nicht entscheiden. Zudem ist seine Rede nicht isoliert, sondern im Kontext der geschichtspolitischen Vorstöße auf neokonservativer Seite zu sehen, von denen wir einige hier skizziert haben. Die breite Zustimmung zu Walsers Rede in der Paulskirche, der bis auf Bubis' Vorstoß zunächst fehlende Widerspruch gegen die Rede, das Schweigen der Politik und auch der linksliberalen Intellektuellen, all das spricht für die von Bubis geäußerte Befürchtung. Normalität also allenthalben? Was spricht gegen diese Normalität, und welche Rolle soll hier der öffentlichen Erinnerung zukommen?

Mehr als ein halbes Jahrhundert nach dem Ende des deutschen Faschismus tritt die Generation der unmittelbaren Zeitzeugen in absehbarer Zeit unwiderruflich ab. Es wird dann keine direkte Erinnerung mehr, sondern nur noch eine vermittelte geben. Das Verblassen der Erinnerung, ihre Lösung von der Gegenwart ist ein natürlicher Prozeß, der allerdings je nach Bedarf beschleunigt oder verlangsamt wird: Nationale Mythen werden in vielen Ländern über Jahrhunderte am Leben gehalten, negative Teile der eigenen Vergangenheit dagegen schnell verdrängt. Für die Bundesrepublik lassen sich vielfältigste Versuche nachweisen, das Verblassen der NS-Vergangenheit zu beschleunigen, jedoch stand hier ihre herausgehobene Negativität diesem Versuch immer wieder im Weg. Dies wird, das wäre eine These, auch in absehbarer Zukunft so bleiben – es wird keinen Schlußstrich geben. Allerdings, auch dies wurde schon angedeutet, verschiebt sich die Bedeutung der Vergangenheit, und dies muß, eine weitere These, nicht nur schlecht sein. Der Historiker Ulrich Herbert äußerte in einem Interview die Befürchtung, daß die Erinnerung »an den Holocaust, an Auschwitz und an die Judenvernichtung zur kleinen Münze geworden ist, zum jederzeit und von jedermann einsetzbaren Gebrauchsartikel«[43]. Im Gegensatz zu Walser, dessen Verbannung der Erinnerung aus dem öffentlichen Raum den positiven Bezug auf die Nation wieder ermöglichen sollte, wendet sich Herbert gegen eine Veralltäglichung der NS-Vergangenheit, die seiner Ansicht nach eine »moralsubstituierende Bedeutung« erhält. Die Gefahren eines solchen Bezugs auf die Vergangenheit hat man im Krieg gegen Jugoslawien nur zu deutlich gesehen. Zu fragen ist, ob die Erinnerung nicht überfordert wird, wenn sie zum alltäglichen Maßstab der Politik wird. Dies spricht nicht für eine völlige Lösung der historischen Erfahrung von der Gegenwart, aber gegen eine einfache Übertragung. Kritik jener, die die Vergangenheit zum Verschwinden bringen wollen, ist nach wie vor nötig und wichtig, denn von hier aus lassen sich auch ihre aktuellen politischen Ziele analysieren. Nicht jede Kritik jedoch an den herrschenden Eliten muß mit dem Verweis auf die NS-Vergangenheit begründet werden. Auch wenn deutsche Soldaten nicht 1941 Serbien in einem Vernichtungskrieg überfallen hätten, gäbe es Gründe, gegen den Jugoslawienkrieg von 1999 zu argumentieren. Politische Argumentationen heute können sich nicht nur auf die Vergangenheit beziehen, dadurch machen sie sich selbst schwach und verbleiben auf der Ebene der Moral. Dagegen ist es ein gegenwärtiges und politisches Argument, ökonomische und politische Interessenkontinuitäten aus der deutschen Vergangenheit bis in die Gegenwart zu verfolgen.

Was folgt daraus für die NS-Vergangenheit? Dazu noch einmal Ulrich Herbert: »Wir müssen uns damit befassen, welche Rolle die NS-Vergangenheit für die Deutschen zukünftig spielen wird. Eine Art negativer Staatsräson? Grundlage des zivilgesellschaftlichen Europas? Das glauben wir eher nicht, auch wenn es viele Bemühungen in diese Richtung gibt. Aber ein Element der Verunsicherung, der Irritation, des Erschreckens – das wird sie bleiben, und wenn nicht alles täuscht, mit zunehmendem zeitlichen Abstand in noch wachsendem Maße.«[44] Es wäre sicherlich schon viel gewonnen, wenn sich der Optimismus Herberts bestätigen würde.

1 Norbert Frei: Vergangenheitspolitik. Die Anfänge der Bundesrepublik und die NS-Vergangenheit. München 1996. Einband.

2 Saul Friedländer: Gebt der Erinnerung Namen. Saul Friedländers Dankrede beim Empfang des Geschwister-Scholl-Peises in München am 23. November 1998. In: Blätter für deutsche und internationale Politik, 1/1999, S. 122.

3 Die Rede ist abgedruckt in der Frankfurter Rundschau vom 13. Mai 2000.

4 Vgl. Andreas Nachama: Was kümmert's uns? Rassismus geht uns nicht nur dann an, wenn er sich antisemitisch äußert. In: Allgemeine Jüdische Wochenzeitung vom 6. Juli 2000.

5 Vgl. hierzu ausführlicher Stefanie Christmann, Dieter S. Lutz: Die Zerstörung der Vernunft in Zeiten des Krieges. Berlin 2000, S. 7–120.

6 Peter Glotz: Im Zangengriff der Krieger. In: Peter Glotz: Die falsche Normalisierung. Essays. Frankfurt 1994, S.1 33.

7 Vgl. Die Zerstörung der Vernunft in Zeiten des Krieges, S. 169–252.

8 Peter Glotz: Wider den Feuilleton-Nationalismus. In: Peter Glotz: Die falsche Normalisierung, S. 92.

9 Vgl. Norman Paech: Wehrmachtsverbrechen in Griechenland. In: Kritische Justiz, 3/1999, S. 380–397.

10 Vgl. die Debatten im Feuilleton der FAZ über Bio-und Gentechnologie, Robotik und Nanotechnologie, aber auch in anderen führenden Zeitungen. Vgl. dazu kritisch die Arbeiten von Virillio, Rifkin, Chargaff u. a.

11 Vgl. u. a. Jeffrey Herf: Zweierlei Erinnerung. Die NS-Vergangenheit im geteilten Deutschland. Berlin 1998; Edgar Wolfrum: Geschichtspolitik in der Bundesrepublik Deutschland. Der Weg zur bundesrepublikanischen Erinnerung 1948–1990. Darmstadt 1999.

12 Vgl. hierzu Thomas Medicus: Die Botschaft des Farbbeutels. In: Frankfurter Rundschau vom 13. April 2000.

13 Jürgen Habermas: Die Normalität einer Berliner Republik. Frankfurt 1995, S. 172.

14 Ebd., S. 173.

15 Vgl. ebd., S. 187. Dagegen Johannes Klotz/Ulrich Schneider: Die selbstbewußte Nation und ihr Geschichtsbild. Geschichtslegenden der Neuen Rechten. Köln 1997.

16 Peter Steinbach (Leiter der Forschungsstelle Widerstandsgeschichte und der Gedenkstätte Deutscher Widerstand in Berlin) im Forum Kultur: Gründe für ein Mißverständnis. DeutschlandRadio Berlin. Mitschnitt vom 18. Dezember 1998.

17 Vgl. Birgit Rommelspacher: Anklage und Entlastung. Sozialpsychologische Aspekte der Goldhagen-Debatte. In: Jürgen Elsässer/Andrei S. Markovits (Hg.), Die Fratze der eigenen Geschichte. Von der Goldhagen-Debatte zum Jugoslawien-Krieg. Berlin 1999.

18 Thomas Haury: »Goldhagen gegen rechts verteidigen und von links kritisieren«. Die deutsche Linke in der Goldhagen-Debatte. In: Geschichtswissenschaft und Öffentlichkeit. Der Streit um Daniel J. Goldhagen. Herausgegeben von Johannes Heil und Rainer Erb. Frankfurt 1998.

19 Vgl. Andrei S. Markovits: Störfall im Endlager der Geschichte. Daniel
Goldhagen und seine deutschen Kritiker. In: Blätter für deutsche und internationale Politik, 6/1996, S. 669 f.

20 Matthias Arning/Rolf Paasch: Die provokanten Thesen des Mister Goldhagen. In: Frankfurter Rundschau vom 12. April 1996.

21 Marion Gräfin Dönhoff: Mit fragwürdiger Methode. In: Die Zeit vom
6. September 1996.

22 Bericht der Kommission zur Überprüfung der Ausstellung »Vernichtungskrieg. Verbrechen der Wehrmacht 1941 bis 1944«. November 2000.
In der Folge zitiert als Bericht.

23 Vgl. Christian Gerlach: Kalkulierte Morde. Die deutsche Wirtschafts- und
Vernichtungspolitik in Weißrußland 1941 bis 1944. Hamburg 1999.

24 Bericht, S. 68.

25 Vgl. ebd., S. 75.

26 Zit. n. ebd.

27 Eigene Tonbandaufzeichnung der anschließenden Diskussion.

28 Vgl. hierzu z. B.: Bogdan Musials Interview in: Die Welt vom 16. November, S. 33 und den Beitrag von Susanne Leithäuser (ebd.), den teilweise pro-
blematischen Beitrag von Rainer Blasius in der FAZ (16. 11.). Er schreibt,
es heiße »Abschied zu nehmen von der These der 18 Millionen deutschen
Täter«; »es gab weder eine ›saubere‹ noch eine ›verbrecherische‹ Wehrmacht«. Götz Aly gibt seinem Beitrag über den Kommissions-Bericht den
Titel »Überheblich und unprofessionell« und hält die »Wehrmachtsausstellung« für anachronistisch. (Berliner Zeitung vom 16. 11., S. 13) Der Berliner »Tagesspiegel« und die »Süddeutsche« (Artikel von Johannes Willms)
vom selben Tag argumentieren in ihrer Berichterstattung etwas seriöser. Allein Volker Ullrich von der »Zeit« trifft den Nagel auf den Kopf.

29 Frankfurter Allgemeine Zeitung vom 16. November 2000 (Feuilleton).

30 Zit. n. ebd.

31 »Das hat mit Relativierung nichts zu tun«. Gespräch mit Jan Philipp
Reemtsma und Bogdan Musial. In: Die Welt vom 16. September 2000.

32 Volker Ullrich: Will Reemtsma ein anderes Projekt? In: Die Zeit vom
9. November 2000.

33 Vgl. auch die FAZ, die »Berliner Zeitung«, »Die Welt«, partiell auch die
»Süddeutsche« (S. 3) vom 16. November 2000. Der Beitrag von Thomas
Medicus in der »Frankfurter Rundschau« vom 16. November ist dagegen
seltsam moderat.

34 Alle Zitate Thomas Medicus: Schatten. Hannes Heer muß gehen. In:
Frankfurter Rundschau vom 15. August 2000.

35 Volker Ullrich in: Die Zeit vom 9. November 2000.

36 Zit. n. ebd.

37 Thomas Medicus: Schatten: In. Frankfurter Rundschau vom 15. August 2000.

38 Ders.: Abschied von gestern. In: Frankfurter Rundschau vom 4. November 2000.

39 Dieses und das nachfolgende Zitat in: ders.: Schatten. In: Frankfurter Rundschau vom 15. August 2000.

40 Ders.: Abschied von gestern. In: Frankfurter Rundschau vom 4. November 2000.

41 Friedrich Schorlemmer: Absturz in die Freiheit. Was uns die Demokratie abverlangt. Berlin 2000, S. 31.

42 Vgl. dazu ausführlich Günter Jacobs Beitrag »Die Metaphern des Holocaust«. In: 1999. Zeitschrift für Sozialgeschichte des 20. und 21. Jahrhunderts. A. a. O.

43 Ulrich Herbert: »Ein Element der Verunsicherung, der Irritation, des Erschreckens.« Der Umgang mit der NS-Vergangenheit und die Entschädigung von Zwangsarbeitern. In: Blätter für deutsche und internationale Politik, 5/2000, S. 565.

44 Ebd., S. 568.

Gerd Wiegel

EINE REDE UND IHRE FOLGEN
Die Debatte zur Walser-Rede

Die durch die Friedenspreisrede Martin Walsers ausgelöste
Debatte erinnert in ihrer Heftigkeit und großen Publizität an
den Historikerstreit aus der Mitte der achtziger Jahre, und
auch das Thema, der Holocaust, ist das gleiche geblieben.
Dennoch unterscheidet sich die jüngere der beiden Debatten
durch die persönliche Ebene, den personalisierten Zugang
zum Thema, wohingegen im Historikerstreit auf theoretisch-
historischer Grundlage eine Neubewertung der Vergangenheit angestrebt wurde. Trotz dieser nicht unerheblichen Unterschiede lassen sich die geschichtspolitischen Implikationen
beider Debatten miteinander vergleichen, ja sie stehen geradezu in einer Linie, kreisend um die historische Last der nationalen Identität, gekennzeichnet durch den Namen Auschwitz.
Sowohl im Historikerstreit als auch in der Walser-Debatte
zeigen sich die Versuche, die mit Auschwitz verbundenen Erinnerungen an die Verbrechen des deutschen Faschismus zu
relativieren, und sie zugunsten eines neuen nationalen Projekts in den Hintergrund zu drängen. In diesem Sinne könnte
sich die Walser-Debatte als noch folgenreicher als der Historikerstreit erweisen, denn Walser behauptet – wie zu befürch-
ten ist, nicht zu unrecht –, er spreche für die schweigende
Mehrheit der Deutschen. Er popularisiert damit einen Diskurs, der in der Bundesrepublik seit den achtziger Jahren
verstärkt geführt wird, und in dessen Mittelpunkt die von
der NS-Vergangenheit befreite »selbstbewußte Nation«
steht.[1]

Der unterschiedliche Zugang beider Debatten zum Vergangenheitsthema – hier die Frage nach persönlicher Schuld, Scham, Schande, dort die theoretische Ableitung des Faschismus aus dem Bolschewismus – drückt auch eine generelle Verschiebung der historischen Perspektive in den letzten Jahren aus, wenngleich der Unterschied zwischen Historiker (Nolte) und Schriftsteller (Walser) hier wichtiger sein mag. Sowohl die Goldhagen-Kontroverse als auch die Diskussionen um die »Wehrmachtsausstellung« haben den individuellen Zugang, bezeichnet als »täternahe Forschung«, in der Vergangenheitsdebatte etabliert. Bei Walser ist es nun die Frage nach dem individuellen Umgang der heutigen Deutschen mit der Vergangenheit. Doch läßt sich seiner Rede, trotz gegenteiliger Beteuerungen, entnehmen, daß es ihm eben nicht nur um seinen persönlichen Umgang mit der Vergangenheit ging, sondern dieser als kollektive Form der Gewissensbefreiung anempfohlen wurde. Die große öffentliche Zustimmung zu Walsers Thesen, vor allem in den Leserbriefspalten der großen Tageszeitungen und in den von Walser immer wieder angeführten über tausend Briefen an ihn, ist insofern verwunderlich, denkt man an die öffentlichen Reaktionen anläßlich der Goldhagen-Kontroverse zurück. Auch dieser erfuhr, entgegen der veröffentlichten Meinung, große Zustimmung, und die öffentlichen Debatten mit ihm wurden zu seinem großen Triumph. Zurecht fragt Saul Friedländer: *»Ist es nicht merkwürdig, daß ein Publikum, das vor zwei Jahren Daniel Goldhagen zugejubelt hat, jetzt Walser applaudiert? Es geht hier um diametral entgegengesetzte Positionen. Ist das ein Zeichen einer generationellen Spaltung oder einer anhaltenden Verwirrung?«*[2] Hoffen läßt sich die erste Vermutung Friedländers, von der Hand weisen jedoch die zweite nicht. Christian Meiers Beitrag zur Debatte favorisiert anscheinend eher die These der Verwirrung, wenn er von einem »*Pendelschlag gegen gewisse Übertreibungen der letzten Jahre*«[3] spricht. Walsers Aussagen und die ihm zustimmenden Reaktionen seien quasi die natürliche Antwort auf Goldhagens Zuspitzungen: »*Es ist normal, daß sich das zurückbildet. Und es ist nicht verwunderlich, daß sich jemand einmal öffentlich mancher Zumutung, die er erfahren hat, erwehrt. Wenn er dabei übertrieben hat, so hat er zugleich mancher Übertreibung entgegengewirkt.*«[4] Leider wird auch bei Meier nicht deutlich, welche Zumutungen hier gemeint sind: gegen Walser persönlich oder gegen die Deutschen gerichtete. Wie dem auch sei, klar ist, die Debatte um Martin Walsers Rede steht nicht unverbunden zur allgemeinen Geschichtsdebatte, sie kann nicht als persönliche, individuelle Stellungnahme gelesen werden, womit man Walser, die Institution der öffentlichen Rede und den Ort der Paulskirche sicherlich unterschätzen würde.

Im Folgenden werde ich Entwicklung und Verlauf der Debatte zu Walsers Rede darstellen, wobei einige Themen, die in vielen Artikeln eine Rolle spielten, gesondert behandelt werden.

In unterschiedlicher Ausprägung sind dies die Themen Antisemitismus, das Verhältnis Deutsche–Juden, die Formen der Erinnerung und deren Instrumentalisierung, die Frage der deutschen Normalität, das Schweigen der Politik zur Debatte und die immer wieder auftauchenden Mißverständnisse und Sprachprobleme in der Kontroverse. Ein abschließender Blick soll auf die Reaktionen in der Presse der extremen Rechten geworfen werden.

Bubis contra Walser

Walsers Paulskirchenrede fand breiten und enthusiastischen Beifall im Auditorium, und es ist müßig zu fragen, welchen Einfluß diese Rede gehabt hätte, wenn nicht schon zwei Tage später eine scharfe Stellungnahme des damaligen Vorsitzenden des Zentralrats der Juden in Deutschland, Ignatz Bubis, zu lesen gewesen wäre. Bubis wandte sich gegen Walsers These von der *»Instrumentalisierung von Auschwitz«* und der damit verbundenen *»Moralkeule«*: *»Leute wie der DVU-Vorsitzende Gerhard Frey und Ex-Republikaner-Chef Franz Schönhuber sagen es auch nicht anders. Das ist geistige Brandstiftung.«*[5] Trotz dieser scharfen Attacken dauerte es noch knapp einen Monat, bis die Debatte richtig in Gang kam. Der Gedenktag zur Pogromnacht am 9. November bot auch für Bubis noch einmal den Anlaß, sich öffentlich mit Walsers Thesen auseinanderzusetzen. Bubis blieb bei seinen Vorwürfen gegen Walser, präzisierte sie hier jedoch. Walsers Rede wurde von ihm in eine Linie mit weiteren Versuchen gestellt, die faschistische Vergangenheit zu relativieren, wobei er auch den Historikerstreit erwähnte.

»Den neuesten Versuch, Geschichte zu verdrängen beziehungsweise die Erinnerung auszulöschen, hat Martin Walser in seiner Dankesrede anläßlich des ihm verliehenen Friedenspreises des Deutschen Buchhandels am 11. Oktober dieses Jahres unternommen.«[6] Bubis bestritt, mit seinen Vorwürfen gegen Walser überzogen zu haben, und erhob den Anspruch, den Worten eines Mannes der Sprache, wie Walser, besondere Aufmerksamkeit zu schenken:

»Ich wüßte nicht, was es an dem Satz, daß er habe lernen müssen wegzuschauen, daß er im Wegdenken geübt sei und daß er sich an der Disqualifizierung des Verdrängens nicht beteiligen

könne, zu deuteln gäbe. *Hier spricht Walser eindeutig für eine Kultur des Wegschauens und des Wegdenkens, die im National-sozialismus mehr als üblich war und die wir uns heute nicht mehr angewöhnen dürfen.«*[7]

Auch der Vorwurf der sprachlichen Nähe Walsers zur extre-men Rechten wurde von Bubis wiederholt. Im Unterschied zu dieser sei Walser jedoch eine hoch angesehene Person des öf-fentlichen Lebens, weshalb seine Behauptung von der Instru-mentalisierung von Auschwitz zu gegenwärtigen Zwecken ei-nen ganz anderen Stellenwert habe: *»Wenn allerdings jemand, der sich zur geistigen Elite der Republik zählt, so etwas behaup-tet, hat das ein ganz anderes Gewicht. Ich kenne keinen, der sich auf Frey oder Deckert beruft, aber mit Sicherheit werden auch die Rechtsextremisten sich jetzt auf Walser berufen.«*[8] Den letz-ten Punkt von Bubis' Entgegnung bildete die auch von Walser angesprochene Debatte um das geplante Holocaust-Mahnmal in Berlin, die in der gesamten Debatte eine Rolle spielte und eng mit dem Thema der Erinnerungskultur zusammenhängt. Bubis wandte sich hier gegen Walsers Titulierung des geplan-ten Mahnmals als *»fußballfeldgroßen Alptraum«* und *»Mo-numentalisierung der Schande«*. Offensichtlich hat Walser Schwierigkeiten, die Dimension des Verbrechens zu begrei-fen, wenn er hier von einer Monumentalisierung spricht. Auch Bubis wandte sich gegen eine Formulierung, die Ursache und Wirkung verkehrt: *»Man kann zu dem Holocaust-Mahnmal in dieser oder jener Form unterschiedlicher Auffassung sein, und man kann auch überhaupt gegen die Errichtung eines solchen Mahnmals sein. Auf keinen Fall, auch nicht dichterisch, darf man den Entwurf als Alptraum bezeichnen und schon gar nicht als Monumentalisierung der Schande. Die Schande war monumen-tal und wird nicht erst durch das Mahnmal monumentalisiert.«*[9]

Dohnanyi contra Bubis

Diese an ähnlich öffentlicher Stelle wie Walsers Rede formulierte Zurückweisung löste dann eine Debatte aus, die sich durch sämtliche Feuilletons der großen Tages- und Wochenzeitungen zog und mit großer Schärfe geführt wurde. Der ehemalige Hamburger Bürgermeister Klaus von Dohnanyi war es, der Walser gegen die Angriffe Bubis' in Schutz nahm und sich hinter den Inhalt der Walserschen Rede stellte. Mit Dohnanyis Einwurf wurde sehr schnell deutlich, daß diese Kontroverse einen tiefen Einschnitt im Verhältnis zwischen Nichtjuden und Juden in Deutschland bedeutet, daß durch Walser die Chimäre einer gemeinsamen Erinnerungskultur zerrissen wurde. Schon Ulrich Raulff hatte in seiner Kommentierung zu Bubis' Angriffen gegen Walser davon gesprochen, daß *»der Schleier zerrissen«* sei, *»den eine trügerische Vorstellung von ›Gedächtniskultur‹ vor der Tatsache aufgespannt hat, daß das Gedächtnis alles andere als einheitlich ist«*[10]. Bei Dohnanyi wurde dieser Unterschied dann deutlich angesprochen. Walsers Vermutung, Bubis habe ihn nicht verstanden, wird von Dohnanyi geteilt: *»Mir scheint: Walser hat recht. Bubis hat ihn nicht verstanden. Vielleicht auch gar nicht verstehen können. Denn Walsers Rede war die Klage eines Deutschen – allerdings eines nichtjüdischen Deutschen – über den allzuhäufigen Versuch anderer, aus unserem Gewissen eigene Vorteile zu schlagen. Es zu mißbrauchen, ja zu manipulieren.«*[11] Auch Dohnanyi behauptete also, Auschwitz werde als Moralkeule gegen die Deutschen mißbraucht. Ähnlich wie bei Walser blieb diese Behauptung zunächst jedoch unbewiesen im Raum stehen. Wer mißbraucht und manipuliert *»unser Gewissen«*, das laut Walser ja nur eine individuelle Instanz ist und sein soll.

Wer und zu welchem Zweck will eigene Vorteile aus *»unserem Gewissen«* schlagen? Die weiter unten von Dohnanyi angeführten Beispiele von als Nazis beschimpften deutschen Schulklassen im Ausland, der Karikierung Kohls mit Hitler-Schnurrbart in der englischen Regenbogenpresse und der serbischen Erinnerung an die NS-Zeit angesichts des deutschen Engagements im Kosovo decken die Aussage nicht, zumal wenn man sich bewußt macht, vor welchem aktuellen vergangenheitspolitischen Hintergrund die Debatte lief. Die Forderungen ehemaliger Sklavenarbeiter an die deutsche Wirtschaft gingen parallel und begleitend zur Kontroverse um Walser durch die Presse, und unabhängig von Dohnanyis oder Walsers persönlicher Ansicht hierzu war klar, daß das Gerede von *»Vorteilen aus unserem Gewissen«* hiermit in Verbindung gebracht würde.

Dohnanyi ging es in der Verteidigung Walsers jedoch ersichtlich darum, die historische Last der heutigen Deutschen zu vermindern, weshalb er darum bemüht war, das schwere Schicksal dieser historischen Last der heutigen Deutschen herauszustellen: *»Wer in unseren Tagen zu diesem Land in seiner Tragik und mit seiner ganzen Geschichte wirklich gehören will, wer sein Deutschsein wirklich ernst und aufrichtig versteht, der muß sagen können: Wir haben den Rassismus zum Völkermord gemacht; wir haben den Holocaust begangen; wir haben den Vernichtungskrieg im Osten geführt. (...) Die Schande trifft noch heute jeden einzelnen von uns als Deutschen.«*[12] Nur am Rande sei vermerkt, daß die Konstruktion eines nationalen Kollektivs auch über die Negativseiten der Nationalgeschichte funktionieren kann, was deshalb nicht unproblematischer ist. Schon hier wird deutlich, warum »Verantwortung« statt »Schande« der sicherlich bessere Ausdruck für den Umgang mit der Vergangenheit ist. Wenn erst einmal mehrere Millionen hier lebende Menschen ohne deutschen Paß eingebürgert werden, dann wird eine solche Konstruktion noch schwieriger.

»Tragik« ist es, die das Deutschsein heute für Dohnanyi kennzeichnet, und zumindest läßt sich fragen, wie weit dieser Begriff zur Kennzeichnung der Vergangenheit tauglich ist. Gemeint ist hiermit die »Verstrickung« der Deutschen in die Verbrechen des Faschismus, von denen natürlich die deutschen Juden auszunehmen seien, weshalb Bubis hier anders empfinden müsse als Walser: »*Ignatz Bubis kann, so glaube ich, Martin Walser in seiner deutschen Klage schon deswegen nicht verstehen, weil in allem Erinnern an die Naziverbrechen, wie auch immer es vorgetragen oder dargestellt wird, für Ignatz Bubis niemals auch nur ein Nebenton von persönlichem Vorwurf zu spüren sein kann.*«[13] Hier genau scheint das Dilemma für Dohnanyi und auch für Walser zu liegen: Sie fühlen sich moralisch angegriffen durch die Erinnerung an die Vergangenheit, und zwar gerade dann, wenn dem Gegenüber eine moralisch unzweideutige Unschuld unterstellt wird. Zugespitzt: Die Juden erscheinen als moralisch überlegen, was einen Reflex der Abwehr auslöst, weshalb, zumindest unterbewußt, immer auch die Juden gemeint sind, wenn von »*Moralkeule*« oder ähnlichem die Rede ist. Bei Dohnanyi läßt sich dieser Reflex gut beobachten, denn nur wenige Sätze später kommt er zu der merkwürdigen, aber von der Intention her eindeutigen Bemerkung an die Juden: »*Allerdings müßten sich natürlich auch die jüdischen Bürger in Deutschland fragen, ob sie sich so sehr viel tapferer als die meisten anderen Deutschen verhalten hätten, wenn nach 1933 ›nur‹ die Behinderten, die Homosexuellen oder die Roma in die Vernichtungslager geschleppt worden wären. Ein jeder sollte versuchen, diese Frage für sich selbst ehr-*

lich zu beantworten.«[14] Die Funktion der Aussage ist klar: Es soll hier den Juden die ihnen unterstellte moralische Überlegenheit genommen werden. Einhergehend damit stellt sich natürlich auch eine Entlastung für die deutschen Mitläufer ein, deren scheinbar moralisch minderwertiger Status aufgewertet, zumindest relativiert wird. Walser sei es laut Dohnanyi um die Gewissensnöte der Deutschen gegangen, seine Rede sei die *»notwendige Klage eines gewissenhaften nichtjüdischen Deutschen über das schwierige Schicksal, heute ein solcher Deutscher zu sein«*[15]. Diese selbstmitleidige Klage über das schwere deutsche Schicksal mutet angesichts der Rolle und des Ansehens Deutschlands in der Welt etwas merkwürdig an, doch geht es hier um die schon von Walser eingeforderte *»Normalität«*, die am Ende des Jahrhunderts immer drängender beschworen wird. Nach wie vor ist es der Faschismus, der dem entgegensteht.

Mit einer Reihe von offenen Briefen zwischen Bubis und Dohnanyi in der FAZ wurde der Streit dann richtig ins Rollen gebracht. Zunächst nahm Bubis Stellung zu Dohnanyis Verteidigung Walsers und bezweifelte dessen wohlwollende Interpretation der Rede. Zumindest die Presse der extremen Rechten habe Walser ganz in seinem, Bubis', Sinne verstanden, weshalb die »Nationalzeitung« und auch die »Junge Freiheit« mit großen Walser-Zitaten aufmachten. Sodann beklagte Bubis den Sprachgebrauch Walsers: *»Walser sprach zwar oft von der Schande, hat jedoch mit keinem Wort Verbrechen ›Verbrechen‹ genannt.«*[16] Dieser Punkt spielte auch in der weiteren Debatte eine Rolle, und es wird weiter unten zu zeigen sein, welche Funktion die von Walser benutzte Ausdrucksweise hat. Bubis bezog die Walsersche Rede auf die aktuelle Diskussion um die Entschädigungen ehemaliger Sklavenarbeiter im

NS-Staat: »*Der Tenor seiner Rede galt der Instrumentalisie-*
rung von Auschwitz und er hat damit eindeutig die, aus meiner
Sicht berechtigten, Ansprüche von Zwangs- und Sklavenarbei-
tern (95 Prozent Nichtjuden) gemeint.«[17] Walser hat im Laufe
der Debatte immer wieder bestritten, dies mit »*Instrumentali-*
sierung« zu meinen, und in seiner Rede gibt es auch keinen
konkreten Hinweis hierauf. Dennoch steht seine Rede natürlich im Kontext aktueller vergangenheitspolitischer Debatten,
und gerade hier zeigt sich seine Unfähigkeit oder sein Unwil-
len, diesen Kontext zu reflektieren und in seinen Äußerungen
zu berücksichtigen. Der Rückzug auf die sich selbst erfor-
schende Sprache des Literaten ist hier nur eine billige Ausrede.

Knapp und scharf zurückgewiesen wurde von Bubis Dohnanyis Frage nach dem potentiellen Verhalten der Juden im Faschismus, wären sie nicht verfolgt und ermordet worden, die
er als »*bösartig*« bezeichnete.

Einen Tag später antwortete Dohnanyi an gleicher Stelle.
Nach Walser habe Bubis nun auch ihn mißverstanden. Es sei
ihm darum gegangen darzulegen, wie ein jüngerer, nichtjüdischer, an den Verbrechen nicht schuldiger Deutscher »*heute*
fühlen muß«. Besonders interessant ist, daß Dohnanyi die Gefühlslage der jüngeren Generation meint beschreiben zu können. Wie selbstverständlich wird hier für die gesamte Nachkriegsgeneration gesprochen, wobei die Protagonisten der
Auseinandersetzung doch alle einer Generation angehören,
und zwar einer, die noch sehr viel direktere Erinnerungen und
Verbindungen zur faschistischen Vergangenheit aufweist, als
das für die heute 20 bis 40jährigen der Fall ist. Dohnanyi und
Walser übertragen ihre persönlichen Probleme mit Vergangenheit und Erinnerung hier umstandslos auf die jüngere Generation. Die Forderung, auch die jüngeren müßten »*sich in*

unserer ›Schande‹«[18] sehen, deckt wahrscheinlich keineswegs die Gefühlslage dieser Generation ab. Zu hoffen ist nur, daß die im »Spiegel« abgedruckte Stellungnahme einer jungen deutschen Studentin nicht typisch für diese Generation ist. Unter der Überschrift *»Eine deutsche Studentin wehrt sich gegen Schuldzuweisungen«* heißt es hier: *»Den Antisemitismus schürt, wer die angeblichen Unterschiede zwischen ›den Deutschen‹ und ›den Juden‹ ständig herbeiredet«*[19], womit wohl die Unterscheidung in Opfer- und Täternachkommen gemeint ist. Schuld an einem eventuell wieder offeneren Antisemitismus sind die Juden selbst, wenn sie sich weiterhin *»anmaßen ... Vorwürfe machen zu dürfen«*. Dohnanyi mobilisiert selbst solche Art von Abwehr gegen die Erinnerung, indem er die moralisch abwertende Formulierung der »Schande« übernimmt, sie dann aber als herabsetzende Vorhaltung von außen negiert: *»Andererseits weiß er* [der jüngere, nichtjüdische Deutsche; G. W.] *sich aber selbst unschuldig und möchte mit dieser, seiner deutschen Schande nicht ständig in einer Weise konfrontiert werden, so als sei derjenige, der ihn an diese deutsche Schande erinnert, schon deswegen ein besserer Mensch.«*[20] Auch hier scheint hinter der Formulierung wieder der sich moralisch überlegen fühlende Jude auf, weshalb Dohnanyi auch auf seiner von Bubis als bösartig gekennzeichneten Frage an die Juden beharrt. Vielmehr gibt sich Dohnanyi aufgrund des Vorwurfs *»gekränkt«* und schließt mit einer Mahnung an Bubis: *»Ich finde, als Vorsitzender des Zentralrats der Deutschen Juden könnten Sie mit ihren nicht-jüdischen Landsleuten etwas behutsamer umgehen; wir sind nämlich alle verletzbar.«*[21]

Wiederum zwei Tage später antwortete Bubis und beharrte darauf, weder Dohnanyi noch Walser falsch verstanden zu haben, weshalb er unkommentiert längere Passagen aus

Dohnanyis Artikel zitierte. In einem Punkt unterscheide Dohnanyi sich allerdings von Walser, gehe es ihm darum, die Tatsachen nicht in Vergessenheit geraten zu lassen und eine menschliche Form der Erinnerung zu finden, so strebe Walser etwas anderes an: »*Walser wollte und will etwas anderes. Und das hat er deutlich schon 1978 gesagt, Zitat Walser: ›Wenn wir Auschwitz bewältigen könnten, könnten wir uns wieder nationalen Aufgaben zuwenden. Aber ich muß zugeben, eine rein weltliche, eine liberale, eine vom Religiösen, eine überhaupt vor allem Ich-Überschreitenden fliehende Gesellschaft kann Auschwitz nur verdrängen. Wo das Ich das Höchste ist, kann man Schuld nur verdrängen.‹*«[22] Zusammen mit seinem aktuellen Lob des Verdrängens sei dies eine »*unmißverständliche Sprache*«.

Ein anderes Problem hätten Dohnanyi und Walser gemeinsam: »*Sie sind verletzbar und wollen ihren Seelenfrieden haben. Diesen soll ich ihnen geben, indem ich mit den nichtjüdischen Landsleuten etwas behutsamer umgehe, denn sie sind alle verletzbar. Damit kann ich nicht dienen, denn Ihretwegen oder wegen Walser werden wir nicht auf das Gedenken, selbst auf ein ritualisiertes Gedenken nicht verzichten.*« Bubis sprach damit deutlich aus, was bei Walser und Dohnanyi nur als Subtext zu lesen war: die Aufforderung an die Juden, die Deutschen nicht an ihre »*Schuld*« zu erinnern. Die mit der Kontroverse immer klarer zutage tretende Trennung zwischen jüdischer und nichtjüdischer Erinnerung zeigte sich auch im Schlußsatz seiner Antwort, die das Empfinden dieser Trennung ausdrückt: »*Noch eins. Wie wäre es, wenn Sie und Walser mit ihren jüdischen Landsleuten etwas behutsamer umgehen würden, denn auch wir sind verletzbar. Ist Ihnen das schon einmal in den Sinn gekommen?*«[23] Auch hier habe Bubis ihn wieder falsch verstanden, antwortete Dohnanyi, denn er habe mit seinem »*wir sind alle verletzbar*« selbstverständlich alle Deutschen gemeint, ob Juden oder Nichtjuden. Da aber ansonsten in seinem als auch in Walsers Text gerade die Trennung zwischen beiden betont und diese unter der Hand gegen die Juden gewandt wurde, lag dieses Mißverständnis nur allzu nahe.

Den vorläufigen Schlußpunkt fand die Auseinandersetzung zwischen Bubis und Dohnanyi in einem »Spiegel«-Interview von Bubis, in dem dieser Walser und Dohnanyi latenten Antisemitismus vorwarf: »*Ich spüre bei Martin Walser zwischen den Zeilen Antisemitismus. Ich weiß nicht, ob er sich dessen bewußt ist, wahrscheinlich nicht. Klaus von Dohnanyi hat es deutlicher als Walser ausgesprochen. Er sprach von dem ›Versuch anderer, aus unserem Gewissen eigene Vorteile zu schlagen, es zu mißbrauchen, ja, zu manipulieren. (...)‹ Im Klartext heißt das: Die Juden machen aus allem Geld, sogar aus dem schlechten Gewissen der Deutschen.*«[24] Dieses Denken entspreche dem klassisch antisemitischen Repertoire.

Antisemitismus und das Verhältnis zwischen Juden und Nichtjuden

Wenn es nach 1945 in Deutschland wirklich ein Tabu als Konsequenz aus dem Faschismus gab, dann war es die Äußerung eines offenen Antisemitismus. Für die Bevölkerung und Eliten war klar, daß ein Zurück in den Kreis der zivilisierten Nationen nur mit einer deutlichen Distanzierung vom Antisemitismus möglich war. Antisemitische Stereotypen im Denken waren damit natürlich keineswegs überwunden, sie waren nur nicht mehr öffentlich kommunizierbar. In dem Maße, in dem die Schatten der Vergangenheit zum Verblassen gebracht wurden, machten sich auch wieder verstärkt Äußerungen bemerkbar, die unverkennbar in der unseligen Tradition des Antisemitismus stehen. Vor allem seit der Vereinigung von 1990 und dem wiederentdeckten nationalen Selbstbewußtsein machte sich auch ein neuer Ton gegenüber den Juden bemerkbar. Die von Walser ausgelöste Debatte könnte hier eine Katalysatorfunktion haben.

Der von Bubis gegen Walser und Dohnanyi erhobene Vorwurf des latenten Antisemitismus gehört zu den schärfsten Vorwürfen, die hierzulande gemacht werden können, weshalb mit einer solchen Etikettierung vorsichtig umgegangen werden sollte. Jedoch ermöglichten die Äußerungen von Walser und Dohnanyi Interpretationen, die in der Tat stark mit antisemitischen Stereotypen verknüpft sind.

Gänzlich ohne solche einschränkenden Bemerkungen kann man sich einem Kommentar Rudolf Augsteins zur Walser-Bubis-Kontroverse nähern, der von Joachim Rohloff in der Zeitschrift »konkret« als *»eines der übelsten antisemitischen Pamphlete, die nach 1945 in deutscher Sprache außerhalb der ›Nationalzeitung‹ gedruckt wurden«*[25], bezeichnet wurde. Augstein stellt sich voll hinter Walser und bescheinigt Bubis einen *»gehörigen Mangel an Urteilsvermögen«.*[26] Bestätigt werde Walsers Vorwurf des Mißbrauchs von Auschwitz durch das, *»was wir erst jüngst von einigen New Yorker Anwälten erlebten«.* Gemeint waren hiermit die Vertreter ehemaliger jüdischer Zwangsarbeiter, die horrende Entschädigungsforderungen auch an die deutsche Industrie stellten. Augstein sieht in den Entschädigungsforderungen einen Mißbrauch von Auschwitz, womit die Juden, die eine mehr als billige und immer zögernder zugestandene Erinnerung einfordern, zu moralisch zwielichtigen Elementen ernannt werden. Deutschland dürfe sich jedoch nicht länger von außen, d. h. von den Juden, vorschreiben lassen, wie es zu gedenken habe. Die Zeitgenossen der NS-Zeit, zu denen sich Augstein zählt, hätten sich das Geschehen *»in einem schmerzhaften Prozeß aneignen«* müssen, hätten sie doch, beispielsweise während ihrer Zeit in der Wehrmacht, nichts von den Verbrechen gewußt. Wiederholt wird die wissenschaftlich längst widerlegte Legende, die Deutschen hätten von allem nichts gewußt. Beschränken soll sich Erinnern und »Scham« jedoch auf die Zeitzeugen, weshalb das geplante Holocaust-Mahnmal als aufgezwungene und antideutsche Zumutung von Augstein abgelehnt wird: *»Nun soll in der Mitte der wiedergewonnenen Hauptstadt Berlin ein Mahnmal an unsere fortwährende Schande erinnern. Anderen Nationen wäre ein solcher Umgang mit ihrer Vergangenheit fremd. Man ahnt, daß dieses Schandmal gegen die Hauptstadt und das in Berlin sich neu formierende Deutschland gerichtet ist. Man wird es aber nicht wagen, so sehr die Muskeln auch schwellen, mit Rücksicht auf die New Yorker Presse und die Haifische im Anwaltsgewand, die Mitte Berlins freizuhalten von solch einer Monstrosität.«* Erinnerung wird von Augstein als gegen Deutschland gerichtete Waffe verstanden, eingesetzt vor allem von den amerikanischen Juden, die sich unschwer hinter der New Yorker Presse und den *»Haifischen im Anwaltsgewand«* erkennen lassen. Das Schlagwort der von den Juden regierten Presse der Ostküste gehört zu den gängigsten antisemitischen Stereotypen und läßt sich in fast jeder Ausgabe der »Nationalzeitung« so lesen. Ganz in dieser Manier werden die Deutschen bei Augstein zu Opfern der jüdischen Macht, weshalb er wenige Zeilen später zustimmend Adenauer zitiert, der schon in den fünfziger Jahren meinte: »*Das Weltjudentum ist eine jroße Macht.*« Schuld an der ganzen Mahnmal-Debatte ist laut Augstein der mißglückte Israelbesuch von Kanzler Kohl 1984, der quasi als Kompensation hierfür die Idee des »*sogenannte(n) Mahnmal(s)*« hervorgebracht habe, womit Kohl für Augstein jedoch ›einknickte‹. Das Wachhalten der Erinnerung generell wird somit von Augstein als ›einknicken‹ vor den Juden gewertet, womit Erinnerung allein zur utilitaristischen Geste fürs Ausland verkommt, die sich dann erübrigt, wenn die eigene Position wieder stark genug ist.

Die Begleiterscheinungen des neuen nationalen Selbstbewußtseins, z. B. ein immer virulenter werdender Antisemitismus, werden durch Augstein denen angelastet, die die Erinnerung wachhalten wollen: »*Man würde untauglichen Boden mit Antisemitismus düngen, wenn den Deutschen ein steinernes Brandmal aufgezwungen wird.*« Schuld am Antisemitismus ist damit der Jude, der die Deutschen zur Erinnerung zwingt, die von diesen nur noch als »*Brandmal*« aufgefaßt wird. Die Mahnmal-Debatte wird von einer deutschen Debatte zu einem Zwang des Auslands. Gegen diese (jüdische) Zumutung setzt sich der »Spiegel«herausgeber zur Wehr: »*Man kann uns nicht von außen diktieren, wie wir unsere neue Hauptstadt in Erinnerung an die Vergangenheit gestalten.*« Verstanden werden kann dies auch als Warnung: Wenn die Juden die Deutschen weiter zur Erinnerung zwingen, dann wird der Antisemitismus unweigerlich zunehmen. Der Sprengstoffanschlag auf des Grab des ehemaligen Vorsitzenden des Zentralrats der Juden in Deutschland Heinz Galinski am 19. 12. 1998 erschien wie eine Unterstreichung dieser Äußerung, und die Tochter Galinskis zog auch eine Verbindung zwischen der von Walser losgetretenen Debatte und dem Attentat.[27]

Augsteins Kommentar endet mit der Vermutung, daß sich die deutschen Parteien nicht trauen werden, gegen das Mahnmal zu entscheiden. Egal jedoch wie die Entscheidung auch ausfalle, die Deutschen bleiben für Augstein das Opfer der jüdischen Pression: »*Ließen wir den von Eisenmann* [dem Architekten des geplanten Mahnmals, G. W.] *vorgelegten Entwurf fallen, wie es vernünftig wäre, so kriegten wir nur einmal Prügel in der Weltpresse. Verwirklichen wir ihn, wie zu fürchten ist, so schaffen wir Antisemiten, die vielleicht sonst keine waren, und beziehen Prügel in der Weltpresse jedes Jahr und lebenslang, und das bis ins siebte Glied.*«

Der eingangs zitierten Einschätzung Rohloffs kann nicht widersprochen werden, sind bei Augstein doch die antisemitischen Ressentiments nicht mal mehr kaschiert.

Michael Brenner machte in der »Süddeutschen Zeitung« gar einen »*neuerlichen Antisemitismusstreit*«[28] aus, in den er neben Augstein auch Walser einbezog. Brenner sieht in den Äußerungen der beiden ein Anknüpfen an den Berliner Antisemitismusstreit von 1879, wobei er die damaligen Positionen von Treitschke und Theodor Mommsen nun auf Augstein und Walser überträgt. Zwei unterschiedliche deutsche Traditionen zeigten sich hier: »*auf der einen Seite eine, auch in der Wortwahl, wenig verhüllte Abneigung gegenüber den Juden, auf der anderen Seite eine Abneigung gegen das Jüdische als eigenständiges Kulturelement*«[29]. Augsteins Tiraden haben ihren Kern somit in Treitschkes Ausspruch: »*Die Juden sind unser Unglück*«, während die Problematik in Walsers Äußerungen dagegen auf einer anderen Ebene gesucht werden müßte: »*Von Haifischen im Anwaltsgewand zu sprechen ist seine Sache nicht. Vielmehr fühlt er sich als Anwalt der Juden, zumindest der assimilierten deutschen Juden, die er posthum von den im* osteuropäischen Schicksal verhafteten Juden selektiert. Vieles aus der Sonntagsrede wurde wieder und wieder zitiert, kaum aber jene Episode, mit der sich Walser gegen den Vorwurf der Verharmlosung von Auschwitz zu wehren versuchte: ›Ich stellte das Schicksal einer jüdischen Familie von Landsberg an der Warthe bis Berlin nach genauester Quellenkenntnis dar als einen fünfzig Jahre lang durchgehaltenen Versuch, durch Taufe, Heirat und Leistung dem ostjüdischen Schicksal zu entkommen und Deutsche zu werden, sich ganz und gar zu assimilieren.«[30] Walsers Verteidigung des jüdischen Schicksals enthalte eine problematische Implikation: »Es erstaunt, daß Walser nicht einmal auf die Idee zu kommen scheint, hinter diesem beständigen Lob für jene Juden, die ihrem Jüdischsein ›entkommen‹, könnte man ein durchaus problematisches Konzept der Integration durch völlige Assimilation erkennen.«[31]

Doch lassen sich bei Walser auch hierüber hinausgehende Ressentiments gegen die Juden ausmachen, die in ihrem Gehalt auf der schon von Dohnanyi vorgetragenen Linie liegen und sich gegen die Juden als personifizierten Schuldvorwurf richten. Der Spruch, daß die Deutschen den Juden Auschwitz nie verzeihen werden, fand gerade in den Äußerungen Dohnanyis, Augsteins und Walsers seine Bestätigung. Für die Haltung Walsers ist hier der dramatische Höhepunkt der ganzen Debatte, das Gespräch mit Bubis, am aufschlußreichsten.

Im von der FAZ[32] organisierten Gespräch zwischen Martin Walser und Ignatz Bubis, moderiert von Frank Schirrmacher und Salomon Korn, wurde deutlich, daß es sich bei zentralen Punkten der Walserschen Rede keineswegs um Mißverständnisse gehandelt hatte. Denn Walser beharrte, als ihm die Mißdeutungsmöglichkeiten seiner Rede vorgehalten wurden, darauf, daß er nicht mißverstanden worden sei. Zwei Punkte sind in diesem Gespräch besonders aufschlußreich: einerseits Walsers Einschätzung der vergangenheitspolitischen Rolle der Juden im heutigen Deutschland und darüber hinaus seine Sicht der politischen Verhältnisse im Lande. Wolfram Schütte wertete in der »Frankfurter Rundschau« Walsers Gesprächs-haltung als *»anmaßend, starrsinnig, schamlos und feige«*[33], und diese Bewertung ist nicht übertrieben. Deutlich wird die eitle Selbstverliebtheit Walsers gleich zu Beginn des Gesprächs: Nachdem Bubis in sehr bewegender Weise von seiner Le-bensgeschichte und der Ermordung seiner Familie in den Ver-nichtungslagern erzählt hatte, um hieraus den Unterschied zwischen seinem eigenen Wegschauen – *»ich kann da nicht hinschauen, ich würde zerbrechen«*[34] – und dem von Walser ge-forderten Verdrängen zu verdeutlichen, insistiert Walser, den Unterschied zwischen Opfer- und Täternachkommen igno-rierend, auf seiner langen Beschäftigung mit dem Thema: *»Und, Herr Bubis, da muß ich Ihnen sagen, ich war in diesem Feld beschäftigt, da waren Sie noch mit ganz anderen Dingen beschäftigt. Sie haben sich diesem Problem später zugewendet; Sie haben sich diesen Problemen später zugewendet als ich.«* Op-fer und Täter, der Standpunkt der Erinnerung, die Traumati-sierung der Überlebenden, die sich nicht so frei wie Walser für oder gegen ein Hinschauen entscheiden können, all das wird von Walser beiseite gewischt. Er und die Deutschen haben ihre Erinnerungspflicht schon längst erfüllt und verbitten sich jetzt jede Ermahnung durch die Juden. Im Gespräch mit »konkret«-Herausgeber Gremliza äußerte Bubis zu dieser Vorhaltung Walsers: *»Ich hätte ihm sagen können, als ich dort [in Auschwitz, G. W.] war, haben sie sich überhaupt nicht darum gekümmert«*[35], womit er genau den Unterschied verdeutlichte, den Walser beseitigen wollte. Soviel vielleicht zur einfühlenden Sensibilität des Schriftstellers.

Walser besteht im weiteren Gespräch darauf, einerseits nicht mißverstanden worden zu sein, andererseits will er aber nicht für möglichen Mißbrauch seiner Rede in Verantwortung genommen werden, eine offensichtlich widersprüchliche Haltung. »Gewissen« wird zum meist gebrauchten Schlagwort Walsers und, wie schon in der Rede, gegen »Verantwortung« gesetzt. Als Berufungsinstanz Walsers dienen immer wieder die vielen positiven Reaktionen, die er bekommen habe und die er als über jeden Verdacht erhaben *erklärt. »Das muß ich leider sagen, das haben die Leute gesagt, nicht wahr, daß man sich einfach als Deutscher in einem Beschuldigtenzustand fühlt und durch seine Repräsentanten daraus nicht erlöst wurde (…)«* Öffentliches Erinnern, jedenfalls in seiner bisherigen Art, löse bei den Menschen ein schlechtes Gewissen aus, und dies will Walser ihnen nehmen: *»Wie man an Auschwitz denkt, ist eine Sache des persönlichen Gewissens.«* Nicht die Ungeheuerlichkeit des Holocaust und der notwendig schmerzhafte Umgang damit werden für die Gewissensprobleme der nichtjüdischen Deutschen verantwortlich gemacht, sondern die Art des Gedenkens. Ein distanzierterer, unbeschwerterer Umgang mit der Vergangenheit wäre eine Schlußfolgerung hieraus, vielleicht ein Mahnmal, das man gerne besucht, wie es Kanzler Schröder forderte. Es geht mithin darum, die Monstrosität des Verbrechens in eine Monstrosität der Erinnerung umzudeuten und sich so von beidem zu distanzieren.

Walser spricht immer wieder von der befreienden Wirkung seiner Rede, die er den vielen Briefen, die er bekommen habe, entnehme. Gerade diese vermeintliche Befreiung von der Last der Vergangenheit ist es, der Bubis mißtraut. Sehr deutlich wird an dieser Stelle, daß es Walser nicht um eine gemeinsame Erinnerung von Juden und Nichtjuden geht, daß er Bubis u. a. deutlich von sich und *den* Deutschen trennt: *»Nein, diese befreiende Wirkung heißt: Unser Gewissen ist unser Gewissen, und das lassen wir uns nicht von anderen vorschreiben.«* Wer diese anderen sind, macht Walser unmißverständlich deutlich. Zitiert wird von ihm eine Aussage von Bubis: *»Sie haben gesagt: Der Walser will seinen Seelenfrieden. Hätten seine Vorfahren dafür gesorgt, daß die Juden nicht umgebracht wurden, hätte er seinen.«* Die Antwort hierauf erfolgt mit unverkennbarer Aggressivität: *»Herr Bubis, das sage ich Ihnen: Ich will meinen Seelenfrieden, verstehen Sie? Und wie ich ihn kriege, das ist in mir, das ist mein Gewissenshaushalt. Und da lasse ich mir von niemandem, auch nicht von Ihnen, dreinreden. Mein Gewissen bleibt mein Gewissen. Oder ich pfeife drauf, dann schenke ich es Ihnen.«* Nicht etwa die Taten ihrer Vorfahren, sondern die Juden bedrohen den deutschen Seelenfrieden. Walser macht deutlich, daß nur ein Erinnern akzeptabel sei, welches die Deutschen nicht an die Taten der Eltern und Großeltern erinnert. Gerade dies wirft er jedoch den Juden in Deutschland vor, weshalb er von ihnen besondere Zurückhaltung fordert, insbesondere im Zusammenhang mit dem gegenwärtigen Rassismus und Neofaschismus. Die Juden als Opfer könnten nicht objektiv urteilen, da ihnen die *»Faszination«* des Faschismus für die Deutschen notwendig unzugänglich bleibe. Walser versteckt sich bei dieser Unverschämtheit jedoch hinter der Aussage eines Juden, ein beliebtes Spiel bei solchen ›Tabubrüchen‹: *»Darf ich ihnen mal einen ganz riskanten Satz von Jakob Taubes vorlesen, diesem jüdischen Religionsphilosophen, das hat mich sehr bewegt: Es ist kein Geheimnis, daß ich Jude bin, und zwar bewußt und Erzjude als solcher, und das bringt für*

mich einige Probleme mit sich, überhaupt in deutschen Landen.
Konträr zu dem, was viele tun, bringt mich das in die Lage, mich
des Urteils zu enthalten. Über viele Dinge zögere ich, den Stab
zu brechen, weil wir als Juden in all dem unaussprechlichen
Grauen, das geschehen ist, vor einem bewahrt geblieben sind,
nämlich mitzumachen. Wir hatten keine Wahl. Und wer keine
Wahl hat, das heißt, ich war gar nicht gegen Hitler, sondern Hit-
ler war gegen mich. Wer keine Wahl hat, ist auch im Urteil ein-
geschränkt. Das heißt, er kann nicht beurteilen, was die Faszi-
nation anderer ist, die stolpern, die rutschen, die wollen, die
fasziniert sind. Jedenfalls wird es für ihn ein Problem der Faszi-
nation.« Walser sagt mit den Worten Taubes ähnliches wie
schon Dohnanyi: Die Juden sollen nicht moralisch über die
Deutschen urteilen, da sie, behaftet mit dem ›Glück‹ der Verfolgten, ohne eigenes Zutun deren Taten nicht begehen konnten. Es zeigt sich hier ein immer wiederkehrendes Bedürfnis,
einen Teil der Opferrolle auch für die Deutschen zu reklamie-
ren. Besonders interessant ist bei dieser Argumentation die
immanente Logik: Die Deutschen ermorden sechs Millionen
Juden, die Juden können als Betroffene kein objektives Urteil
über den Vorgang treffen, sollen sich zurückhalten und den
Umgang mit dem Verbrechen den Deutschen, eben den
Tätern, überlassen. Daß ausgerechnet die Nachkommen der
Täter für sich den objektiven Blick beanspruchen und ihn den
Juden absprechen, ist ein besonderer Fall einfühlender Täter-
forschung.

Walser spitzt diese Logik jedoch sogleich noch politisch zu,
wenn er fordert, Bubis solle sich nicht in die aktuellen Debatten um die extremen Folgen der Ausländerfeindlichkeit und
des Rassismus einmischen. In inquisitorischem Ton fragt er
Bubis: *»Ich glaube, ich habe Sie im Fernsehen gesehen in Lich-*

tenhagen bei Rostock. Jetzt frage ich Sie, als was waren Sie dort?«
Und höhnisch fährt er fort: *»Denn ich sah Ihr empörtes, ergrif-*
fenes Gesicht im Fernsehen, begleitet vom Schein der brennen-
den Häuser, das war sehr heroisch.« Was macht also ›der Jude‹
Bubis am Ort eines rassistischen Pogroms? Für Walser ein klarer Fall von unerwünschter Einmischung eines Juden, denn
dieser wecke durch sein Auftreten die Erinnerung an die Vergangenheit, und das darf nicht sein: *»Wenn Sie auftauchen,*
dann ist das sofort zurückgebunden an 1933.« Es folgt das Zitat
von Taubes und damit die Aufforderung, sich nicht mahnend
in die gegenwärtige Politik einzumischen und sie schon gar
nicht mit dem Nationalsozialismus zu verkoppeln. Die Täter
von Rostock und anderswo sind für ihn *»asoziale Jugendliche«*,
und die Wähler der extremen Rechten reduzieren sich auf
»Protestwähler«. Gerade die Verknüpfung des gegenwärtigen
Rassismus mit der nationalsozialistischen Vergangenheit ist
es, gegen die Walser sich wendet, da so den Deutschen weiterhin ein schlechtes Gewissen gemacht werde. Ihnen dieses
zu nehmen, ohne jedes Wenn und Aber, darin sieht er den Sinn
seiner Rede. Sein Text sei nicht mißverstanden worden, *»wenn*
man daraus den Schluß zieht, daß man sich nicht vorschrei-
ben lassen will, wie man zur deutschen Vergangenheit steht. (...)
Mir ist ein freies Gewissen, das zu inakzeptablen Ergebnissen
kommt, lieber als ein gebundenes Gewissen.« Zugespitzt heißt
das, lieber die von jeder Erinnerung befreiten Ressentiments
eines großen Teils der deutschen Bevölkerung mit all ihren
Folgen in Kauf zu nehmen als eine erzwungene Tabuisierung
des grassierenden Rassismus. Den Opfern des aktuellen Rassismus dürfte letzteres gewiß lieber sein, aber es sind ja auch
nicht ihre Interessen, für die Walser streitet.

Der antijüdische Reflex Walsers, der auch bei Augstein und

Dohnanyi eine entscheidende Rolle spielte, ist kennzeichnend für diese Debatte überhaupt. Dem von Korn benutzten Bild der Flasche, die Walser bewußt geöffnet habe, widerspricht dieser vehement: »*Ich lasse das Bild nicht zu, daß die psychische und mentale Befindlichkeit der Majorität der hiesigen Bevölkerung so dargestellt wird, als sei sie in eine Flasche gesperrt.*« Dann nimmt er das Bild jedoch auf und wendet es rhetorisch gegen die Juden: »*Entschuldigen Sie, ich wage nicht Ihr Bild fortzusetzen, dann haben Sie das deutsche Gewissen in eine Flasche gesperrt, zu der Sie den Stöpsel haben.*« Wolfram Schütte kommentiert zutreffend: »*Daß ›die Juden‹ unser Unglück sind, hat man auch schon einmal rhetorisch unumwundener gehört (...)*«[36] Ebenso empört zeigt sich Walser über den Brief des israelischen Botschafters, in dem dieser eine talmudische Parabel zitiert, in der es heißt: »*Ein geistig Hochstehender, der auf seinem Rock einen Fleck duldet, hat die Todesstrafe verdient.*« Walser will die Metapher nicht verstehen und gibt sich beleidigt: »*Wo ist der Fleck auf meinem Rock? Wo ist die Nachlässigkeit? Ich sage Ihnen, diesen Umgang mit Menschen ertrage ich nicht. Und wenn das einer bisher eingeführten Umgangsart entspricht, dann müssen Sie sich nicht wundern, wenn die Leute sich wehren.*« Im letzten Absatz steckt wieder unverhohlen die Drohung, daß sich die Deutschen die Pressionen der Juden nicht länger gefallen lassen werden und daß diese für die Konsequenzen selbst die Verantwortung tragen.

Das Gespräch Walser – Bubis trug also keineswegs zur »Versachlichung« der Diskussion bei, sondern unterstrich noch einmal die schon in der Rede enthaltenen Standpunkte Walsers. Entgegen Bubis, der den Vorwurf des »*Brandstifters*« im Gespräch zurücknahm, waren die Reaktionen in den Feuilletons teilweise scharf. Neben Wolfram Schüttes Polemik in der

»Frankfurter Rundschau« titelte auch »Die Woche« einen Beitrag von Hans-Ulrich Jörges mit dem Fazit »... *und er ist doch
ein Brandstifter*«[37].

Marcel Reich-Ranicki nennt den Vorwurf des Antisemitismus gegen Walser und Dohnanyi absurd und macht dennoch
deutlich, wo deren Problem mit den Juden liegt: eben in dem
beneideten Status der Opfer, den sich viele Nachkommen der
Täter so gern zu eigen machen würden. Reich-Ranicki berichtet von einem Interview Walsers in der »Süddeutschen
Zeitung«, in der der Interviewer den Witz machte, Ranicki
wolle die Literatur durch die Literaturkritik ersetzen. Walser,
der sich als Opfer dieser Kritik fühlt, reagierte symptomatisch: »*Aber Walser – es ist kaum zu glauben – hat den Witz ernst
genommen und erklärt: ›Die Autoren sind die Opfer, und er ist
der Täter. Jeder Autor, den er so behandelt, könnte zu ihm sagen:
Herr Reich-Ranicki, in unserem Verhältnis bin ich der Jude.‹
Wollte Walser ein Gleichheitszeichen setzen zwischen der Verurteilung eines Romans und der Vergasung eines Menschen? Nein,
das wollte er mit Sicherheit nicht, denn er ist nicht wahnsinnig.
Nur ist ihm im Zorn, in der Hitze des Gefechts eine schreckliche
und letztlich törichte Formulierung entschlüpft.*«[38] Und dennoch verbirgt sich hinter diesem »Ausrutscher« ein entscheidender Teil der Debatte.

Erinnerungskultur und Instrumentalisierung

Walsers und Dohnanyis Vorwurf, die »*deutsche Schande*« werde zu gegenwärtigen Zwecken instrumentalisiert, beinhaltete
auch eine Infragestellung der gesamten Erinnerungskultur

des Landes. Vor allem Walser sprach von einer ritualisierten Form der Erinnerung, der er mit einer Rückführung der Erinnerung ins private Gewissen der Individuen begegnen wollte. Der Zweck dieser individuellen Gewissenserforschung blieb dabei weitgehend im Dunkeln, Walser selbst ging es nach eigenem Bekunden um seinen Seelenfrieden. Ob und welche Funktion die öffentliche Erinnerung an den Faschismus haben könnte, wurde bei ihm nur negativ thematisiert, eben als »Moralkeule«, gerichtet gegen das deutsche Volk. Die größte Sorge, sowohl in seiner Rede als auch im Gespräch mit Bubis, bereitete ihm der Rückbezug gegenwärtiger Ereignisse auf die historische Erfahrung des Faschismus. Dieser soll somit als Folie für aktuelle Tendenzen beseitigt werden, da sonst das nationale Kollektiv weiterhin an den Faschismus rückgebunden werde. Deutlich wird diese Absicht in Walsers Ausführungen zu den Pogromen in Rostock, die er in seiner Rede und im Gespräch mit Bubis ausdrücklich nicht zurückgebunden wissen will. Welchen Sinn aber kann historische Erinnerung haben, wenn nicht den, aus diesen Erfahrungen für die Gegenwart zu lernen? Michel Friedman sieht gerade hier die eigentliche Aufgabe des Erinnerns: »Deswegen ist für mich Geschichtsvermittlung nicht allein eine Frage der moralischen Bewertung, sondern immer auch von Handlungskonsequenzen, die man durch diese Vermittlung bewirkt.«[39] Walser will offensichtlich das Gegenteil, wenn er Bubis auffordert, nicht nach Rostock zu gehen, da die Ereignisse sonst an die NS-Vergangenheit zurückgebunden werden. Seine Lehre aus dem deutschen Faschismus besteht erkennbar im Wegschauen, etwa wenn er sich in der Rede gegen die von Intellektuellen formulierten Anklagen gegen Politiker und Gaffer in Rostock wendet. Seine, vorsichtig interpretiert, naive Aussage, er könne solchen Äußerungen gegen die Bevölkerung nicht zustimmen, da er die Tatsachen einfach nicht glauben könne, zeigt die ganze Konsequenz dieser historischen Verdrängung. Ein Blick auf den 9. November 1938 sollte auch Walser zeigen, daß vorgeschützte Naivität fatale Konsequenzen und damit auch *»Schuld«* und *»Schande«* mit sich bringen kann. Verantwortlich ist auch hier die Ersetzung des Terminus »Verantwortung« durch »Schande«. Alexander Tisma äußerte sich in seinem Debattenbeitrag hierzu: *»Ich glaube, daß die Abscheu vieler, auch Martin Walsers, gegen die ›Moralkeule‹ und die Evozierung vergangener ›Schande‹ daher rührt, daß wir den Gedanken der kollektiven Schuld nicht annehmen wollen. Diese Ablehnung ist aber grundlegend falsch, denn wir alle sind verantwortlich nicht nur für Schaden, den wir persönlich jemand zufügen, sondern auch für das, was andere jemandem antun, ohne daß wir sie daran zu verhindern versuchten. (…) Solche Nachlässigkeit gebiert Mitschuld und sollte bei uns nicht zu Scham führen, sondern dazu, daß wir versuchen, mehr über andere zu wissen und mehr für andere zu riskieren. Wer dazu unfähig ist oder unfähig war – wie Martin Walser in seiner frühen Jugend, als er nichts von der Judenverfolgung und der Verfolgung anderer Menschen wußte – und sich deswegen unschuldig an den Verbrechen der Nazis fühlt, der sollte nicht staunen, wenn jene, die eine Verantwortung für die Vergangenheit fühlen, nicht zulassen können, daß er sie des Gedenkens beraubt.«*[40]

Die Frage nach der angemessenen Form der Erinnerung kann sicherlich als der produktivste Anstoß der Walser-Debatte angesehen werden, wenngleich Walsers Vorschläge selbst auf ein Ende kollektiver Erinnerung hinauslaufen. Ihm geht es weniger um neue Formen des Erinnerns als vielmehr um ein Ende der »*Dauerpräsentation unserer Schande*«. Seiner Klage, von den Medien unablässig mit der »*Schande*« konfrontiert und durch Beschuldigungen attackiert zu werden, so daß er ständig wegschauen müsse, wurde von vielen Diskutanten mit dem praktischen Vorschlag begegnet, doch die Fernbedienung zu benutzen und ein anderes Programm einzuschalten. Offensichtlich ging es Walser hier jedoch nicht nur um seinen persönlichen Seelenfrieden, sondern um den des nationalen Kollektivs insgesamt. Die Gleichsetzung seiner Gefühlslage mit der der Bevölkerung scheint jedoch etwas voreilig. Zu Recht fragt Reich-Ranicki, »*wer die über sechs Millionen Zuschauer denn waren, die sich neulich, als im ersten Programm der erste Teil einer Dokumentation über die Waffen-SS ausgestrahlt wurde, eingeschaltet haben*«[41]. Auch die mediale Vermittlung von Vergangenheit findet nicht außerhalb der kapitalistischen Wettbewerbsstrukturen statt: Mit anderen Worten, es gibt einen Markt für diese Erinnerung, und der scheint nicht übersättigt zu sein.

Salomon Korn ging es in seinen Beiträgen zur Debatte um das tatsächlich vorhandene Dilemma, daß ein gemeinsames Gedenken von Opfer- und Täternachkommen nur schwer zu bewerkstelligen ist. Die bei Walser und Dohnanyi vorhandene Abwehr gegen die vermeintliche moralische Überlegenheit ersterer wird von Korn als verständlicher Reflex gesehen: »*Es ist diese von Schuld losgelöste Einheit in der Negativität, die den überlebenden Opfern und ihren Nachfahren von vielen Täternachkommen geneidet wird.*«[42] Auch hier scheint mir die rückwärtsgewandte Kategorie der »Schande« für das Verfehlen eines möglichen gemeinsamen Nenners der Erinnerung verantwortlich zu sein. Die Lehre aus der Vergangenheit muß in der Verantwortung für die Gegenwart und die Zukunft bestehen, und dies ist der Punkt, an dem sich die Erinnerung verbinden läßt.

Die von Walser beklagte Ritualisierung des Gedenkens läßt sich tatsächlich verzeichnen, die Frage ist nur, was die Alternative hierfür ist. Bei Walser besteht sie in einer Privatisierung der Erinnerung mit dem Ziel der Entlastung des nationalen Kollektivs von der Last der Vergangenheit. Auch Korn äußert diesen Verdacht: *»Die andere Frage ist, ob nicht über die Infragestellung der Formen des Gedenkens auf dessen Inhalt gezielt wird, und damit auf die historische Verantwortung, die dahinter steckt und die man als verantwortungsbewußter Demokrat übernehmen muß.«*[43] Demgegenüber komme es vielmehr darauf an, die vorhandenen Rituale, die als Struktur- und Ordnungselemente wichtig seien, mit Leben zu erfüllen.

Die »neue Normalität« und das »dröhnende Schweigen« der Politik

Der geschichtspolitische Inhalt der Debatte lag und liegt eindeutig in der Befreiung des nationalen Kollektivs von der Last der NS-Vergangenheit, womit sich der Vorstoß Walsers in die Versuche konservativer Geschichtspolitiker einreiht. Walsers Rede und auch seine Äußerungen im Gespräch mit Bubis sind hier eindeutig. Die Privatisierung der Erinnerung hat genau die Funktion, das Kollektiv von der Vergangenheit zu befreien. Walser erscheint weniger als rechter politischer Stratege denn als Biedermann, der die Idylle der eigenen heimatlichen Geborgenheit ungebrochen auf das ganze Land übertragen und sich die als positiv empfundene eigene Vergangenheit nicht durch die Schrecken der faschistischen Vergangenheit verstellen lassen will. Hajo Funke und Lars Rensmann[44] interessieren sich in ihrem Beitrag genau für die vergangenheitspolitischen Implikationen der Walser-Debatte. Für sie betreibt Walser eine »*Wirklichkeits- und Geschichtsumdeutung*«, die alles, was in sein Bild von Deutschland nicht hineinpasse, verharmlose oder bestreite. »*Während er das Gewissen für die jeweils ganz eigene Sache eines jeden Menschen erklärt, verlagert er seine Gewissensproblematik auf das nationale Kollektiv und wird sich, wie er sagt, doch unbescholten wünschen dürfen, Teil eines ›ganz normalen Volkes‹ sein zu können. Damit bekundet er, daß er einen atemberaubenden Vorgang inszeniert: um das Gewissen zu entlasten, beschwört er den ›Volksgeist‹ des Wir-Kollektivs und weist jene ab, die anders fühlen. Wer ihn daraufhin kritisiert, wie der Vorsitzende des Zentralrats der Juden in Deutschland, Ignatz Bubis es getan hat, verläßt den in dieser Weise konstruierten nationalen Konsens.*«[45] Walser konstruiere damit ein kollektives Wir, das gegen ein anderes Kollektiv der »Nestbeschmutzer« stehe. Hauptprotagonist dieser Nestbeschmutzung seien laut Walser die Intellektuellen, die als Überbringer der schlechten Botschaft von ihm angegriffen werden.

Auch Detlev Claussen sieht im »*Antiintellektualismus*« einen der Hauptinhalte der Walserschen Rede.[46] Die bei Walser und Dohnanyi anzutreffende negative Konstruktion des nationalen Kollektivs über den Begriff der gemeinsamen »Schande« nennt Claussen eine »*Nationalisierung des Holocaust*«, an der auch in den Medien gearbeitet werde. Gemeinsam sei fast allen Beiträgen der vorwiegend in der FAZ geführten Debatte »*eine gnadenlose ›Wir‹-Rhetorik. Die leere Vokabel ›nationale Identität‹ weckt das Bedürfnis nach Inhalt, der in einer ziellosen Gesellschaft nur aus der Vergangenheit kommt.«*[47] Den Juden falle dabei die Rolle zu, den nichtjüdischen Deutschen das »*Wir-Gefühl*« zu geben, indem sie ebenfalls als Kollektiv und als andersartig wahrgenommen werden. In der Tat ernteten Walser und Dohnanyi nur wenig Widerspruch bei ihrer selbstverständlichen Verwendung des »Wir« für die Kennzeichnung der Gefühlslage »der« Deutschen. Claussen resümiert die Debatte folgendermaßen: »*Der Walser-Krach hat vollendet, was im Historikerstreit noch nicht gelang: Ein nationaler Diskursrahmen ist abgesteckt, in dem die ungleichen Parteien nach Herkunft aufgestellt werden. Die Abstammung wird für gegenwärtige Zwecke instrumentalisiert; Ignatz Bubis wird als der ›Andere‹ gebraucht, um den Alleinvertretungsanspruch der ›Wir‹-Rhetoriker zu begründen.*«[48]

Die von Walser eingeklagte Normalität des deutschen Volkes ist es, die für Moshe Zuckermann[49] im Zentrum der Debatte steht und die über Walser und die aktuelle Kontroverse hinausweist und den heutigen Zeitgeist kennzeichnet. Walsers »*Bedürfnis, unbeschwert sagen zu dürfen, ›die Deutschen seien jetzt ein normales Volk, eine gewöhnliche Gesellschaft‹, ohne gleich in einen bestimmten ideologischen Verdacht zu geraten, geht über das Persönliche hinaus. Daß man wieder wer ist hat sich im ökonomischen und politischen Bereich längst schon weltweit manifestiert. Gleichwohl ging die objektive Stärke mit vergangener Schuld und Schande einher. Man muß nicht germanophob sein, um sich verwundert zu fragen, was eigentlich so normal daran sei, daß eine Nation, die solches Grauen verursacht hat, sobald wieder dermaßen erstarkt ist. Solcher Verwunderung wird besonders nach der Vereinigung beider deutscher Staaten mit der Taktik des normalisierenden Bewußtseins begegnet: Man ist jetzt eben ein ›normales Volk‹, eine ›gewöhnliche Gesellschaft‹, positives Nationalgefühl steht einem wieder an – man fällt eben nicht mehr aus der Reihe.«*[50] Daß es sich hierbei – entgegen Frank Schirrmachers Ansicht, Walsers Nachdenken über Deutschland sei von *»keiner Ideologie an-getrieben«* – dennoch um Ideologie handelt, steht für Zucker-mann außer Frage: *»So gesehen, war Walsers Rede nicht nur ideologisch, sondern – gerade weil sie aus dem berufenen Munde einer eminenten Persönlichkeit anläßlich einer öffentlichen Ehrung kam – durchaus symptomatisch für die Ideologie eines momentanen ›Nachdenkens über Deutschland‹. Daß dabei dem Nicht-Vergehen-Wollen der Vergangenheit aus dem vorigen Jahrzehnt nun das Wegschauen vom Unerquicklichen nämlicher Vergangenheit folgt, ist vielleicht keine ›geistige Brandstiftung‹, aber den Zeitgeist widerspiegelt sie – ideologisch! – allemal.«*[51]

Ganz besonders beunruhigend in der Debatte war, daß der von Walser angestoßene Normalisierungsdiskurs von politi-scher Seite nicht nur nicht konterkariert, sondern unterstützt wurde. Der Weg in die Berliner Republik scheint hier ebenfalls mit dem Bedürfnis verbunden zu sein, die Vergangenheit in ihrer Bedeutung für die Gegenwart nun endgültig hinter sich zu lassen. Interessanterweise ist es gerade die jüngere Genera-tion der neuen rot-grünen Regierung, die diese Art der Nor-malisierung betreibt. Kein Politiker der Regierung äußerte sich zu der Auseinandersetzung zwischen Walser und Bubis, keinerlei Stellungnahme gegen Walsers Vorstoß war von hier zu vernehmen, so daß Sigrid Löffler in der *»Zeit«* vom *»dröh-nenden Schweigen«* der Politik sprechen konnte. Der Wechsel der Generation hat für Werner A. Perger auch einen Wechsel der Blickrichtung mit sich gebracht und kennt jetzt nur noch eine von der Vergangenheit befreite Zukunft: *»Markiert darum der Wechsel von den Endsechzigern zu den Mittfünfzigern, von der HJ-Generation zu den 68ern einen Paradigmenwechsel im*

Verhältnis zur Geschichte? Rot-Grün als neue Regierung, die in fröhlicher Unbefangenheit vor der Jahrhundertwende den berüchtigten Schlußstrich zieht?«[52]

Auch Christian Thomas' Vermutungen führen in dieselbe Richtung: *»Kann es sein, daß auch der neuen Regierung insgeheim/unausgesprochen der Wusch nach einem medialen Abschalten der ›Dauerrepräsentation unserer Schande‹ (Martin Walser) vorschwebt?«*[53] Nimmt man die vergangenheitspolitischen Handlungen und Äußerungen der neuen Regierung und vor allem des Kanzlers Schröder hinzu, dann drängt sich dieser Eindruck tatsächlich auf. In der Sendung »Talk im Turm« zu Walsers Aussage, Auschwitz diene als Moralkeule, gefragt, äußerte Schröder: *»Ich denke, ein Schriftsteller muß das sagen dürfen, der Bundeskanzler nicht«*[54], womit immerhin offenblieb, ob er dies bedauerte. Die neue Unbefangenheit ließ sich auch auf der politischen Bühne beobachten: Die Nichtteilnahme des Kanzlers an den Feiern zum 80. Jahrestag des Kriegsendes 1918 oder der von jeder Vergangenheit befreite Pragmatismus gegenüber Rußland und den Ländern Osteuropas zeigen, wohin die Reise geht. Die bereits erwähnte symptomatische Äußerung Schröders, zu einem Holocaust-Mahnmal müsse man gerne hingehen können, wurde durch seine sehr viel klarere Haltung in der Frage der Entschädigung von Zwangsarbeitern ergänzt. Hier äußerte der Chef einer rot-grünen Regierung unmißverständlich: *»Der deutsche Bundeskanzler muß in der Frage der Zwangsarbeiter die deutsche Industrie schützen«*[55], und sattelte mit der Forderung drauf, im Jahre 2000 müsse endlich Schluß sein mit Reparationsforderungen. Diese Aussagen und die ebenfalls bei »Talk im Turm« gemachte Äußerung des neuen Bundeskanzlers: *»Das Deutschland, das wir repräsentieren, wird unbefangen sein, in* *einem guten Sinne vielleicht sogar deutscher sein«*[56], lassen die Frage aufkommen, wie wohl in der Öffentlichkeit und auch in der SPD und bei den Grünen noch reagiert worden wäre, hätte Schröders Amtsvorgänger derartige Verlautbarungen abgegeben.

Mißverständnisse – Sprachprobleme

Die literarische Sprache, die einzige, die uns *»nichts verkaufen«* will, so Walser, hat anscheinend zu Mißverständnissen und Sprachproblemen geführt, die es den Verteidigern Walsers immer wieder als notwendig erscheinen ließen, dessen Anliegen zu erklären. Ganz im Unterschied zu Walser selbst allerdings, der im Gespräch mit Bubis darauf bestand, seine Rede sei nicht mißverstanden worden, womit er scheinbar auch Lesarten der Rede deckte, die so von seinen Anhängern nicht geteilt werden wollten. Für Malte Lehming und Harald Mertenstein war der ganze Streit gleich ein einziges *»Mißverständnis zwischen zwei älteren Herren«*[57] (Walser und Bubis), hervorgerufen durch Walsers *»literarisch(es)«* Sprechen und Bubis' *»konkretes«* Verstehen. Ebenfalls auf »Mißverständnissen«, diesmal aber wohl auf Seiten der zuständigen Redakteurin, beruhte die Bewertung der Walser-Rede im »Neuen Deutschland«. Unter der Überschrift *»Ach, lassen Sie doch Herrn Rainer Rupp gehen«*[58] wurde unter der Hand von Irmtraud Gutschke die Ansprache zu einem Appell für Gerechtigkeit im Umgang mit dem Osten und damit zu einem für das »Neue Deutschland« positiv besetzten Thema. Nachdem zwei Tage später klar geworden war, daß der Schwerpunkt der

Rede wohl anders gelagert war, schwenkte Gutschke auf die Linie der Walserschen Medienschelte ein und machte die Medien für die Aufregungen und die heftigen Reaktionen verantwortlich.[59] So wie sich das ND zuvor schon für Autoren der Neuen Rechten geöffnet und die Sache der Nation zu der seinen gemacht hatte, so ist auch die Verteidigung Walsers in diesem Sinne folgerichtig. Neue Nachdenklichkeit wird hier offensichtlich mit der Apologie alter und neuer rechter Positionen verwechselt.

Mehr interpretierend versuchte Frank Schirrmacher, als Laudator Walsers einer der Mitbeteiligten, die rechte Lesart der Rede voranzutreiben. Eingehend auf Walsers Vortrag in Duisburg, wo dieser zu seiner Paulskirchenrede Stellung nahm, sieht Schirrmacher das Land seit Oktober 1998 in einer *»kollektiven Deutschstunde«* verharren. *»Man hat den Eindruck am Fuße des Turms von Babel zu sitzen. Walser erklärt seine Rede. Es wirkt, als wolle er Menschen, die die gemeinsame Sprache verloren haben, wieder die Grundlagen der Grammatik beibringen.«*[60] Es wirkt vielmehr so, als wolle Schirrmacher den doch sehr eindeutigen Gehalt der Rede so modifizieren, daß er annehmbarer und konsensstiftender wird. Johannes Willms hingegen sieht in Walsers Duisburger Auftritt eine vertane Chance für ein klärendes Wort. Sogar die Walser wohlgewogene Zeitung »Die Welt« bescheinige ihm, *»tief unterhalb seiner Möglichkeiten«* geblieben zu sein.[61] Tatsächlich schlug Walser in Duisburg den auch aus dem Gespräch mit Bubis bekannten rechthaberischen Ton an und kanzelte zunächst die ihm kritisch gegenüberstehenden Wissenschaftler der Universität ab. Sein Auftritt gipfelte in der Selbststilisierung als Sprachrohr und Befreier der durch die ›ständigen Beschuldigungen‹ unterdrückten Deutschen: *»Die tausend Briefe, die* mich nach der Rede erreichten, sind erfreulich, Ausdruck einer einzigen Bewußtseinsregung. (...) Und doch haben alle gemeinsam, daß sie einer Rede zustimmen, in der öffentlich gesagt wurde, was jeder bisher nur gedacht oder gefühlt hat. Meine Rede wurde, das ist unübersehbar, befreiend empfunden. Das Gewissen befreiend.«[62] Auch hier konstruiert Walser ein nationales Kollektiv, zu dessen Sprecher und Befreier er sich erklärt. Wer diese »einzige Bewußtseinsregung« nicht teilt, steht außerhalb dieses Kollektivs. Woher Walser weiß, daß das, was er gesagt hat, »jeder bisher nur gedacht oder gefühlt hat«, wird wohl sein Geheimnis bleiben.

Walser erläutert den Begriff der »Schande«, der in der Debatte problematisiert wurde. »Scham« oder »Verbrechen« erscheinen ihm nicht geeignet, den Sachverhalt richtig zu bezeichnen: Scham stehe nicht für das Allgemeine, sondern für etwas Konkretes, weshalb Schande »das Wort für die gesamte geschichtliche Last« sei, wohingegen Scham »für eine persönliche Reaktion auf diese Last stehe«. [63] Monika Maron lobt Walser dafür, daß er die Schande annehme, die die Verbrechen ihm hinterlassen hätten, und dies vielleicht gerade deshalb, »weil er nationaler empfindet als andere«.[64] Diese Aussage veranlaßte Lothar Baier, sich einmal genauer mit dem Begriff der »Schande« zu befassen. Er gesteht, daß er nicht wisse, was das bedeute, »die Schande annehmen«, und sieht den Grund in der Unklarheit darüber, was Schande heute eigentlich bedeute. Anhand von Hebbels Drama Maria Magdalena versucht er den Bedeutungsinhalt des Begriffs zu klären und kommt zu folgendem Ergebnis: »Die Schande zeichnet sich dadurch aus, daß sie durch das Volumen, das sie annimmt, indem sie von Mund zu Mund weitergereicht wird, den Anlaß vollkommen erdrücken kann, der sie auf den Weg brachte.«[65] Die Schande für das Haus oder die Familie könne mit dem Bewußtsein von Unschuld verknüpft sein und damit zur unverdienten Schande werden. Genauer befragt Baier nun Walsers Verwendung der »Schande«, die dieser in seiner Rede folgendermaßen darlegte: *»Jeder kennt unsere geschichtliche Last, die unvergängliche Schande, kein Tag, an dem sie uns nicht vorgehalten wird.«* Baier interpretiert diese Aussage, der er zunächst einmal Unklarheit unterstellt: *»Worin besteht nun ›unsere geschichtliche Last‹: mehr in dem, was Deutschland unter Hitler angerichtet hat, oder mehr in der ›unvergänglichen Schande‹? Das ist schließlich zweierlei; der von Walser gewählte Satzbau läßt die Antwort bedeutungsvoll in der Schwebe. In dem Begriff der Schande, so wie Walser ihn verwendet, steckt wiederum eine bezeichnende Ambivalenz: indem das, was geschehen ist, als ›Schande‹ umschrieben wird, wird es unter der Hand als etwas Geschehenes und vor allem als etwas bestimmt verursachtes entwirklicht, denn an der Schande sind stets ›die anderen‹ mitbeteiligt, die nachreden und zuschreiben.«*[66] Hier werde Walser dann sehr viel deutlicher, sind es doch die Intellektuellen bei ihm, die *»uns«* die Schande vorhalten, um so selbst die Seite der Beschuldigten zu verlassen. Hierzu Baier: *»›Die Intellektuellen‹, wer auch immer damit im einzelnen gemeint sein mag, sind es also, die das Geschäft der Verewigung der ›Schande‹ betreiben, und zwar zu ganz eigennützigen Zwecken, nämlich zu ihrer eigenen Entlastung durch imaginäre Opfernähe. Walser dagegen nimmt es mannhaft auf sich, das Ganze in all seiner Schwere zu tragen. Doch was ist es, das er sich aufbürdet? Die Schande?«*[67] Diese sei es gerade nicht, werde sie ihm doch von den Intellektuellen und *»Meinungssoldaten«* aufgebürdet. Im Gegensatz zu diesen habe er, Walser, nie geglaubt, die Seite *»der Beschuldigten«* verlassen zu können. Die Beschuldigten sind es also, zu denen Walser sich zählt, und beschuldigt werden heißt noch lange nicht schuldig sein. *»Ihm [Walser, G. W.] zufolge leidet das ganze deutsche Haus an der dauerrepräsentierten Schande; an dem, was aus diesem Haus heraus einmal angerichtet worden ist, leidet es nicht, wie soll es das auch, da es sich lediglich beschuldigt sieht und sich selbst nichts vorzuwerfen hat.«*[68]

Diese Interpretation der Walserschen Vergangenheitsdeutung trifft in der Tat einen dominierenden Zug des gegenwärtigen Verständnisses. Damit einher geht die Sichtweise der Deutschen als der eigentlichen Opfer der Vergangenheit, die bis heute mit der Beschuldigung leben müssen. Daß dieses Verständnis auf breite Zustimmung stößt, ist nicht verwunderlich, daß es von einem bekannten und sich ehemals als kritisch verstehenden Intellektuellen vorgebracht wird, schon eher. Daß es auf keinen breiten Widerstand trifft, vielmehr die stille Zustimmung der politischen Klasse findet, ist dagegen beunruhigend.

Reaktionen der extremen Rechten

Zu Beginn seiner Friedenspreisrede verweist Walser auf die geäußerte Freude vieler anläßlich der Ankündigung, er bekomme in diesem Jahr (1998) den Preis, und auf die damit verbundene Erwartung auf eine kritische Rede in Frankfurt. Interessanterweise wurden Freude und Erwartung auch in den Publikationsorganen der Rechten und extremen Rechten kundgetan. So widmete das »Ostpreußenblatt« Walser bereits im August einen längeren Artikel, in dem es dessen ungebrochenes Verhältnis zur deutschen Nation lobte und dies, neben seinen Reden und Essays, gerade auch an seinen jüngeren literarischen Produktionen festmachte.[69] In der eindeutig rechtsextremen Zeitschrift »Nation und Europa« wurde Walser in der Juli/August-Nummer kurz porträtiert und auf die bevorstehende Preisverleihung hingewiesen. In treffender Voraussicht heißt es abschließend: *»Auf die Feierstunde in Frankfurt darf man gespannt sein – insbesondere auf die Rede des Preisträgers. Eine Andacht für Zeitkonformisten ist kaum zu erwarten.«*[70]

Wie gerechtfertigt diese Erwartungen waren und wie die Vermutung von Ignatz Bubis, die extreme Rechte werde die Rede Walsers für sich nutzen und diesen zum Kronzeugen für ihre Positionen machen, sich bestätigte, wurde umgehend deutlich. Fünf Tage nach der Rede machten sowohl die »Nationalzeitung« als auch die »Junge Freiheit« mit der Walser-Rede auf, wobei die »Junge Freiheit« gleich die gesamte Titelseite mit einem Foto Walsers und einem fett gedruckten Zitat aus der Rede füllte. Abgedruckt wurde hier, unter der Schlagzeile *»Ein ganz normales Volk«*, die für die vergangenheitspolitische Auffassung der extremen Rechten zentrale Passage von der *»Dauerrepräsentation unserer Schande«*, über die *»Moralkeule«*, bis hin zum *»normalen Volk«*[71]. Im Innenteil wurde die komplette Rede auf zwei Seiten abgedruckt und zusätzlich von zwei Artikeln kommentiert. Die »Nationalzeitung«, deren Leserschaft solch lange Artikel wohl nicht bewältigen kann, wurde mit einer Zusammenfassung der zentralen Passagen der Rede im Innenteil der Zeitung zufriedengestellt. Aufgemacht wurde mit der Überschrift: *»›Auschwitz als Moralkeule‹ Martin Walsers Tabu-Bruch«*[72]. Eine Woche später fragte die »Nationalzeitung« hoffnungsvoll: *»Auschwitz: Zerbricht das Tabu?«*[73], um dann ihre relativierenden Äußerungen zum

Holocaust mit Zitaten aus der Walser-Rede zu garnieren. Volle Zustimmung findet Walser bei der »Nationalzeitung«, wenn er das geplante Holocaust-Mahnmal einen *»fußballfeldgroßen Alptraum«* nennt, wobei ergänzt wird, daß er sich mit der Größe leider vertan habe: *»Die mehr als 2000 hierfür bestimmten Quadratmeter machen nämlich den Umfang nicht eines, sondern von drei Fußballfeldern aus. Doch auch dieser Vergleich hinkt, da der Wert auch von drei Fußballfeldern sich in aller Regel in Grenzen hält, ein einziger Quadratmeter der für das Holocaust-Denkmal bestimmten Fläche aber annähernd 80000 Mark kostet. Der Boden dieses Kainsmals im innersten Zentrum der hochverschuldeten deutschen Hauptstadt ist rund 1,6 Milliarden Mark wert und brächte bei einem Verkauf diesen Betrag auch ein.«*[74]

Walsers Rede wird hier benutzt, um den in dieser Zeitung durchgängig vorhandenen manifesten Antisemitismus zu legitimieren. Juden tauchen hier immer im Zusammenhang mit Geld und zweifelhaften Geschäften auf, weshalb vom ›Spekulanten‹ und ›Schieber‹ Bubis die Rede ist und Michel Friedmans Familie als ›Pelzhändler‹ aus Galizien tituliert wird. Immer ist es hier ›der Jude‹, der den Deutschen das *»Kainsmal«* der Erinnerung aufdrückt. Um der strafrechtlichen Verfolgung der Holocaustleugnung zu entgehen, werden in der »Nationalzeitung« die Zahlen der Holocaustopfer beständig nach unten gerechnet, um so Zweifel am Geschehen überhaupt zu erwecken. Walser wird für diese hier ständig anzutreffenden Relativierungen nicht benötigt, die Rede eines *»weltberühmten Schriftstellers«* bietet sich allerdings als Bestätigung eigener Aussagen an.

Weiter wird die Walser-Rede als Ausdruck eines sich verändernden Klimas gewertet: *»Das geistige Klima im Nachkriegs-*

deutschland steht, was nicht mehr zu leugnen ist, vor einem epochalen Umbruch.«[75] Als besonderer Beleg hierfür gilt der aggressive Ton Walsers gegenüber Bubis, der von der »Nationalzeitung« als Ende der ›Demut‹ gewertet wird. Bezogen auf Walsers Äußerung zu Bubis, in seinen Seelenfrieden lasse er sich auch von diesem nicht hineinreden, heißt es: *»Bei solchen Worten mögen dem Zentralratschef die Ohren geklungen haben. Auch hartnäckige Vergangenheitsbewältiger müssen angesichts des Tonfalls der Diskussion eingestehen, daß das Ende eines, wenn nicht des deutschen Tabus schlechthin unmittelbar bevorsteht. Die Auseinandersetzung um Auschwitz und die jüngere deutsche Vergangenheit nimmt unversehens Züge einer geistigen Reformation an, und Martin Walser reklamiert als neuer Luther die Gewissensfreiheit für die Deutschen. Für diese Debatte war es höchste Zeit. Für die seit 1945 in Deutschland herrschende Geschichtsschreibung bedeutet sie den Anfang vom Ende.«*[76]

Gegenüber einem Blatt wie der »Nationalzeitung« ist es für die »Junge Freiheit« wahrlich nicht schwer, sich als intellektuelle Speerspitze der Rechten auszugeben. Holocaustrelativierung ist hier nicht das Thema, und Antisemitismus pflegt man in einer intellektuell anspruchsvollen Art. Klaus Hornung, ehemaliger Hochschullehrer für Politikwissenschaft in Stuttgart, kommentierte als erster die Rede Walsers in der »Jungen Freiheit«: Gewertet wird sie hier als Befreiung vom *»selbstgerechten Tugendterror«*[77], der von Intellektuellen und Medien ausgeübt werde. Hornung ist damit sehr nahe am Anliegen Walsers, die *»Meinungssoldaten«* in den Hintergrund zu drängen. Walsers Klage, ständig von Beschuldigungen umgeben zu sein, trifft sich mit der von der Neuen Rechten generell vertretenen Ansicht vom linken Meinungsterror in Deutschland. Hier wie dort wird der Gestus der eigenen Marginalität und der linken Hegemonie geübt, weshalb Hornung in bezug auf das Publikum der Paulskirche vom *»Unbehagen auf man-chen Gesichtern«*[78] spricht, souverän die Tatsache der großen Zustimmung zu Walser dort ignorierend.

Als zweiten Kommentator Walsers bot die »Junge Freiheit« den ehemaligen RAF-Anwalt und Sympathisanten Horst Mahler auf; der mittlerweile ständige Autor gab mittels eines verquast pseudophilosophischen Artikels einige neurechte Ressentiments von sich. Zunächst bescheinigt er Walser, *»bis-her Unsichtbares sichtbar«* gemacht zu haben: *»die moralische Weltanschauung als geistiges Besatzungsregime«*[79]. Dieses Be-satzungsregime habe nur anfänglich militärischer Mittel be-durft, sei dann jedoch durch *»kollaborationswillige Intellektu-elle abgelöst«*[80] worden. Die Walserschen *»Meinungssoldaten«* erscheinen also bei Mahler als Truppen der (geistigen) Besat-zer – eine uralte Frontstellung der Neuen Rechten. Ziel von Mahlers Angriffen ist die *»moralische Weltanschauung«*, die von diesen Intellektuellen vertreten werde, und die eine *»ernsthafte Macht«* sei, durch die besonders die Deutschen ge-bändigt worden seien. Im pseudophilosophischen Rekurs auf Hegel und den *»absoluten Geist«* wird diesem die moralische Weltanschauung gegenübergestellt, die es zu überwinden gelte. Die Verbrechen des Jahrhunderts werden von Mahler ihrem historischen Zusammenhang entrissen und der negati-ven Seite des *»absoluten Geistes«*, der auf Aufklärung und Mo-ral basiere, zugeschlagen. So erscheinen Holocaust, Gulag und Hiroshima als Taten eines Zusammenhangs, ausgehend vom Terror der Französischen Revolution. Auch hier sind alle In-gredienzen neurechter Weltanschauung vorhanden, wie sie von Nolte und auch Hornung immer wieder aufbereitet wer-den. Daß die Juden bei Mahler als ›das Andere‹, welches der

›negativ absolute Geist‹ nur zu vernichten weiß, dargestellt werden, ist hier nur folgerichtig. Noch deutlicher wird Mahler in einem offenen Brief an Bubis, abgedruckt in der »Jungen Freiheit« vom 4. 12. 98. Als Verdienst müsse es Walser angerechnet werden, die *»tiefverwurzelten antijüdischen Ressentiments«*, die im christlichen Abendland auch heute noch vorhanden seien, freigelegt zu haben. Der Holocaust habe den Deutschen nur *»den Mund verschlossen und uns zu Heuchlern gemacht«*[81]. Über diesen ›Antijudaismus‹ müsse man frei reden können: *»Schon der Anspruch der Juden, daß von Gott auserwählte Volk zu sein, ist notwendig begleitet von Ablehnung der Juden durch die anderen Völker, die sich nach der jüdischen Lehre als ›nicht auserwählt‹ begreifen müssen. Darüber muß man frei reden dürfen.«*[82]

Von Thorsten Thaler werden die Versuche namentlich Bubis' beklagt, die von Walser aufgeworfenen Fragen zu tabuisieren. Dennoch gelangt er zu einer insgesamt positiven Einschätzung der Rede: *»Allen Klagen zum Trotz: Für das freiheitliche Selbstverständnis der im Werden begriffenen Berliner Republik sind diese deutlichen Zurückweisungen des gewollten Mißverstehens der Walser-Rede durch den Vorsitzenden des Zentralrats der Juden in Deutschland ein Glücksfall. Daß Ignatz Bubis, der am vergangenen Wochenende in London auch zum Präsidenten des European Jewish Congress gewählt wurde, sich mit seiner öffentlichen Verleumdung nicht behaupten konnte, nährt die Hoffnung auf das Entstehen eben jenes nationalen Selbstbewußtseins, mit dem die Deutschen sich in Erinnerung ihrer historischen Verantwortung wieder als ›ein ganz normales Volk‹ (Walser) begreifen können.«*[83] Auch hier, ähnlich wie bei Walser, Dohnanyi und Augstein, wird das Selbstbewußtsein der Deutschen bisher durch die Juden behindert, deren Macht von Thaler noch mal mit der auch internationalen Funktion Bubis' untermauert wird. Ebenso wie in der »Nationalzeitung« wird die Walser-Debatte als Ausdruck eines sich wandelnden Vergangenheitsbildes gedeutet: *»An der Schwelle zur ›Berliner Republik‹ und im Anzug des neuen Jahrtausends ist spürbar, daß die Vergangenheit im Begriff ist, zu vergehen.«*[84]

Für Werner Olles zerstörte der Völkermord *»nicht nur die Juden, sondern auch die Deutschen als Volk und Nation«*[85], womit der bei Walser u. a. eingeklagte Opferstatus und das Ziel der nationalen Wiedergeburt bezeichnet sind. Ebenfalls in der »Jungen Freiheit« findet sich die schon von Dohnanyi und Walser aufgestellte Behauptung, die Juden könnten als Opfer nicht objektiv über den Holocaust reden. Ein Baal Müller läßt sich hierzu folgendermaßen vernehmen: *»Ignatz Bubis – das muß ausdrücklich festgestellt werden – gehört zu den persönlich Betroffenen. Es ist daher verständlich, wenn auch wenig hilfreich, daß er im Gespräch mit Walser von ermordeten Familienangehörigen spricht.«*[86] Ja, was haben eigentlich ermordete Juden mit dem Sprechen über den Holocaust zu tun? Bubis' *»Unverständnis«* sei das *»Unverständnis eines Betroffenen, der selbst zugibt, nur ein Buch über den Nationalsozialismus gelesen zu haben«*[87]. Bei solchen Äußerungen wird ersichtlich, wie tief das Ressentiment gegen die Juden als Opfer des Holocaust verankert ist. Walser wird hier nicht verbogen oder benutzt, seine Äußerungen werden lediglich zugespitzt und in das ohnehin vorhandene Argumentationsmuster einer »Neuen Rechten« eingepaßt, die mit Walser die Sehnsucht nach der selbstbewußten Nation teilt.

Martin Walsers Friedenspreisrede, soviel läßt sich mit Sicherheit sagen, markiert eine deutliche Zäsur auf dem Gebiet der Geschichtspolitik. Ihr Stellenwert liegt auf einer vergleichbaren Linie wie der Historikerstreit von 1986. Der geschichtspolitische Diskurs hat durch Walsers Intervention einen deutlichen Schwenk nach rechts genommen, hin zur neuen Normalität einer selbstbewußten Nation, die ihre nationalen Interessen wieder offensiv vertritt und auf die Bühne der Weltgeschichte zurückkehrt. Der Weg in die vielbeschworene Berliner Republik bedingt im Verständnis der Eliten offensichtlich eine deutliche Distanzierung von der Erinnerung an die NS-Vergangenheit. Walser hat hierzu einen Beitrag geliefert, wenngleich er sicherlich nicht der Protagonist dieser Bewegung ist. In seiner Rede zeigt sich vielmehr eine weitverbreitete Stimmung, die nicht zuletzt durch die konservative Geschichtspolitik der letzten sechzehn Jahre geprägt ist. Das Frohlocken der extremen Rechten, daß die Vergangenheit nun endlich vergehe, ist angesichts der politischen Reaktionen auf die Debatte nur zu verständlich. Viele der von Walser beschworenen »Meinungssoldaten« waren leider nicht zu vernehmen, und auch dies ist ein Ausweis für den sich wandelnden Zeitgeist. Ignatz Bubis begründete seine heftige Reaktion auf die Rede damit, daß Walsers Aussagen einen nationalistischen Schwenk der Intellektuellen in Deutschland anzeigen könnten, worin er einen qualitativen Sprung sehe. Die weitgehende Isolierung Bubis' in der Debatte zeigt, daß für diese Vermutung aller Anlaß besteht.

1 Vgl. zu diesen Tendenzen generell Johannes Klotz/Ulrich Schneider (Hg.): Die selbstbewußte Nation und ihr Geschichtsbild. Geschichtslegenden der Neuen Rechten. Köln 1997.
2 Saul Friedländer: Die Metapher des Bösen. Über Martin Walsers Friedenspreis-Rede und die Aufgabe der Erinnerung. In: Die Zeit, Nr. 49 vom 26. 11. 98. Vielleicht sind die Unterschiede zwischen Walser und Gold-

hagen doch nicht so diametral, wie von Friedländer behauptet: immerhin bot auch Goldhagen mit seiner These vom Verschwinden des eliminatorischen deutschen Antisemitismus nach 1945 eine gewisse Möglichkeit der Entlastung für die jüngere Generation.

3 Christian Meier: Vielleicht gar ein Beitrag zur Erinnerung. In: Frankfurter Allgmeine Zeitung vom 23. 11. 1998.

4 Ebd.

5 Frankfurter Allgemeine Zeitung vom 13. 10. 1998.

6 Zitiert nach Blätter für deutsche und internationale Politik, 1/1999, S. 120.

7 Ebd.

8 Ebd.

9 Ebd.

10 Ulrich Raulff: Das geteilte Gedächtnis. In: Frankfurter Allgemeine Zeitung vom 10. 11. 1998.

11 Klaus von Dohnanyi: Eine Friedensrede. In: Frankfurter Allgemeine Zeitung vom 14. 11. 1998.

12 Ebd.

13 Ebd.

14 Ebd.

15 Ebd.

16 Ignatz Bubis: Ich bleibe dabei. In: Frankfurter Allgemeine Zeitung vom 16. 11. 1998.

17 Ebd.

18 Klaus von Dohnanyi: Wir sind alle verletzbar. In. Frankfurter Allgemeine Zeitung vom 17. 11. 1998.

19 Vgl. Der Spiegel, 53/1998; hier zitiert nach konkret, 2/1999, S. 19.

20 Ebd.

21 Ebd.

22 Ignatz Bubis: Über den Seelenfrieden. In: Frankfurter Allgemeine Zeitung vom 19. 11. 1998.

23 Ebd.

24 Der Spiegel, 49/1998, S. 52.

25 Joachim Rohloff: »Das Weltjudentum ist eine jroße Macht«. In: konkret, 1/1999, S. 15.

26 Rudolf Augstein: »Wir sind alle verletzbar«. In: Der Spiegel, 49/1998, S. 32 f. Alle weiteren Zitate von Augstein hier.

27 Vgl. Evelyn Hecht-Galinski: Ekel vor der neuen Offenheit. In: Frankfurter Rundschau vom 31. 12. 1998.

28 Michael Brenner: Sie sind unser Unglück. Der neue alte Antisemitismus. In: Süddeutsche Zeitung vom 21. 12. 1998.

29 Ebd.

30 Ebd.

31 Ebd.

32 Vgl. Frankfurter Allgemeine Zeitung vom 14. 12. 1998.

33 Frankfurter Rundschau vom 15. 12. 1998.

34 Frankfurter Allgemeine Zeitung vom 14. 12. 1998; alle folgenden Zitate hier.

35 »Die Haare sind mehr geworden«, Konkret-Gespräch mit Ignatz Bubis. In: konkret, 2/1999, S. 14.

36 Frankfurter Rundschau vom 15. 12. 1998.

37 Die Woche, 18. 12. 1998.

38 Marcel Reich-Ranicki: Das Beste, was wir sein können. In: Frankfurter Allgemeine Zeitung vom 2. 12. 1998.

39 Streit um die Koordinaten der Republik. Wohin führt die Debatte um Martin Walsers »Friedensrede«? Ein Interview mit Michel Friedman. In: Blätter für deutsche und internationale Politik, 1/1999, S. 36.

40 Wir sind die Wölfe, wir sind die Lämmer. Günter de Bruyn und Alexander Tisma zur Walserrede. In: Frankfurter Allgemeine Zeitung vom 7. 12. 1998.

41 Frankfurter Allgemeine Zeitung vom 2. 12. 1998.

42 Salomon Korn: Es ist Zeit. In: Frankfurter Allgemeine Zeitung vom 1. 12. 1998.

43 Salomon Korn: »Es kommt darauf an, wie man Rituale mit Leben füllt«, Interview in: Frankfurter Rundschau vom 11. 12. 1998.

44 Hajo Funke/Lars Rensmann: Friedensrede als Brandstiftung? In: Der Tagesspiegel vom 13. 12. 1998.

45 Ebd.

46 Detlev Claussen: Neue deutsche Versöhnung. In: Freitag vom 8. 1. 1999.

47 Ebd.

48 Ebd.

49 Moshe Zuckermann: Von Erinnerungsnot und Ideologie. In: Der Tagesspiegel vom 28. 11. 1998.

50 Ebd.

51 Ebd.

52 Werner A. Perger: Wir Unbefangenen. In: Die Zeit vom 12. 11. 1998.

53 Christian Thomas: Geselliger Umgang. In: FR vom 17. 12. 1998.

54 Zitiert nach Werner A. Perger, a. a. O.

55 Zitiert nach Blätter für deutsche und internationale Politik, 1/1999.

56 Zitiert nach Werner A. Perger, a. a. O.

57 Malte Lehming/Harald Martenstein: Das Ende eines Mißverständnisses. In: Der Tagesspiegel vom 15. 12. 1998.

58 Irmtraud Gutschke: »Ach, lassen Sie doch Herrn Rainer Rupp gehen«. In: Neues Deutschland vom 12. 10. 1998.

59 Vgl. Irmtraud Gutschke: Wie es den Medien recht ist. In: Neues Deutschland vom 14. 10. 1998.

60 Frank Schirrmacher: Seelenarbeit. In: Frankfurter Allgemeine Zeitung vom 28. 11. 1998.

61 Vgl. Johannes Willms: Deutschland, ganz normal. In: Süddeutsche Zeitung vom 1. 12. 1998.

62 Martin Walser: Wovon zeugt die Schande, wenn nicht von Verbrechen. In: Frankfurter Allgemeine Zeitung vom 28. 11. 1998.

63 Ebd.

64 Monika Maron: Hat Walser zwei Reden gehalten? In: Die Zeit vom 19. 11. 1998.

65 Lothar Baier: Meister Anton und Walsers Schande. In: Freitag vom 11. 12. 1998.

66 Ebd.

67 Ebd.

68 Ebd.

69 Vgl. Stefan Gellner: Ungebrochen zur deutschen Nation bekannt. In: Das Ostpreußenblatt vom 1. 8. 1998.

70 Nation und Europa, Heft 7/8, Juli/August 1998, S. 80.

71 Vgl. Junge Freiheit vom 16. 10. 1998.

72 Vgl. Nationalzeitung vom 16. 10. 1998.

73 Vgl. Nationalzeitung vom 23. 10. 1998.

74 Ebd.

75 Nationalzeitung vom 25. 12. 1998.

76 Ebd.

77 Klaus Hornung: Inneres Gewissen. In: Junge Freiheit vom 16. 10. 1998.

78 Ebd.

79 Horst Mahler: Annahme und Bewährung. In: Junge Freiheit vom 16. 10. 1998.

80 Ebd.

81 Host Mahler: »Geben Sie Gedankenfreiheit«. In: Junge Freiheit vom 4. 12. 1998.

82 Ebd.

83 Thorsten Thaler: Gewolltes Mißverstehen. In: Junge Freiheit vom 23. 10. 1998.

84 Frank Michael: Vergehende Vergangenheit. In: Junge Freiheit vom 13. 11. 1998.

85 Werner Olles: Eine deutsche Debatte. In: Junge Freiheit vom 4. 12. 1998.

86 Baal Müller: Gewissen braucht Sprache. In: Junge Freiheit vom 18. 12. 1998.

87 Ebd.

Kai Köhler

DIE POETISCHE NATION
Zu Martin Walsers Friedenspreisrede
und seinen neueren Romanen

Der öffentliche Streit über Martin Walsers Friedenspreisrede bezog sich vor allem auf einzelne Formulierungen wie die von der »Instrumentalisierung unserer Schande« oder von Auschwitz, das als »Moralkeule« eingesetzt werde. Die Gesamtkonzeption des Vortrags geriet kaum in den Blick. Es konnte daher so scheinen, als habe Walser mit seiner Warnung vor »Meinungssoldaten«, die für ihren Zweck brauchbare Zitate ungeachtet des literarischen Zusammenhangs einsetzen, sogar die Reaktion auf seine Rede schon bedacht und geschildert. Deshalb soll hier zunächst eine Analyse des gesamten Textes geleistet werden; nur so sind die umstrittenen Aussagen angemessen zu werten.

Ein möglicher Einwand gegen dieses Vorgehen könnte sich auf die Textgattung beziehen: Die Rede ist vor allem für den mündlichen Vortrag bestimmt, und einem Hörer ist der bewußte Nachvollzug einer so komplexen Struktur, wie sie sich zeigen wird, kaum möglich. Deshalb erfasse eine Kritik an einzelnen, provokativen Passagen die tatsächliche Wirkung der Rede genauer als ein Urteil, das auf einer nachträglichen, mehrfachen Lektüre beruht. Jedoch vermögen rhetorische Mittel zu wirken, ohne daß sich das Publikum ihrer bewußt wird. Auch deutet manches darauf hin, daß Walser, der nach eigenen Worten »vor Kühnheit zitternd« sprach, sich des Konfliktpotentials der Rede bewußt war; der Text dürfte deshalb auch auf die Auseinandersetzung, die er hervorrief, und auf eine verbreitete Lektüre hin geschrieben worden sein.

Die Darlegungen setzen ein mit einer weitgehend immanenten Textanalyse (Teil I). Ziel ist indessen keine literarische Bewertung; da Walser sowohl beim Paulskirchenpublikum als auch in der weiteren Öffentlichkeit vielfach auf Zustimmung stieß, dürfte die Struktur, die sich als Ergebnis zeigt, stellvertretend für eine verbreitete Denkhaltung stehen. Die Ergebnisse der Analyse werden dann bezogen auf Walsers Romane der neunziger Jahre (Teil II). Da Walsers Nationalkonzept aus der dichterischen Sprache abgeleitet ist, sind seine wichtigsten Aspekte nur so zu erfassen. Ein kurzes Fazit faßt dieses Konzept zusammen. (Teil III)

I

Der Titel des Vortrags läßt nichts Skandalöses vermuten: »Erfahrungen beim Verfassen einer Sonntagsrede«.[1] Die Überschrift schon soll den Verfasser als skrupulösen Dichter ausweisen, der nicht vorgefaßte Positionen verkündet, sondern reflektierend im Schreibprozeß sich sowohl der Realität wie auch der eigenen Person, die diese Realität erfährt, vergewissert. Die ersten beiden Blöcke der Rede, die Walsers eigene Wahrnehmungsweise mit den Erwartungen der Öffentlichkeit konfrontieren, sind deshalb nur scheinbar eine umständliche Einleitung, die den Weg zum Politischen verstellen.

Erwartet werde, so Walser, eine »Sonntagsrede«, eine »kritische Predigt«, die die Medien einige Tage beschäftigen würde. (W 9) Seine erste »Empfindung« (W 9) dagegen war es, sich dem Austausch von Meinung und Kritik zu entziehen und

»fünfundzwanzig oder gar dreißig Minuten lang nur Schönes [zu] sagen, das heißt Wohltuendes, Belebendes, Friedenspreismäßiges«. (W 10) Der ironische Beiklang des letzten Attributs indessen deutet schon an, daß Walser zwar darauf beharrt, sich der Konvention zu entziehen; dennoch weiß er, daß unvermittelter Eskapismus nicht möglich ist, daß er sein »Potpourri des Schönen hätte rechtfertigen müssen«. (W 10)

Walser hat sich so ein Muster geschaffen, das er im Verlauf der Rede mehrfach verwenden wird. Er ist zunächst im Dilemma jedes Kritikers an einer Meinungsindustrie der Medien: Gehört wird er nur, wenn er seine kritische Meinung in der verabscheuten Öffentlichkeit plaziert und sie ihren Diskussionsmechanismen aussetzt. Ohne merkliches Bewußtsein dieser Paradoxie hat etwa Botho Strauß seinen auch medienkritischen »Bocksgesang«-Essay zuerst im »Spiegel« abdrucken lassen und wurde schon deshalb angreifbar. Walser dagegen konstruiert sich eine Position, die es ihm ermöglicht, zwischen Teilnahme am tagespolitischen Meinungsstreit und dichterischer Erfahrung zu changieren. Selbst einzelne Sätze bleiben häufig in der Schwebe zwischen beidem und entziehen sich so, ohne an politischer Wirkkraft einzubüßen, der an der einzelnen Sachaussage orientierten Kritik.

Wie das geht, zeigt Walser in den Sätzen, die an das vorige Zitat anschließen. Er entwirft eine einstweilen noch aufs Individuelle zielende Psycho-Ökonomie des Wegsehens: »Ich verschließe mich Übeln, an deren Behebung ich nicht mitwirken kann. Ich habe lernen müssen wegzuschauen. [...] Ich finde, meine Reaktion sei verhältnismäßig. Unerträgliches muß ich nicht ertragen können. Auch im Wegdenken bin ich geübt. An der Disqualifizierung des Verdrängens kann ich mich nicht beteiligen.« (W 10f.) Alle diese Sätze sind noch durch das Irrealis des »hätte rechtfertigen müssen« gefärbt. Walser hält ja nicht die imaginierte Rede, die nur Schönes vorführte, sondern spricht darüber, wie das Unerträgliche zu überstehen sei. Gleichzeitig aber mobilisiert er Zustimmung zu den Aussagen, die vorgeblich nur in einem nicht eingetretenen Fall hätten gesprochen werden müssen – wer etwa wollte ihm zumuten, Unerträgliches zu ertragen!

Folgerichtig mündet der zweite Block in eine Passage, die bereits individuelle Wahrnehmung und gesellschaftliche Forderung zusammenbringt: »Ich bin auch nicht der Ansicht, daß alles gesühnt werden muß. In einer Welt, in der alles gesühnt werden müßte, könnte ich nicht leben.« (W 11) Schon durch die Redezeit, die seit Beginn der Passage vergangen sein muß, ist dies kaum mehr als die Rechtfertigung einer nie geschriebenen Rede zu verstehen. Zudem ist die Aussage als »Ansicht« des Redners gekennzeichnet.

Kaum ist hier von einer Argumentation zu sprechen. Walser suggeriert seine Position; Begründungen finden sich vereinzelt, nicht aber an Schlüsselpunkten der Rede. Das ist üblich, ein Festvortrag ist keine wissenschaftliche Darlegung. Der spezifische Sprachgestus, der diese Rede prägt, sollte als erstes Ergebnis dennoch festgehalten werden: Walsers Auskunft am Ende seiner Rede, er liefere sich der Sprache aus, überlasse ihr die Zügel, egal, wohin sie ihn führe (W 27), dürfte aller Planung der Rede entgegen zutreffen. Der Status seiner Aussagen oszilliert zwischen individueller Vorstellung und allgemeingültiger Forderung; die »Erfahrungen«, die der Titel ankündigt, sind Empfindungen. Der beobachtend distanzierte Blick fehlt in dieser Erfahrungs- und Sprachwelt. Wohl kann Walser den Standpunkt distanzierender Ironie gegenüber dem eigenen Unterfangen einnehmen – wobei die Ironie nie so weit geht, daß seine eigene Position ernsthaft in Frage gestellt würde. Doch droht das Unerträgliche von Außen mit Überwältigung. Deshalb bleiben nur das Wegsehen oder die Verurteilung, gibt es nur eine Welt, in der sich Walser auf sein eigenes Ich zurückzieht, oder aber das Gegenteil, die Welt, in der »alles gesühnt« wird.

Es folgt, als dritter Block, ein Gnadenappell. Der »idealistisch-sozialistische Weltverbesserer« (W 11), der als Spion für die DDR arbeitete und nun in einem Gefängnis des vereinten Deutschland sitzt, soll freikommen. Indem der Abschnitt daran anknüpft, daß nicht alles gesühnt werden könne, gehört er zum Bereich der individuellen Erfahrung Walsers. Diese ist mit dem Motiv des Nationalen verbunden, das in der Rede hier zum ersten Mal auftaucht: Vor der Vereinigung Deutschlands wäre der Gefangene ausgetauscht worden, heute gibt es niemanden mehr, der ihn befreien wollte: »Dieser Gefangene büßt also die deutsche Einigung.« (W 12)

Der Appell ist ernst gemeint – in den Schlußsätzen seiner Rede kommt Walser auf ihn zurück. (W 28) Dennoch hat der Abschnitt wohl vor allem eine formale Funktion: Indem er die »vorhersehbare Wirkungslosigkeit« des Engagements, das »peinlich« zu werden droht (W 13), thematisiert, nimmt Walser seine Position erneut ironisch zurück. Noch die eigene Kritik an der Behandlung des Agenten durch die Mächtigen gerät in die Nähe der »kritische[n] Sonntagsrede«, auf die die Öffentlichkeit wartet, um sie sogleich wieder zu vergessen.

Walser bereitet hier eine Position vorgeblicher Schwäche vor: Er präsentiert sich als machtlosen Mahner, der keine ernsthafte Gefahr darstellt. So kann er Angriffe gut gedeckt

vortragen. Den ersten richtet er sogleich, im vierten Textblock, gegen diejenigen Intellektuellen, die weniger zurückhaltend Kritik üben. Walser greift eine »Formel« auf, der
zufolge die von ihm Angegriffenen »zu Hütern oder Treuhän-
dern des Gewissens« würden; Gewissen aber sei nicht dele-
gierbar. (W 13) Sprachkritik an der selbstgewählten Formel
ersetzt hier eine Argumentation in der Sache selbst: Die
Sonntagsredner, die Walser nicht mag, können ja das Gewissen ihrer Zuhörer ansprechen, sie können aber auch gesell-
schaftlich relevante Beobachtungen mitteilen. Gerade letzteres nun kommt bei Walser nicht vor: Wie schon im zweiten
Abschnitt, in dem er nur die Alternative zwischen Wegschauen und allumfassender Sühne kannte, ist hier politische
Kritik nur als moralische vorgestellt. Die umfassende Moralisierung jeder Diskussion wird zur Grundlage dafür, moralischer Kritik überhaupt den Boden zu entziehen. Gegen die
Gesellschaftskritiker nämlich richtet Walser die Forderung,
»etwas, was man einem anderen sagt, mindestens genauso zu
sich selber sagen. Den Anschein vermeiden, man wisse etwas
besser.« (W 14)

An diesem Punkt wird deutlich, weshalb die Reflexionen
über die öffentlichen Erwartungen an die Rede und weshalb
der kritische Einwand gegen die fortdauernde Inhaftierung
eines Agenten und seine scheinbar selbstkritische Rück-
nahme notwendig waren: Sie ermöglichen es Walser, Kritik
an jeder Kritik zu üben, ohne den naheliegenden Einwand
zu provozieren, er sei ja selbst ein Kritiker, der es besser zu
wissen vorgebe. Zu diesem Zweck inszeniert Walser Selbstkritik.

Was abstrakte Reflexion über die Funktionsweise des öffentlichen Gewissens schien, ist im fünften Textblock kon-

kretisiert. Als Beispiele für das, was zur »Gewissensproblematik dieser Epoche« gemacht worden sei, führt Walser zwei
Äußerungen an. »Ein wirklich bedeutender Denker« sieht den
Rechtsextremismus in enger Verbindung mit der politischen
Mitte der Bevölkerung und der politischen Führung, und ein
»ebenso bedeutender Dichter« meint sich in einem beliebigen
Salzburger Restaurant von potentiellen Massenmördern umgeben. (W 14 f.) Diese Intellektuellen, »beide wirklich gleich
seriös«, sind mit einer Fülle ironischer Attribute versehen. Sie
stehen für eine Gruppe ebenfalls »ganz und gar seriöse[r]
Geistes- und Sprachgrößen« und sind gleichzeitig »Gewis-
sensgrößen«. Die scheinbare Selbstkritik Walsers, es liege an
seiner mangelnden Wahrnehmungsfähigkeit oder einem
»leicht einzuschläfernden Gewissen«, wenn ihm sich die Realität anders darstelle, hat nur rhetorische Funktion. Der Block
schließt nämlich mit der Beschuldigung, die Gesellschaftskritiker schenkten der Realität keine Beachtung: »Und wenn
eine Beschuldigung weit genug geht, ist sie an sich schon
schlagend, ein Beweis erübrigt sich da.« (W 15)

Anhand zweier Zitate, die für die Diskussion der »Epoche«
überhaupt stehen sollen, reduziert Walser also erneut Gesellschaftskritik auf Moralkritik. Sein Gegner entzieht sich der
Faßlichkeit. Denker und Dichter sind namenlos, Repräsentanten einer Schicht, die »Jahr für Jahr solche in beliebiger
Zahl zitierbare Äußerungen« hervorbringt. Diese verfügt
über ein beträchtliches Drohpotential, über die Fähigkeit, mit
beliebigen Beschuldigungen denjenigen einzuchüchtern, der
auf der eigenen Wahrnehmung zu bestehen wagt. Walser situiert damit seine Rede in einem Machtfeld, in dem die Verweigerung der vorgeschriebenen Kritik einer Kritik gleich-
kommt.

So sind die beiden Blöcke vorbereitet, die als die Schlüssel-
passagen der Rede gelten können. Walser kündigt eine Selbstkritik an, und zwar daran, daß er sich der erwarteten Empö-
rung entzieht, wenn wieder einmal ein Intellektueller sich
über die deutsche Bevölkerung empört. Die Behauptung,
»selbstkritisch« zu werden, erfüllt einmal für die unaufmerk-
samen Zuhörer die zuvor gestellte Anforderung, Kritik nie
nur gegen andere zu formulieren – obgleich in den folgenden
Abschnitten genau dies geschieht. Zum anderen nimmt
Walser in einer erneuten ironischen Wendung die Perspektive
der angeblich Mächtigen ein und deutet so bereits an, daß
zukünftig er ein Opfer sein könnte.[2] Das legitimiert die folgenden Wendungen.

Walser geht von einem »Denker« aus, der unter anderem
von Würstchenbuden berichtete, deren Inhaber ihre Geschäfte vor brennenden Asylbewerberheimen betreiben.[3]
Darüber nun kann Walser nicht empört sein; statt dessen deutet er Unglauben an: »Und ich muß zugeben, daß ich mir das,
wenn ich es nicht in der intellektuell maßgeblichen Wochenzeitung und unter einem verehrungswürdigen Namen läse,
nicht vorstellen könnte.« (W 16) Der Satz ist im Konditional
formuliert: Die Zeitung jedoch ist maßgeblich, und der Name
verehrungswürdig. Der Sprachgestus dementiert nun, was
Walser auf der Inhaltsebene noch zugesteht: Die Wochenzeitung ist »tausend edle Meilen von der Bildzeitung« entfernt,
also wohl vor allem als moralisch selbstgerecht zu bewerten.
Sie arbeitet, um zentrale Inhalte auch für den flüchtigen Leser
zu markieren, mit »Extraschaudruckkästchen«, in denen die
»Wörter des Denkers« zu »besichtigen« sind. (W 16) Der Zeitung also, so wird suggeriert, geht es um das Marketing skan-
dalträchtiger Schlagzeilen, und der Denker bringt nicht an-

dere zum Denken, sondern verführt zum stumpfen Nachvollzug primitiver Gemeinplätze.

Im folgenden Abschnitt geht Walser noch einen Schritt weiter. Er gibt zu, daß er »solche Aussagen« nicht bestreiten kann
– genausowenig aber könne er ihnen zustimmen: »Ich kann
diese Schmerz erzeugenden Sätze, die ich weder unterstützen
noch bestreiten kann, einfach nicht glauben. Es geht sozusagen über meine moralisch-politische Phantasie hinaus, das,
was da gesagt wird, für wahr zu halten.« (W 16) Indem Walser
an sein zuvor geäußertes Geständnis anknüpft, Unerträgliches
nicht ertragen zu können, hält er an der Verteidigungslinie
fest, seine eigene, unter keinen Umständen zu hinterfragende
Erfahrung zwinge ihn zu seiner Reaktion. Trat jedoch zuvor
Walser als Verteidiger der Realität gegen die antinationalen
Ideologen auf, so verändert hier die Erfahrungsweise den Rea-
litätsstatus dessen, wovon der Blick abgewendet wird.

Dies zeigen die folgenden Sätze: »Bei mir stellt sich eine unbeweisbare Ahnung ein: Die, die mit solchen Sätzen auftreten,
wollen uns weh tun, weil sie finden, wir haben das verdient.
Wahrscheinlich wollen sie auch sich selber verletzen. Aber uns
auch. Mit einer Einschränkung: alle Deutschen.« (W 16 f.)

In einem ersten Schritt enzog sich Walser der Frage, ob etwa
Würstchenbuden die Angreifer und begeisterten Schaulusti-
gen vor den Asylbewerberheimen versorgten. Statt dessen
wurde sein Empfinden zum einzigen Maßstab, was wahr sei.
Ist so die Realität beiseite geschafft, müssen diejenigen, die
immer noch auf sie hinweisen, als Störenfriede erscheinen.
Das Aggressionspotential, das der vorgeblichen Empfindsamkeit innewohnt, zeigt sich in einer zweiten Verschiebung, die
diese Passage beinhaltet: Der einsame Denker Walser, der öffentlich seine Unzugehörigkeit reflektierte, wird zu einem

109

»uns«, das sogleich als nationales Kollektiv vorgestellt ist. Der Sprecher tritt von hier an als Repräsentant einer schweigenden Mehrheit auf, die innerhalb der kritiksüchtigen Öffentlichkeit nur als Opfer vorhanden ist.[4]

Die Opposition, die Walser zwischen einem »sie« und einem »uns« aufbaut, läßt nur den Schluß zu, daß, wer die Empfindungen dieser Mehrheit verletzt, sich selbst außerhalb des Volkes stellt. Über die Motive derer, die dies täten, schreibt Walser wenig; ohnehin genügen eine »unbeweisbare Ahnung« und die Andeutung, die Kritiker seien von einem wenig reflektierten Sadomasochismus besessen. Wichtig ist hier allein, daß ihre möglichen Argumente jeder Diskussion entzogen sind.

Freilich ist dieser Übergang vom Ich zum nationalen Wir innerhalb des Walserschen Modells problematisch. Mit der Außenwelt fällt jede Möglichkeit geschichtlicher Begründung eines Volkes weg. Völkische Biologie kommt bei Walser nicht vor. Die kollektive Existenz müßte durch ein gemeinsames Fühlen garantiert werden, das Walser in kühner Verallgemeinerung dem eigenen Empfinden gleichsetzt. Diese Möglichkeit aber ist allein schon durch die intellektuellen Kritiker, auf die Walser obsessiv zu sprechen kommt, widerlegt. Diese Denker sind nicht einfach Verräter; durch ihr Vorhandensein stellen sie erst die fühlende Gemeinschaft, die ein Volk ist, her. Das erinnert einerseits an Carl Schmitt, für den die Feindererklärung die zentrale Kategorie des Politischen ist.[5] Andererseits argumentiert Schmitt vor allem als Staatstheoretiker; der Staat spielt bei Walser dagegen überhaupt keine Rolle. Hier zeigt sich eine Unschärfe, die für Walsers Volksbegriff zentrale Bedeutung hat. Darauf ist zurückzukommen.

Daß der Völkermord an den Juden, auf den Walser im

nächsten Textblock zu sprechen kommt, als »Schande« gilt, ist konsequent. Von Verbrechen zu reden, lenkte auf eine Realität zurück, die außerhalb des Bewußtseins des Walser-schen Volkes existierte. Die Bezeichnung als »Schande« rückt das subjektive Empfinden ins Zentrum.[6] Gleichzeitig erscheinen diejenigen, die unter der »Schande« zu leiden haben, als die eigentlichen Opfer. Auch in dieser Hinsicht führt Walser die Selbststilisierung aus den vorangegangenen Abschnitten fort.

Dennoch findet sich an dieser Stelle ein komplexes Manöver, das auf eine neue Weise den Opferstatus der Deutschen befestigt. Walser gelingt es, einerseits auf der Textoberfläche auf der »unerbittlichen Entgegengesetztheit von Tätern und Opfern« zu bestehen. (W 17) Den Intellektuellen, die stets aufs neue das Volk kritisieren, hält er dagegen vor, sich auf der Seite der Opfer zu sehen. Die Textstruktur, andererseits, dementiert diese »Entgegengesetztheit«; schon die umständliche Nominalkonstruktion, die innerhalb der Rede einen Stilbruch darstellt, deutet das Unwohlsein an, das den Autor gegenüber der Sache befällt. Tatsächlich okkupieren die Intellektuellen aus Walsers Sicht einen Platz, der dem eigenen Volk vorbehalten ist.

Dies ist der Grund für die folgenden Sätze, die zu den meistdiskutierten der Rede gehören: »Ich habe es nie für möglich gehalten, die Seite der Beschuldigten zu verlassen. Manchmal, wenn ich nirgends mehr hinschauen kann, ohne von einer Beschuldigung attackiert zu werden, muß ich mir zu meiner Entlastung einreden, in den Medien sei auch eine Routine des Beschuldigens entstanden.« (W 17)

Aus »Tätern« werden »Beschuldigte«; diese sehen sich, von wem auch immer, »attackiert«, und das Wegschauen von der historischen Realität erscheint als Akt der Notwehr des in die Ecke getriebenen, sensiblen Ich. Die Rede von einer »Routine des Beschuldigens« erscheint zuerst wie eine psychische Notwehr, nicht als Analyse der Situation; wie schon zuvor mehrfach wird in den folgenden Sätzen Walsers Inneres durch allmähliche Verschiebung zur objektiven Tatsache, zur »unaufhörlichen Präsentation unserer Schande«. (W 18)[7] Diese befragt Walser folgerichtig auf ihre Motive.

Während im vorangegangenen Abschnitt einfach eine Lust, wehzutun, die Intellektuellen umtrieb, vermutet Walser nun eine »Instrumentalisierung unserer Schande zu gegenwärtigen Zwecken«. (W 18) In der Diskussion um die Rede wurde diese Formulierung mehrfach damit gerechtfertigt, Walser beklage mit ihr die in der Tat inflationär gebrauchten Vergleiche mit Auschwitz: daß etwa, wer gegen Massentierhaltung auftrete, gleich von einem »Hühner-KZ« rede. Der Redetext legt eine übergreifendere Deutung der Passage nahe.

Die »Intrumentalisierung« steht in einem Gegensatz zum »Gedenken« und zum »Nichtvergessendürfen«, die als einzig legitime Motive dafür, über Auschwitz zu sprechen, genannt sind. In dieser Entgegensetzung ist jedoch das Gedenken um eine wesentliche Dimension verkürzt: Es bezieht sich nur auf die Vergangenheit und auf die Empfindungswelt dessen, der gedenkt. Jede Handlungskonsequenz für die Gegenwart verfiele dagegen dem Verdikt der Instrumentalisierung. Walsers Text zielt auf die Auflösung einer geschichtlichen Kontinuität.

Dafür sprechen auch seine Beispiele, die, anders als die spätere Rechtfertigung, sich auf Geschichtliches beziehen. »Schon die Teilung selbst, solange sie dauerte, wurde von maßgeblichen Intellektuellen gerechtfertigt mit dem Hinweis auf Auschwitz.« (W 18) Erneut ersetzt Walser die Kausalzusammenhänge realer Geschichte durch den Hinweis auf eine vage umrissene Feindgruppe. Er blendet aus, daß die faschistischen Völkermorde eine der Ursachen für die deutsche Teilung waren, und er braucht, da er die Gegenwart bereits in eine nicht zu hinterfragende Empfindung überführt hat, auch nicht zu diskutieren, wie groß die Gefahr, die heute von Deutschen ausgeht, wirklich ist. Stattdessen flüchtet er sich in Eventualgeschichte: »Ich habe gesagt, wer alles als einen Weg sieht, der nur in Auschwitz enden konnte, macht aus dem deutsch-jüdischen Verhältnis eine Schicksalskatastrophe unter gar allen Umständen.« (W 19) Isoliert wäre dieser Satz geeignet, einem entschuldenden Geschichtsfatalismus entgegenzutreten; nur müßte sich die Frage anschließen, weshalb doch die schlimmste der denkbaren Möglichkeiten eingetreten ist. Die Friedenspreisrede nun verzichtet nicht alleine auf diese Frage – hier könnte Walser darauf verweisen, daß dies auch nicht sein Thema war. Systematisch denunziert sie alles, was helfen könnte, tatsächliche geschichtliche Zusammenhänge zu erkennen, als Instrumentalisierung.

Zudem akzentuiert Walser nochmals die Umkehrung des Täter-Opfer-Verhältnisses. Stellte er zunächst sich selbst, wegen außerordentlicher Sensibilität, als Zielpunkt intellektueller Attacken dar, so ist es in seinem historischen Beispiel die deutsche Nation, die mit ihrer Teilung nicht etwa die Folgen von Handlungen, die von einer Mehrheit ihrer Angehörigen begangen wurden, zu tragen hatte; als einziger Faktor, der die Zweistaatlichkeit stützte, erscheinen die »maßgeblichen Intellektuellen«, die nicht aufhören möchten, die Gemeinschaft mit Auschwitz zu plagen.

Auch in diesem Textblock gibt es einen unbegründbaren

Übergang vom fühlenden Ich zur leidenden Nation; hier ist er ergänzt durch den Weg zurück zu Walser, dessen Werke von einem Kritiker zerpflückt werden, dem »Zeitgeist [...] vor Ästhetik« gehe. (W 19) Er ist ein anderer Vertreter jener Sorte, von der Walser schon einige vorgeführt hat: »Ein smarter Intellektueller hißt im Fernsehen in seinem Gesicht einen Ernst, der in diesem Gesicht wirkt wie eine Fremdsprache [...]« (W 19) Quälten die zuvor skizzierten Denker und Dichter sich aus rätselhaften Gründen nebenbei wenigstens noch selbst, so scheint dieses mutwillige Exemplar durch bodenlose Heuchelei charakterisiert, die mit einem mühsam verborgenen Hang zum Schabernack einhergeht. Ungeachtet solch individueller Unterschiede sind die Kritiker, selbst wo sie individuell auftreten und anhand ihrer Zitate leicht mit Namen genannt werden könnten, nie persönlich angesprochen. Sie stehen für eine Gruppe, in der zu differenzieren offenbar nicht lohnt. Deutlich wird dies im Kontrast zu den Abschnitten, die nun folgen: Hier führt Walser Gewährsleute an, die als Autoritäten seine Meinung stützen sollen. Sie, von Goethe bis zu der Autorin Johanna Walser, seiner Tochter, tragen Namen und heben sich dadurch von dem Chor der gegenwärtigen Intellektuellen ab. Daß die Methode, Intellektuelle als antinationale Miesmacher zu verunglimpfen und ihnen wahre Dichter entgegenzuhalten, in einer deutlich völkischen Tradition steht, dürfte Walser bekannt sein. Daß er heute für diese Tradition zumindest in Anspruch genommen werden kann, nimmt er offenbar in Kauf.[8]

Der folgende, neunte Textblock scheint auf den ersten Blick ein wenig zusammenhanglos. Er setzt ein mit einem Bezug auf Goethes »Wilhelm Meister«, in dem, obwohl er erst 1795 zu erscheinen beginne, die Guillotine der Französischen Revolution nicht vorkommt. Noch nach Walsers eigenen Kriterien ließe sich antworten, daß Goethe Staatsrat in Weimar war und kein Mitglied im Pariser Wohlfahrtsausschuß; von eigener Schuld kann also selbst dann keine Rede sein, wenn man, wie die Neue Rechte, die Französische Revolution insgesamt als Unglück der Geschichte ansieht.

Doch geht es hier vor allem darum, sich der Autorität Goethes zu versichern. Assoziativ leitet die Erwähnung der Guillotine zudem über zu Walsers Erklärung, daß er, wie schon bei einem früheren nationalbewußten Auftritt, »vor Kühnheit zittere«. Auschwitz als »Drohroutine«, »jederzeit einsetzbares Einschüchterungsmittel oder Moralkeule oder auch nur Pflichtübung« (W 20) sieht er offenbar vor allem gegen sich selbst gerichtet; nach den vorangegangenen Suggestionen heißt das aber, daß die Drohung alle Deutschen betrifft, an deren Stelle dann auch Walser die These vertritt, sie seien »jetzt ein ganz normales Volk, eine gewöhnliche Gesellschaft«. (W 20)

Das Berliner Holocaust-Denkmal, um das es im folgenden Abschnitt geht, kann deshalb nur als Angriff empfunden werden. Walser spricht von einer »Monumentalisierung der Schande«. Das, was als individuelles Fühlen nationale Einheit herstellen sollte, erschiene, würde das Mahnmal gebaut, nach außen gekehrt; es würde diskussionsfähig, als das Werk von Leuten, »die sich für das Gewissen von anderen verantwortlich fühlten«. In der Systematik Walsers legitimiert diese Denkfigur einen Gedankengang, der auf den ersten Blick befremdlich wirkt.

Heinrich August Winkler, als Historiker eine weitere Autorität, an die Walser anknüpft, liefert das Schlagwort vom »negativen Nationalismus«. Dieser, so Walsers Vermutung, sei

»kein bißchen besser [...] als sein Gegenteil«. Nun könnte, stimmte man Winklers Vorgabe zu, ein »negativer Nationalismus« den Blick auf politische Realitäten verstellen und damit schaden. Wie aber dieser zu einem Völkermord führen könnte, von dem schließlich in diesem Abschnitt die Rede ist, bleibt jedoch zunächst rätselhaft. Daß aber Walser auf diesem Bezug beharrt, zeigt er mit seiner Behauptung einer »Banalität des Guten«, die sich auf Hannah Arendts im Zusammenhang mit dem Prozeß gegen Eichmann geprägte Formulierung von der »Banalität des Bösen« bezieht. Wenn diese Sätze überhaupt einen mehr als propagandistischen Sinn haben sollen, so sind sie als Konsequenz der Auflösung von Wirklichkeit in die selbstmitleidige Empfindung zu verstehen. Dieses Fühlen garantierte nationale Einheit; was das Gefühl stört, vernichtet auch das Volk als Volk. Dieser virtuelle Völkermord ist nach der Verabschiedung eines diskutierbar Realen nicht mehr vom historischen Völkermord zu unterscheiden.

Im anschließenden Block untermauert Walser seine These, das Gewissen sei ein nicht delegierbares Inneres, mit weiteren Autoritäten. Diesmal bietet er zwei Philosophen auf; mit Hegel bezeichnet Walser das Gewissen als die »tiefste innerliche Einsamkeit mit sich, wo alles Äußerliche und alle Beschränktheit verschwunden ist [...].« (W 21 f.) Mit Heidegger versucht er zu zeigen, daß zum einen nur die Erinnerung an eigenes Tun überhaupt als Gewissen bezeichnet werden kann. Zum anderen behauptet Walser mit Heidegger einen universalen Schuldzusammenhang: »Das Schuldigsein gehört zum Dasein selbst.« (W 21)

Es ist hier nicht der Ort, sich mit diesen Definitionen des Gewissens auseinanderzusetzen. Sie wären nur von Belang, wenn man Walsers Forderung, politische Fragen ausschließlich als Fragen von Empfindung und Gewissen aufzufassen, folgte. Bemerkenswert jedoch ist hier der Bezug auf Heidegger. An dieser Stelle den prominentesten der deutschen Philosophen, die 1933 das faschistische Regime unterstützten, als Gewährsmann für vorbildliches Denken über das Gewissen anzuführen, bedeutet eine wohl bewußte politische Provokation. Walser mildert sie zwar ab, indem er die Verallgemeinerung von Schuld nicht als »bequeme Entlastungsphrase für zeitgenössische schuldunlustige Finsterlinge« verstanden ha ben will. (W 21) Jedoch ist nicht abzusehen, wie sie denn sonst interpretiert werden könnte. Die antiquierte Wortwahl läßt zudem die »Finsterlinge« eher als skurrile Originale denn als Gefahr erscheinen.

Vielleicht unfreiwillig verrät Walser dann im zwölften Textblock, welche Konsequenz die Verinnerlichung von Schuld und Gewissen haben kann. Er lehnt jegliche äußere Repräsentation für das Gewissen ab, denn »nichts ist dem Gewissen fremder als Symbolik«. (W 22) Unausgesprochen scheint Walser sich immer noch mit dem befürchteten Einwand auseinanderzusetzen, er verschaffe den Tätern allzu bequeme Entlastung. Deshalb führt er ein literarisches Beispiel an: In Kleists »Prinz Friedrich von Homburg« wird der Prinz zum Tode verurteilt; der Kurfürst als Gerichtsherr jedoch gibt ihm die Freiheit, dieses Urteil, wenn er es nur für ungerecht halten kann, aufzuheben. Urteilsinstanz wird also das Gewissen des Gefangenen.

Zweierlei ist jedoch hier einzuwenden. Erstens zwingt die Konstellation den Prinzen dazu, seine Gewissensentscheidung öffentlich zu machen; er befindet sich damit, wenn man ihn schon in Walsers Koordinaten zwängen will, unfreiwillig in jener Position, die Walser, der den Rückzug aufs Persönliche

117

nur vorgibt, mit der Redesituation freiwillig einnimmt. Zweitens ist hier auf den Schluß der Handlung zu verweisen. Walser führt ihn nicht aus – die meisten Zuhörer dürften wissen, daß der Prinz die Möglichkeit, sein Leben zu retten, nicht nutzt, daß sein Gewissen ihn nicht freispricht. Die letzten Verse Kleists transzendieren jedoch das Individuelle, auf das Walser, wenn er vom Gewissen spricht, sich zu beschränken behauptet: Der Prinz, der das Urteil angenommen hat, wird begnadigt, wieder ins brandenburgische Militär integriert, und das Stück endet mit dem gemeinsamen Kampfruf: »In Staub mit allen Feinden Brandenburgs!«

Kleist also führt vor, wie das Gewissen gebraucht werden kann, um eine aggressive Nation zu formieren. Zu behaupten, dies sei ein geheimes politisches Programm, das Walser in der Rede versteckt habe, ginge zu weit. Dennoch deutet Kleists Text an, welches Potential in Walsers Gewissenskonzeption steckt. Eine Differenz allerdings bleibt: Der Kurfürst, als er Homburg das Urteil überläßt, kann davon ausgehen, daß dessen Gewissen ihn sich richten läßt. Wird also hier Autoaggression erzeugt, um sie dann erst gegen den äußeren Feind zu lenken, beansprucht Walser heute für sich das Recht, wegzuschauen, das der Prinz ablehnen muß. Die antinationalen Denker geraten so in die Position des von Kleist national gemeinten Kurfürsten, der Zumutungen ans Gewissen stellt.

Jedenfalls kann Walser, indem er auf Kleist verweist, allmählich auf das Thema zurücklenken, das am Anfang der Rede stand: auf das Schöne, das hier als Schönes in der Literatur erscheint. Deshalb kommt er im dreizehnten Textblock auf sein »Lieblingsjahrzehnt, 1790–1800« (W 23), zu sprechen. Damals habe es noch Toleranz gegeben, ein »Fremdwort, das wegen Nichtmehrvorkommens des damit Bezeichneten heute eher entbehrlich ist«. (W 24) Deshalb hätten 1794 Goethe, der stets Abstand zur Französischen Revolution gewahrt habe, und Schiller als Befürworter dieser Revolution Freundschaft schließen können. Das Beispiel ist kühn gewählt – 1794 war Schiller kein Anhänger der Revolution mehr, unter anderem wegen der von Walser einige Seiten zuvor erwähnten Guillotinen, die ihrerseits geeignet wären, Walsers Toleranzthese zu relativieren. Vor allem aber sind hier erneut Französische Revolution und Auschwitz parallelisiert – wieder erinnert Walser an die Neue Rechte, die fordert, die Ergebnisse von 1789 rückgängig zu machen.

Wahrscheinlicher aber ist, daß es Walser nur auf Beispiele für seine folgende These ankam, daß wahre Kunst unabhängig von den Meinungen ihrer Autoren bestehe. Auch bei Thomas Mann sei von seinem »krassen Meinungswechsel« (W 24) vom Monarchisten zum Verteidiger der Weimarer Republik innerhalb seiner Romane nichts zu bemerken: »Wie er wirklich dachte und empfand, seine Moralität also, teilt sich in seinen Romanen unwillkürlich und vertrauenswürdiger mit als in den Texten, in denen er politisch-moralisch recht haben mußte.« (W 24 f.) Ob dies für Walser gilt, wird weiter unten überprüft.

Literatur jedenfalls ist heute bedroht, von den »Meinungssoldaten«, die, »mit vorgehaltener Moralpistole, den Schriftsteller in den Meinungsdienst nötigen« (W 25) – die Interviews, die so produziert werden, ersetzen dann im Medienbetrieb die Rezeption von Kunst. Dies ist »dem Meinungs- und Gewissenswart eher egal, weil das Sprachwerk für ihn nicht verwertbar ist«. (W 25)

Ein weiteres Mal instrumentalisiert Walser Auschwitz – in seiner Wortschöpfung »Gewissenswart« klingt unverkennbar der faschistische »Blockwart« an. Unterhalb einer Gleichsetzung seiner Gegner mit den Nazis mag der Sprachartist Walser nicht agieren. Daß freilich Schriftsteller im Medienbetrieb vielfach auf Meinungen reduziert werden und das Gespräch über ihre Kunst darunter leidet, ist nicht zu leugnen – ebenso allerdings können medienerfahrene Autoren wie Walser durch gezielte Provokationen die Aufmerksamkeit auf sich lenken und den Verkauf ihrer Bücher noch fördern.

Tatsächlich sieht auch Walser, daß er sich freiwillig in den Meinungstreit begibt: »Ich gebe zu, der Schriftsteller ist selber schuld, wenn er sich auf diese geliehene Sprache einläßt und in barer Legitimationsnot so tut, als könne er dazu und dazu und auch noch dazu etwas sagen.« (W 25) Auf engstem Raum vereinigt Walser also drei Versionen: der äußere Zwang – die »Meinungspistole« –, eine eigenverantwortliche Entscheidung und eine innere Not, die »Legitimationsnot«, wegen der der Schriftsteller irgendwie nicht anders handeln kann. Diese drei Faktoren könnten in ein Verhältnis zueinander gesetzt werden; aber analog zum Gewissen des Einzelnen und der Nation löst sich das Verhältnis von Innen und Außen in einem Fühlen auf, das das Ich irgendwie als Opfer erscheinen läßt und jedenfalls die Zuweisung von Verantwortung ausschließt.

Dafür bietet Walser ein neues Modell an, wie individuelles und kollektives Fühlen harmonisiert werden könnten. Der Autor, der sich nur für sich selbst zuständig fühlt, kann brauchbar werden für andere, wenn er sich nicht von Meinungen verführen läßt, »weil eben das Wichtige nur wichtig ist, weil wir es alle gemeinsam haben; diese Brauchbarkeit kann aber nicht angestrebt und nicht bedient werden; sie ergibt sich nur in der unschuldig schönsten Zusammenarbeit der Welt: Das ist die zwischen Autor und Leser.« (W 25 f.)

Dies ist zunächst eine Theorie literarischer Wirkung. Sie ist empirisch eingeschränkt, denn die Zusammenarbeit zwischen Leser und Autor entsteht häufig eben doch aufgrund von Meinungen, die gesucht und gefunden werden; das ist keine Frage des Niveaus oder des Inhalts, sondern gilt für militaristische Landserhefte ebenso wie für, zum Beispiel, Lessings »Nathan der Weise«, der Autor und Leser im Lob des Toleranzgedankens zusammenführen mag. Aber ohne weiteres leuchtet ein, daß aufgrund gemeinsamer Erfahrungen, gemeinsamen Fühlens eine solche Zusammenarbeit entstehen kann, daß der Leser in seiner Phantasie das Werk des Autors weiterführt. Man könnte sogar, in zweifelhaftem Jargon, dies als »Buchstabierenmüssen unserer Existenz« (W 26) bezeichnen, wäre nicht unklar, auf wen sich das Possessivpronomen bezieht.

Das Verhältnis Autor – Leser, das zunächst als individuelles erschien, ist so eingebettet in ein Gruppenerlebnis einer freilich nicht definierten Gruppe; daß es um etwas gehen soll, das »wir alle gemeinsam haben«, erweckt den Eindruck, daß, der scheinbaren Bescheidenheit entgegen, die der Rückzug auf das eigene Ich andeutete, der Dichter hier mit einem Führungsanspruch ausgestattet ist. Er hofft nicht auf ein paar Einzelne, die Ähnliches fühlen wie er, sondern sieht sich als idealen Repräsentanten des Ganzen.

Die Parallele zum prekären Übergang von Walsers Fühlen zu dem der Nation, der sich in den mittleren Abschnitten vollzog, liegt nahe. Dennoch gibt es nicht genügend Anhaltspunkte für die These, hier hätte Walser das Problem gelöst, »alle« meinte die Nation. Nur die Feindkonstruktion ist die gleiche: die Intellektuellen, die die Wirkungsweise von Literatur nicht begreifen wollen. Ein heftiger Affekt gegen die Marktförmigkeit von Meinungen ist eingefügt: Die literarische

Sprache sei die einzige, die »nichts verkaufen will«;[9] doch führt ja Walsers Perspektive nicht vorwärts zu einer demokratisch vermittelten Zusammenarbeit, sondern zurück zur autoritären Haltung des repräsentativen Dichterfürsten. Selbst die eigene Tätigkeit als kritischer Redner stellt Walser, wie zu Beginn der Rede, wieder in Frage: Seine werknotwendigen »Lebens-schwierigkeiten« würden »nicht durch Rednerpulte geweckt, sondern durch Aus- und Einatmen«. (W 26) Indem jedoch auf diese Weise das Gefühl zur entscheidenden Macht erhoben ist, sind die zuvor formulierten politischen Meinungen nicht de-mentiert, sondern nur noch einmal bestätigt.

Es folgen, im vorletzten Block, Bemerkungen über die Spra-che, der sich Walser anvertraue: »Wenn ich ahne, daß es gegen meine Empfindung wäre, mich ein weiteres Mal dieser Pre-digtersatzfunktion zu fügen, dann liefere ich mich der Sprache aus, überlasse ihr die Zügel, egal, wohin sie mich führe.« (W 27) Der Assoziation von Predigt und Meinungsäußerung wird nachzugehen sein, wenn es um Walsers Roman »Ein springender Brunnen« geht; daß dem Sprachvertrauen eine Suggestion eben doch: von Meinungen entspricht, darauf wurde schon eingangs hingewiesen. Es stellt sich allerdings die Frage, ob Walser Sprache vollends instrumentell einsetzt, ob er alles, was hier gezeigt wurde, beabsichtigte. Zu überprüfen ist das nicht; durchaus möglich, daß, dem bewußten Aufbau entgegen, ein »es« in ihm denkt, wie Bubis vermutete.[10] Viel-leicht entspricht der Wendung ins Innerliche ein kaum be-wußtes Ressentiment, und Walser versteht wirklich nicht, weshalb die von ihm Angegriffenen nun sich wehren.

Die Gefahr jedoch ahnte er: So gab er selbst an, er sei der Sprache in die Zügel gefallen, wenn sie zuviel von ihm zu ver-raten drohte: »Da mobilisiere ich furcht- und bedachtsam sprachliche Verbergungsroutinen jeder Art.« (W 27) Das mag erklären, weshalb Walser im Gespräch mit Ignatz Bubis seiner Sprache noch viel freieren Lauf läßt: So hält er etwa Bubis, dessen Familie zum großen Teil in faschistischen Lagern ermordet wurde, entgegen, dieser habe sich doch erst viel später als er selber mit dem Dritten Reich auseinandergesetzt.[11] Die Sprache soll auch isolieren und verunklaren: »Der Ehrgeiz des der Sprache vertrauenden Redners darf es sein, daß der Zuhörer oder die Zuhörerin den Redner am Ende der Rede nicht mehr so gut zu kennen glaubt wie davor.« (W 27) Das aber, umgekehrt, soll als Vorteil erlebt werden, indem man »von Sprachmensch zu Sprachmensch [...] sein Dasein streift auf eine nicht kalkulierbare, aber vielleicht erlebbare Art«. (W 28) Dem existentialistischen Raunen entspricht auch hier eine Feindschaft gegen intellektualistische zersetzende Kalkulation.

Und dies, so suggeriert ein Übergang, führt zu Schönheit. Walser zitiert aus einem Buch seiner Tochter: »Ich habe den Verdacht, daß alles viel schöner ist, als man darüber spricht. Alles ist viel schöner, als man bisher sagen kann. [...] Wir machen neue Anläufe und versuchen immer neu, auszudrücken, wie schön alles ist. Aber schöner ist es trotzdem noch immer, als man es sagen kann.« (W 28) Das ist, im Kontext der Rede, eine erneute Wendung gegen die Denker, die Sprache zur Meinungsmache, zur Kritik mißbrauchen. Das Lob der Schönheit schreibt zudem die führende Rolle des empfindenden Dichters fest. Es lenkt auf den Anfang der Rede zurück: Nur über das Schöne zu sprechen, war ja unmöglich – nun aber führt die kokettierende Meinungsrede doch zu dem, was Walser von Beginn an als das Höhere, Wünschenswerte galt. Die politisierenden Äußerungen auf dem Weg dorthin, die isoliert, nach

123

Walsers Kriterien betrachtet, als fragwürdig erscheinen müßten, sind dadurch transzendiert.

Der letzte Block ist der kürzeste der Rede, ein vierzeiliger erneuter Appell, Rainer Rupp freizulassen: »Um des lieben Friedens willen.« (W 28) Die Schlußformulierung lenkt ironisch auf den Redeanlaß zurück, die Verleihung eines Friedenspreises. Als Bittsteller erprobt Walser den Gestus der Bescheidenheit, der die vorangegangene Selbsterhöhung abfedern mag; indem jedoch die Begnadigung an den wohl national zu verstehenden Frieden gekoppelt ist, ist der Aufruf an die Einheits- und Schönheitsphantasien des vorangegangenen Abschnitts gekoppelt. Rupp freizulassen wäre so ein Akt der Poetisierung nationaler Politik.

Wie läßt sich das Ergebnis zusammenfassen? Ein genaues formales Kalkül läßt Aussagen, die isoliert betrachtet zum Teil unsinnig wären und dem rechtsextremen Meinungsspektrum nahekommen, plausibel wirken. Walser, der scheinbar sich gegen Moralisierung wendet, moralisiert Politik umfassend. Die Argumente seiner Gegner werden zu Moralkeulen reduziert – so erspart sich Walser eine Auseinandersetzung mit dem Realen, das tatsächlich in seiner Empfindung, wenn auch nicht widerspruchlos, aufgelöst wird.

Ein zentrales Muster der Rede ist das der verfolgten Unschuld – der geehrte Preisträger imaginiert sich als Opfer einer medialisierten Meinungsmache. Eine gewisse Weinerlichkeit, mit der Walser kommende Widerstände andeutet und sich selbst als schwachen, sensiblen Menschen präsentiert, geht einher mit dem Pseudo-Mut, der sich mit der Suggestion, gegen eine Welt von Feinden anzutreten, präsentiert. Das Muster dient zur Legitimation dazu, um so schonungsloser auf den Gegner einzuschlagen.

Hauptfeindbild in seiner Rede sind Intellektuelle. Sie sind Meinungsmenschen, Kritiker ohne Einfühlung, und sie instrumentalisieren Auschwitz, um eine geeint empfindende deutsche Nation zu verhindern. Die Rede ist nicht gegen die jüdischen New Yorker Anwälte gerichtet, über die einige Wochen später Rudolf Augstein in einer Selbstentlarvung als Antisemit fabulieren wird[12] – Walser richtet sich gegen einen inneren Feind. Das Muster ist für antisemitische Deutungen offen – der heimatlose, vernünftelnd zergliedernde Jude ist ein überkommenes antisemitisches Stereotyp. Doch ist diese Deutungsmöglichkeit in Walsers Text nirgends aktualisiert, und die Auswahl seiner freilich nie mit Namen genannten Gegner deutet an, daß es ihm allgemein um Deutsche, die sich seinem Gefühl nicht fügen, geht. Mehrfach werden sie sprachlich mit Faschisten parallelisiert.

Dichtung ist privilegiertes Sprechen und eröffnet einen Weg zum Schönen. Indem die literarische Sprache jedoch an nicht rational kommunizierbare Erfahrung gebunden ist, bekräftigt sie die Auflösung des Realen. Erfahrung kann nur als die je eigene gedacht werden und ist auf ungeklärte Weise mit der eines Kollektivs verbunden. Abweichendes Gewissen, abweichende Erfahrung gilt als unecht und wird als feindlich gewertet. Wenn also Walser später behaupten wird, Bubis habe sich ja erst spät mit dem Völkermord an den Juden beschäftigt, ist wahrscheinlich nicht einmal Bosheit die Ursache, sondern, daß Walsers Sprach- und Literaturkonzept ihn von jeder anderen Erfahrung isoliert.

Vorerst nicht zu klären war, wie aus individuellem Fühlen die Nation entsteht – denn die Nation ist ja nie selbstverständlich gegeben und erfahrbar, sondern braucht als Abstraktes eine Materialisierung. Auch ist nicht völlig geklärt, welche Rolle die Schönheit in der nationalen Konzeption spielt. Diesen Fragen wird in den folgenden Abschnitten nachgegangen; zunächst geht es dabei um Walsers in den letzten Jahren entstandene Romane.

II

Walsers Klage darüber, daß im öffentlichen Streit Literatur auf ein paar provokante Meinungsäußerungen prominenter Dichter reduziert wird, ist, wie gesagt, nicht nur rhetorisch bedingt. Engagiert gestritten wurde im letzten Jahrzehnt über Botho Strauß' »Bocksgesang«-Essay, über Handkes Verteidigung der Serben, über Walsers Haltung zum Nationalen und darüber, welche DDR-Autoren und -Autorinnen in welcher Form Kontakt zur Staatssicherheit hatten. Häufig dienten ihre Werke nur als Steinbruch für Zitate, die Verwerflichkeit der je Angegriffenen zu belegen. Ebenso häufig verharmlosten die Verteidiger die kritisierten Äußerungen damit, sie seien doch nur als Poesie zu verstehen; so suggerierten sie, wider Willen, am besten nehme man überhaupt, was literarisch gesagt werde, nicht ernst.

In diesen Diskussionen wurde häufig vor dem Angriff die Position des Opfers den eigenen Interessen entsprechend vereinfacht. Dies ist ein überkommenes rhetorisches Mittel und Walser selbst, wie seine Rede zeigt, nicht fremd. Daß Literatur beim Streit über Schriftsteller an den Rand rückt, ist dagegen neueren Datums. Die von Walser kritisierte Medienwelt, in der die wichtigste Auseinandersetzung die um Marktanteile sei, muß dabei allerdings als Faktor sekundären Ranges gelten.

Seitdem im achtzehnten Jahrhundert die Regelpoetik zerfiel und schließlich die ästhetischen Avantgarden in den ersten Jahrzehnten des zwanzigsten Jahrhunderts die Normen, wie denn etwa ein Drama oder ein Roman auszusehen hätten, vollends zerschlugen, fehlt dem Publikum ein zuvor selbstverständlicher Beurteilungsmaßstab. Poetische Regeln grenzten zuvor die künstlerischen Möglichkeiten ein, sorgten jedoch dafür, daß ein Verstoß als solcher wahrgenommen und diskutiert wurde. Heute greift ein solcher Mechanismus noch bei Heftchenromanen, bei Fernsehserien oder Genrefilmen aus Hollywood. Autoren gehobener Literatur jedoch, zu denen Walser gerechnet wird, müssen die Regeln ihrer Dichtung Werk für Werk neu festlegen – innerhalb jedenfalls eines als autorentypisch angesehenen Rahmens, der notwendig ist, um einen festen Leserkreis zu gewinnen und ökonomisch zu überleben.

Deshalb ist eine ästhetische Diskussion heute in den Medien schwieriger zu führen als noch im neunzehnten Jahrhundert, und deshalb sichert vor allem der Kampf um politische Meinungen und nicht der um poetologische Konzeptionen den Verkauf. Sobald ein Autor sich erfolgreich in einer Kontroverse situiert hat, ist nur in der Minderzahl der Debattenbeiträge die Kritik aus den Vorgaben der Werke selbst entwickelt. Diese zu berücksichtigen aber wäre das produktivere Vorgehen, denn so ist Literatur als Medium der Erkenntnis genutzt, wenn auch vielleicht gegen die Absicht des Autors. Die Interpretation von beliebter und gut verkaufter Literatur sagt so auch etwas aus über den Teil der Gesellschaft, der diese Literatur rezipiert. Die literaturwissenschaftliche Fragestellung, um die es im folgenden gehen wird, ist deshalb auch eine gesellschaftliche Fragestellung.

In den neunziger Jahren entstanden vier Romane Walsers, die im Zusammenhang mit seiner Friedenspreisrede von Interesse sind.[13] Die Romane sind deutlich in zwei Gruppen zu unterteilen: »Die Verteidigung der Kindheit« und »Ein springender Brunnen« entwerfen in einer Handlung, die sich über mehrere Jahre hinzieht, umfassende Zeitpanoramen. Zunächst soll von den beiden anderen, kürzeren Romanen die Rede sein, deren Stoffe eher novellistisch zugespitzt sind. Entsprechend sind in ihnen die politischen Aussagen auf andere Weise eingefügt.

Die Konzentration der Handlung wird besonders deutlich in »Ohne einander« (1993). Ellen, die Protagonistin des ersten Teils, muß länger als geplant in der Redaktion der Zeitschrift bleiben, bei der sie Ressortleiterin ist. Ein Mitarbeiter, Koltzsch, schreibt für sie den Artikel, an dem sie scheitert, und nötigt sie danach zum Geschlechtsverkehr. Gleichzeitig läuft die Handlung des zweiten Teils ab: Ellens alternder Liebhaber Ernest nutzt die gewonnene Zeit, Sylvi, die Tochter Ellens, zu verführen, kommt dann aber, als er seine Kräfte überschätzt, beim Surfen ums Leben. Der abschließende dritte Teil ist aus der Perspektive Sylvios, Ellens Ehemann, geschrieben. Sylvio, äußerlich schwach und Alkoholiker, nutzt die eigenen zerstörten menschlichen Beziehungen und die seiner Umgebung, um aus ihnen die Stoffe seiner Romane zu gewinnen. Am Ende des Buches deutet Walser an, daß Sylvio dem realen Autor entspricht: Aus Sylvios Notizen, die zu einem neuen Roman hinleiten sollen, kristallisieren sich die Wörter heraus, die auch der Titel von Walsers Roman sind: »ohne einander«. Was in dieser kurzen Zusammenfassung wie zweitklassige Kolportage wirken mag, erlaubt eine differenzierte Darstellung von familiären und erotischen Beziehungen. Das Resultat ist so trostlos, wie der Titel andeutet; Ellens pragmatischer Fluchtversuch aus der ungeliebten Ehe ist ebenso gescheitert wie die Versuche ihrer Tochter, selbständig zu werden. Nur Sylvios Literarisierung, sein Wagnis, sich der Sprache zu überlassen, deutet einen Ausweg oder wenigstens eine Überlebensmöglichkeit an.

Antisemitismus dient in diesem Roman, der auf den ersten Blick unpolitisch scheint, als Anlaß der Handlung. Der Literaturkritiker der Zeitschrift hat einen Roman gelobt, in dem die Beteiligung eines Juden am organisierten Verbrechen in den USA dargestellt ist. Der Herausgeber fürchtet, »in den übelsten aller Verdächte, den des Antisemitismus«[14] zu geraten: »er sei süchtig danach, als Kapitalist, Kommunist, Anarchist, Atheist, Nationalist, Militarist, Pazifist, Satanist, Sadist, Masochist, Liberalist, Bestialist verdächtigt zu werden, nur in den trivialsten und uninteressantesten Verdacht, den des Antisemitismus nämlich, wolle er nicht geraten«.[15] Da der Kritiker geistesgegenwärtig sich eine jüdische Großmutter erfindet, kann andererseits sein Artikel auch nicht zensiert werden. Ellens Vorschlag, zum Ausgleich eine positive Rezension des Filmes »Hitlerjunge Salomon« aufzunehmen, ist die Lösung.

Ellens Haltung zu dem Film entspricht der Walsers zu Auschwitz: Sie wendet sich gegen einen angeblichen Meinungsdruck. »Sie haßte Filme, deren Handlungen politisch bedingt waren. Da wird man doch nur erpreßt. Die Filmemacher haben ihre Ansichten schon, bevor sie ihre Filme anfangen. Diese Ansichten sind die allein möglichen. Zu ihnen soll man bekehrt werden.«[16] Zwar hatte sie, auf Drängen ihres Liebhabers, sich den Film dennoch angesehen, wider Erwarten hatte der Film sie auch bewegt, doch ist dies Gefühl nicht kommunizierbar: »Aber diese volle, überdeutliche, wie ein Akkord aus vielen Tönen zusammengesetzte Stimmung jetzt in einem Nacheinander von Sätzen zu beschreiben, das hieß diese Stimmung zerstören. [...] Dieses durchdringende Gefühl von Scham und Abwehr, dieses Gemenge aus Trotz und Hilflosigkeit, diese Mischung aus Entsetzen und Wut.«[17] Folgerichtig gipfelt ihre Position in einem Satz, den sie von ihrem Mann, dem Schriftsteller, entlehnt: »Über Auschwitz kann man doch nicht diskutieren.«[18] So muß sie schweigen, und der Artikel gelingt ihr nicht.

Repräsentiert sie die skrupulös empfindsame Seite von Walsers späterer Rede, so vertritt ihr Begleiter den aggressiven Aspekt. Der Film sei entsetzlich, entspreche der »Art des Propagandafilms, die jeder Staat im Krieg produziert, um zu zeigen, wie dumm und schädlich der Gegner ist.« Die Deutschen seien als »vernichtenswert, ausrottenswert« dargestellt – hier also bereits die Umkehrung der Völkermordhandlung, die Walser in der Rede vornimmt. Dabei hütet Walser sich, die Romanfigur als unverbesserlichen Nazi hinzustellen. Auch im Roman geht es Ernest darum, daß die Verzeichnung von Geschichte die Auseinandersetzung mit dem Gewissen verhindere: »Schuldunfähige Bestien, statt schuldige Menschen«[19] träten im Film auf. Das Ausland erpresse so die Deutschen, um sie »leichter beherrschbar« zu halten: »Eine nicht endendürfende Erpressung durch andauernde Vorführung der deutschen Greueltaten in gar allen Medien.« So würden »Schuldbekenntnisse« erzwungen, und »nichts ruiniere eine Gesellschaft auf die Dauer gründlicher als eine Moral, die nur auf den Lippen zu Hause sei«.[20]

Die Kontroverse zwischen Ellen und Ernest läßt sich also als eine Auseinandersetzung innerhalb der Walserschen Position bezeichnen. Diese beiden Personen handeln auf der politischen Ebene nicht. Den Artikel dagegen formuliert Koltzsch, als »DDR-Kind [...] gründlichst antifaschistisch gebildet«.[21] Koltzsch schreibt sonst nicht selbst, sondern korrigiert; seine Maxime lautet: »Wer kein Sprachgewissen hat, hat kein Gewissen.«[22] Dies könnte ein Grundsatz Walsers sein, doch bei Koltzsch wird das Sprachgewissen nicht produktiv, sondern beschränkt sich darauf, die Einhaltung von Regeln zu überwachen. An Sylvios Romantrilogie lobt er neben inhaltlichen Aspekten, die seinen genauen Blick auf Machtphänomene zeigen, vor allem, daß sie, »was Konjunktive und ähnliches angehe, zum Drittel der Bücher gehöre, in denen auf zehn Seiten nur ein Fehler vorkomme, die also zum Besten vom Besten gehöre«[23].

Wie Sylvio fühlt sich Koltzsch als Schwächling, hält sich für häßlich und einen Versager. Er sieht sich selbst als »böse« und weiß, daß seine Freude, Fehler zu korrigieren, die sadistische Kompensation eigener Unzulänglichkeiten ist: »Sprachschluderer zu geißeln erregt mich. Sexuell. Wer einen so häßlichen Körper hat wie ich, muß sich die Erregungen übers Geistige verschaffen.«[24] Dieser häßliche Körper ist der größtmögliche Gegensatz zur poetischen Schönheit, in deren Lob Walser seine Rede münden läßt. So erscheint es innerhalb der Walserschen Vorstellungswelt als konsequent, daß gerade Koltzsch ohne jedes Zögern der verlangte deutsche Selbsthaß gelingt. Nachdem der antifaschistische Artikel fertiggestellt ist, berauscht sich Koltzsch an der Vorstellung, sprachverantwortlich für ganz Deutschland zu werden, und vergewaltigt Ellen: »Er ließ sie bei allem, was er tat, nicht aus seinem Blick. Blanke Brutalität und elende Unterwürfigkeit – das war dieser Blick.«[25]

Die Episode verweist auf eine fehlende erzählerische Ökonomie des Romans. Als Moment, das die Handlung in Bewegung setzt, wählt Walser ein Motiv, das ihm am Herzen liegt,
ohne daß es mit dem Thema des Romans verbunden wäre.
Das Räsonnieren über Auschwitz und die Mängel des deutschen Antifaschismus überwuchert den ersten Teil des Romans – später tritt es ebenso unbegründet in den Hintergrund. Die Vergewaltigung, obgleich nicht spektakulär
erzählt, bildet einen allzu kräftigen Schlußakzent der Ellen-
Episode – daß die beteiligten Personen voneinander entfrem-
det leben, wäre auch ohne diese Veräußerlichung von Gewalt
hinreichend deutlich geworden. All dies verweist darauf, daß
hier Politik, anders als Walser fordert, nicht in Sprache und
Werk verwandelt ist, sondern ein ideologisiertes Eigenleben
führt.

Ähnlich verhält es sich mit dem Aspekt der öffentlichen
Meinung, den zu kommentieren der Beruf Ellens zahlreiche
Möglichkeiten bietet. Hier sind alle Ressentiments Walsers
versammelt: »Alles Wirkliche mußte, um zu erscheinen, zuerst in etwas Meinungsmäßiges überführt werden«, heißt
es;[26] oder: »Die dümmste Frage, die je gestellt worden sei, sei
die: Was ist Wahrheit. Daß diese Frage endlich aus der Welt
verschwinde, dazu hat der Prinz [der Herausgeber, K. K.]
DAS MAGAZIN DER MEINUNG erfunden. Es gibt keine
Wahrheit, nur Versionen.«[27] Die Versionen, die der Prinz fordert, sind prinzipiell die bösesten: »Die DAS-Masche ist Niedermachen. Ein Sprachasthma für Hohn. Ein Säureseich über
alles. [...] Je radikaler einer im Niedermachen anderer vor-
geht, desto beliebter macht er sich.«[28]

Doch ist dieser Aspekt verknüpft mit der gelungenen
Sprachwerdung, die am Ende des Romans steht. Anders

als der Schwächling Koltzsch, der Bosheit für sich reklamiert und, überraschend für einen Sprachverbesserer, sich selbst »[k]ulturkritische Fisimatenten« übelnimmt,[29] beharrt Sylvio mit Argumenten, die sich fünf Jahre später in Walsers Rede wiederfinden, auf seiner Ablehnung der Meinungsindustrie: »Selbstgerechtigkeit und Heuchelei, das war das Fundament der Meinungsproduktion. Je heuchlerischer, um so krasser kritisch beziehungsweise je krasser kritisch, um so heuchlerischer. Das sei ein unauflöslicher Interdependenzknoten zur Verhinderung einer Einsicht ins eigene Tun. Denn: je krasser kritisch, desto besser das eigene Gewissen, desto weniger Anlaß, Neigung, Fähigkeit zur Selbstüberprüfung.«[30]

Wie Walser später, so problematisiert auch Sylvio das Kritisieren: »Er ist dagegen, daß kritisiert wird, und was tut er, kritisieren. Ein Mensch, glaubt er, kann nicht mehr kritisieren als sich selbst.«[31] An dieser Stelle münden Sylvios Überlegungen in einer Poetik des Verklärens: »Er spürte in sich eine unerschöpfliche Verehrungskraft. Er hatte keinen ausgebildeten Geschmack, der ihn zwang, alles was ihm begegnete, zu beurteilen. Er hatte auch kein Selbstgefühl, das ihn gezwungen hätte, andere zu bewerten. Er hatte nichts als eine Art Erlebnishunger.« Er fühlt in sich die Möglichkeit, genau wahrzunehmen, und wird zu einem »Lobredner des Seienden«.[32] So besteht auch hier eine weitgehende Analogie zwischen dem Roman und der Rede, die ins Lob des Schönen mündete. Der Wunsch zu literarisieren, zu poetisieren, scheint gleichermaßen auf Eheprobleme wie auf Auschwitz bezogen. Die Forderung zu rühmen, wäre ein Programm, das weitgehend von konkreten Gegebenheiten abstrahiert – in eigentümlichem Kontrast zum Lob des einzeln Wahrgenommenen, der

»noch nie gesehene[n] Farbe des Gelees in einer Bahnhofs-buffetvitrine«[33] etwa; dieser Aspekt ist der Frage, wodurch die Nation konkret wird, verwandt.

Einige Elemente in »Ohne einander« stehen einer um-standslosen Gleichsetzung mit der Rede indessen entgegen. Daß auch die negativen Figuren des Romans wie Koltzsch wie auch immer deformierte Züge sowohl des Rede-Ichs als auch Sylvios teilen, entspricht nicht der umstandsloseren In-tellektuellenschelte in der Rede. Der Verklärer Sylvio verrät, schon gattungsbedingt, mehr über seine Beweggründe als der politische Redner Walser: Unmittelbar an die Poetologie des Rühmens schließt ein Traum an, in dem Sylvio sich, zu seiner Freude, gehaßt findet; die Position des Gehaßten aber ist, im Gegensatz zu der der Verachteten, eine anerkannte.[34] Auch erkennt Sylvio, daß, wenn er nur Gelegenheit hat, er »der volle Rohling« sein kann.[35] Peinliche Auftritte des Trinkers, der etwa die Konfrontation mit dem Liebhaber seiner Frau sucht, ohne jede Aussicht, in ihr zu siegen, deuten an, daß auch die Position des verachteten Verlierers lustbesetzt ist.[36] Doch ist die Wirkungsmacht der literarisierenden Lösung dadurch nicht beschädigt. Deren Verklammerung mit den politischen Parolen im ersten Teil ist zudem allzu locker, um den Eindruck ästhetisch unbewältigter Ideologie zu korrigieren.

Noch weitaus unverbundener wirken die politisierenden Ein-sprengsel in »Finks Krieg« (1996). Die Geschichte des Beam-ten Fink, der in jahrelangen Prozessen gegen seinen Dienst-herren die Wiederherstellung seines Rufs betreibt, ist zwar in der hessischen Staatskanzlei situiert, doch sind die Auseinan-dersetzungen nicht ideologisch motiviert. Ein Auftritt des hier wenig sympathisch erscheinenden Joschka Fischer[37] ist ebenso aus dem Romanzusammenhang gerechtfertigt wie eine eher ungünstige Darstellung von Walsers späterem Kontrahenten Ignatz Bubis, die möglicherweise auf den realen Vorkommnissen, die Walser in dem Roman verarbeitet, beruht.[38] Auch Fink ist ein Schwacher, der rücksichtslos sein kann. Finks antipolitischer Affekt, der das Buch prägt, ist durch die Erzählweise gerechtfertigt, die keineswegs ungebrochen ist: Die anfangs dominierende Ich-Perspektive ist zunehmend zwiegespalten in ein Ich, das auf den »Beamten Fink« und dessen nicht immer überzeugende Handlungen blickt.

Allerdings gibt es in dem Roman einen Nebenaspekt, der hier zum Hauptaspekt werden muß. Der beste Freund Finks, Franz Karl Moor, ist schon durch seinen Namen, der auf Schillers feindliches Brüderpaar aus den »Räubern« hindeutet, als zwiespältig gekennzeichnet; tatsächlich wird Fink am Ende Moors Verhalten als Verrat deuten. Moor ist, wie Koltzsch, Antifaschist: »Bis zur Wut erregte ihn allerdings Rechtsextremismus. Sein Vater lebte in ihm als braune Ikone. Die auszumerzen, lebte er.«[39] Moors Haltung erscheint als biographisch bedingte Marotte; daß er, dem eigenen Bewußtsein entgegen, das Braune als »Ikone« anbetet und vom deutschen Faschismus den Willen übernommen hat, den Feind »auszumerzen«, ist sprachlich deutlich markiert; die Rede, die das Verhältnis von Täter und Opfer umkehrt, kündigt sich hier schon deutlich an. Finks Perspektive mag das im Roman noch rechtfertigen, denn für ihn zählt nur der eigene Prozeß, jeder Einsatz für Asylbewerber[40] oder gegen Rechtsradikale gilt ihm als Konkurrenz.

So wäre selbst noch zu erklären, daß Fink, wie der Romantitel andeutet, seine Auseinandersetzung zunehmend als Krieg betrachtet, daß militärisches Vokabular seine Darstellung durchdringt und ihm etwa ein neuer Verbündeter als »General Wenck«, der Befehlshaber jener Armee, die im April 1945 Berlin verteidigen sollte, gilt: »Es kam dem Beamten Fink weniger auf Logik an als auf einen militärischen Wortschatz.«[41] Dennoch taucht der Motivkreis in einem Brief auf, den das Ich und Fink gemeinsam an den Ministerpräsidenten schreiben; die Zweiheit der Verlierer wird ohne zwingenden Grund an die Nationalgeschichte gekoppelt, in der die Deutschen seit 1945, welche Aufbauleistungen sie auch immer erbringen, als Verlierer dastehen. Zwar war man, so Ich/Fink, in der Wehrmacht »ein Soldat wie ein anderer Soldat anderswo, sei es bei der US-Armee oder der Roten Armee«,[42] doch schreibt der Sieger die Geschichte. »In den Jahrzehnten seit 1945 verlor der deutsche Soldat diesen Krieg zum zweiten, dritten, vierten ... Mal. Und er hört nicht auf, ihn zu verlieren. Er ist längst diffamierbar geworden. Daß er 1945 oder 46 nicht so diffamiert wurde wie jetzt, wird allen vorgeworfen, die in diesen Jahren etwas zu sagen hatten. Die sind dann fast schon so schlimm wie die Soldaten, denen sie zuwenig vorgeworfen haben.«[43]

Fink unterscheidet sich hier von dem Redner Walser, der gerade aus der gemeinsamen, wenn auch unaussprechbaren Schuld die Abwehr jeder Kritik am Heutigen formiert. Für Fink haben die Wehrmachtssoldaten nichts getan »als die schaurige Pflicht, die die Gegnersoldaten auch getan hatten«[44]. Das Walsersche Motiv, daß die nachträglichen Kritiker sich durch einen »Verdächtigungston«[45] selbst reinzuwaschen versuchen, benutzt auch Fink; nur gelten hier die Soldaten als unschuldig.

Keine Perspektive relativiert diese Aussage. Die Kritik an Moor erscheint nachträglich gerechtfertigt. Als Literatur ist »Finks Krieg« beschädigt, denn es gelingt dem Autor in zentralen Passagen nicht, Sprachkunst statt ideologischer Obsessionen zu präsentieren.

Die Entgegensetzung von Sprache und Ideologie erscheint idealistisch. Sie entspricht jedoch Walsers eigenem Anspruch, sich von kritischem Denken zu entfernen. Gemessen an diesem Anspruch scheitert er in den Werken, die auf die Ereignisse eines Tages, auf den Verlauf eines Rechtsstreits konzentriert sind. Dem steht die erfolgreichere Integration von Weltanschauung in die beiden Romane, die übergreifende Zusammenhänge gestalten, entgegen.

»Die Verteidigung der Kindheit« (1991), das früheste der hier in den Blick genommenen Werke, trägt zur Klärung der bei der Interpretation der Rede entstandenen Fragen weniger bei und ist deshalb kurz abzuhandeln. Das Buch schildert das Leben des Juristen Alfred Dorn bis zu dessen Tod in den späten achtziger Jahren. Äußerlich verläuft das Leben in überwiegend geordneten Bahnen: Geboren in Dresden, studiert Dorn mit leidlichem Erfolg in Westberlin und arbeitet nach einem kurzen Zwischenspiel in einer Anwaltskanzlei in Berliner und später Wiesbadener Behörden. Ein zentrales Datum dieses Lebens ist indessen der 13. Februar 1945, der Tag, an dem Dresden bombardiert und die Dornsche Wohnung und mit ihr alles Konkrete, das an die Kindheit erinnert, zerstört wird.

Dorn, dem fast jede menschliche Beziehung das ganze Leben lang zum Anlaß für problematisierende Grübeleien wird, ist von da an immer mehr auf die Bewahrung der Vergangenheit fixiert. Zwanghaft versucht er, jedes Objekt, das die verlorene Kindheit bezeichnen könnte, in seinen Besitz zu bringen. Auch seine beruflichen Betätigungsfelder, die Entschädigung von Opfern des Faschismus und später, in Hessen, die Denkmalspflege, sind vergangenheitsfixiert. Nach dem Tod seiner Mutter, der wichtigsten Bezugsperson, die auch willkommener Vorwand war, jeder erotischen Bindung aus dem Weg zu gehen, steigert sich Dorns Sammelwut noch und bedroht seine Fähigkeit, die alltägliche Arbeit zu bewältigen.

Insofern der westdeutsche Beamte notwendig auf die DDR fixiert bleibt, auf deren Territorium seine Kindheit verlief, ist der Roman auch ein Roman über die deutsche Zweistaatlichkeit, die Walser lange vor 1989 für unerträglich erklärte. Dorn ist, wie Sylvio und, trotz seines schließlichen Sieges, Fink, auch ein Scheiternder, dem die Sympathie der Leser gilt; Dorns Manie konzentriert sich, wie angeblich die Erfahrungsideologie des scheinbar unideologischen Walser, auf Konkretes. Doch liefert Walser in diesem Roman sich der Ideologie nicht aus. Alfred Dorns Lebensentwurf muß notwendig fehlschlagen. Die deutsche Teilung führt hin und wieder zu bürokratischen Hindernissen, die indessen meist überwindbar sind – doch Menschen, die Vergangenheit verkörpern, vergessen und sterben, Photographien vergilben, Bauten zerfallen. Keine politische Entwicklung, kein Zum-Schweigen-Bringen vorwitziger Intellektueller könnte dies verhindern. Die »Verteidigung der Kindheit« bleibt aussichtslos.

Ideologie ist deshalb in diesem Roman tatsächlich in Struktur aufgelöst, und nur wenige Sätze verraten signalhaft die Meinung ihres Autors. Nationales Ressentiment zeigt sich, wenn sich der Erzähler über den bürokratisch-störrischen DDR-Zoll beklagt: »So sah es aus, wenn Deutsche die Wünsche der Welt erfüllten.«[46] Auch die Klage über »Schriftsteller, Philosophen, Politiker«, die »öffentlich über die deutsche Schuld sprachen«, findet sich hier bereits: Alfred Dorn »hatte den Eindruck, die sprächen immer nur von der Schuld von anderen. Vielleicht hatten sie keine eigene. Dann sprachen sie aber von etwas, wovon sie keine Ahnung hatten. Kann man überhaupt von einer anderen Schuld als von der eigenen sprechen?«[47]

Dorns Gedanke läuft darauf hinaus, die Diskussion über die deutsche Vergangenheit an die Täter zu delegieren. Im Rückblick ist erkennbar, daß hier der Autor eine Figur mit seiner Meinung belastet. Doch innerhalb des Romans ist der Satz randständig. Ganz anders steht es mit Walsers neuestem Buch, »Ein springender Brunnen«: Einige der Fragen, mit denen sich Walser in seiner Rede auseinandersetzt, stehen thematisch und erzähltechnisch im Zentrum des Romans. Auf beiden Ebenen geht es um Erinnerung. Walser erzählt in drei großen, autobiographisch geprägten Teilen von der Kindheit und Jugend Johanns, der in einem kleinen Dorf in der Nähe des Bodensees langsam zum Schriftsteller heranwächst. Die erzählte Zeit reicht von den letzten Monaten der Weimarer Republik bis in die ersten Monate der Nachkriegszeit. Jeder dieser Teile ist mit einem Kapitel eingeleitet, das den Titel »Vergangenheit als Gegenwart« trägt; für Walser sind dies die wichtigsten Kapitel des Romans.[48]

Die ersten Sätze schon scheinen ein Konzept unmittelbarer Erfahrung zu dementieren: »Solange etwas ist, ist es nicht das, was es gewesen sein wird. Wenn etwas vorbei ist, ist man nicht mehr der, dem es passierte.«[49] Wird hier die Erinnerungsinstanz fraglich, so löst Walser im dritten der Einleitungskapitel das Erinnerte als Reales überhaupt auf: »Die Vergangenheit als solche gibt es nicht. Es gibt sie nur als etwas, was in der Gegenwart enthalten ist, ausschlaggebend oder unterdrückt, dann als unterdrückte ausschlaggebend.« Selbst das, was durch sinnliche Eindrücke zugänglich erscheint, bedeutet Täuschung: »eine Einbildung, der man sich hingeben kann, solange man nicht merkt, daß das, was man für wiedergefundene Vergangenheit hält, eine Stimmung oder Laune der Gegenwart ist, zu der die Vergangenheit eher den Stoff als den Geist geliefert hat.« Daraus ergibt sich zunächst folgerichtig, daß es »nichts gibt als die Gegenwart«.[50]

Ein Vergleich mit einem anderen Roman, der die Erinnerung an eine Kindheit im Faschismus zum Stoff hatte, kann das Besondere der Konzeption Walsers verdeutlichen: Christa Wolfs »Kindheitsmuster« setzt auf den ersten Blick ähnlich ein: »Das Vergangene ist nicht tot; es ist nicht einmal vergangen. Wir trennen es von uns ab und stellen uns fremd.«[51] Auch hier sind Vergangenheit und Gegenwart aneinandergekoppelt, auch hier wirkt auf der subjektiven Ebene dieses Verhältnis sich als Gefühl der Fremdheit aus. Doch ist die Wirkrichtung vertauscht: Bei Walser übt die Gegenwart Macht über die Vergangenheit aus, ja sie konstituiert sie überhaupt erst. Bei Wolf hingegen prägt die Vergangenheit die Gegenwart, und die Fremdheit tritt ein, weil genau dieser Einfluß verdrängt, die Erinnerung verweigert wird. Dagegen sieht Walser gerade durch den Versuch, sich zu erinnern, die ohnehin vorhandene Distanz nur noch einmal bekräftigt.

Folgerichtig sind beide Erinnerungsbücher unterschiedlich angelegt: Christa Wolf leugnet das Unzuverlässige der Vergegenwärtigung nicht und weiß, daß das gegenwärtige Bewußtsein das Bild der Vergangenheit beeinflußt. Sie wechselt deshalb über das ganze Buch hinweg ständig die Zeitebenen und reflektiert durchgehend, ob ihre Erinnerung zutrifft. Walser dagegen bekennt sich gleich eingangs zum »Traumhausbau«;[52] die geschichtliche Realität ist dadurch beiseite geschoben wie die unerfreulichen Würstchenbuden in der Rede. Abgesehen von den drei Einleitungskapiteln ist die Zeitebene dann auch kaum jemals mehr gewechselt, die Kindheit verläuft traumhaft ungestört. Das allerdings, was dann erinnert wird, drängt allein durch das Übergewicht der Textmassen die Reflexion zurück. Der Autorimagination gelingt auf diese Weise, woran Alfred Dorn, der auf die museale Sicherung realer Zeugnisse fixiert war, scheiterte: die Verteidigung der Kindheit.

Es kann hier nicht darum gehen, ein poetisches Konzept gegen ein anderes auszuspielen; das hat, freilich zugunsten Walsers, bereits der Laudator Schirrmacher geleistet. Dieser äußerte sich in der Paulskirche, ohne einen Namen zu nennen, abfällig über einige Schilderungen von Kindheiten im Dritten Reich, in denen sich »wie durch ein Verwandlungswunder« ein »antifaschistische[r] oder pazifistisch liebliche[r] Charakter« herausbilde;[53] das Objekt der Kritik war nicht schwer zu erraten, zumal Schirrmacher 1990 eine gegen Christa Wolf gerichtete Kampagne angeführt hatte. Freilich entsprechen der kulturpolitischen Stoßrichtung Schirrmachers auch im Roman Passagen, die Walsers Meinungskampf fortführen.

Auf den ersten Blick überrascht dies. Ist die Vergangenheit als Realität aufgelöst, führt zudem jede Möglichkeit sinnlicher Konkretion in die Irre, so müßte sich jegliche Geschichtspolitik gleichermaßen legitim des nun neu zu Konstruierenden bedienen können. Dennoch legt Walser Wert auf einen Unterschied: In einer propagandistischen Passage klagt er an, was in der Friedenspreisrede als Zerstörungswerk mutwilliger Intellektueller erscheinen wird. »In Wirklichkeit wird der Umgang mit der Vergangenheit von Jahrzehnt zu Jahrzehnt strenger normiert. Je normierter dieser Umgang, um so

141

mehr ist, was als Vergangenheit gezeigt wird, Produkt der Gegenwart. Es ist vorstellbar, daß die Vergangenheit überhaupt zum Verschwinden gebracht wird, daß sie nur noch dazu dient, auszudrücken, wie einem jetzt zumute ist beziehungsweise zumute sein soll. [...] Ethisch, politisch durchkorrigiert. Vorexerziert von unseren Gescheitesten, den Einwandfreiesten, den Besten.«[54]

Schon das mittlerweile gewohnte ironische Lob für die gehaßten Intellektuellen deutet an, daß hier Ideologie die literarische Form beschädigt. Um der selbstgestellten Falle zu entgehen, muß Walser zwei Arten der Vergangenheitskonstruktion unterscheiden: eine erzwungene, die dann auch die Gegenwart beschädigt – das ist die seiner Gegner –, und eine gültige, die natürlich die eigene ist. Letztere wünsche der Vergangenheit »eine Anwesenheit [...], über die wir nicht Herr sind«, und zeichne sich idealerweise durch ein »interesseloses Interesse an der Vergangenheit« aus.[55]

Der Trick, die eigene Politik als unpolitisch auszugeben, ist von der bereits zitierten Metapher vom »Traumhausbau« unterstützt. Sie deutet an, wie Walser den Widerspruch zu lösen versucht: »Lange genug geträumt. Jetzt bau. Beim Traumhausbau gibt es keine Willensregung, die zu etwas Erwünschtem führt. Man nimmt entgegen. Bleibt bereit.«[56] Das Bauen steht dabei für das Erzählen. Stofflich findet das im Roman seine Entsprechung, indem Walser das Werden eines Schriftstellers erzählt, der wie er selbst lernt, der Sprache zu vertrauen: »Was durch die Sprache, also von selbst aufs Papier gekommen wäre, müßte von ihm nur noch gelesen werden. Die Sprache, dachte Johann, ist ein springender Brunnen.«[57] Zwischen Vergangenheit und Gegenwart wird ein Drittes installiert, das Medium Sprache, das als vorgeblich selbsttätig das

Dilemma aufheben soll. So erscheint plötzlich die Vergangenheit doch wieder zugänglich – freilich als Vergangenheit zweiter Ordnung, in der real allein die Traumtätigkeit in der Gegenwart ist.

Die Metapher vom springenden Brunnen übernimmt Walser aus Nietzsches »Also sprach Zarathustra«: »Nacht ist es: nun reden lauter alle springenden Brunnen. Und auch meine Seele ist ein springender Brunnen.«[58] Im Kontext der Walserschen Erinnerungsthematik steht Seele hier einerseits für Verinnerlichung, Vereinzelung. Das unkontrollierte Sprechen ist ein Nicht-Gesellschaftliches.

Dies scheint in krassem Gegensatz zum Stofflichen des Romans zu stehen. Wasserburg, das Dorf, in dem Johann aufwächst, ist eine überschaubare Gesellschaft. Die faschistische Herrschaft erscheint nur in relativ milder Form; dies ist Walser keinesfalls vorzuwerfen. Das Dritte Reich konnte nur deshalb zwölf Jahre bestehen, weil Terror punktuell, nicht jedoch stets und überall herrschte. In welchem Grad Terror zum Herrschaftsinstrument wurde, mag von Dorf zu Dorf unterschiedlich gewesen sein. Dies als Ergänzung zu den medial präsenten Bildern von Mord und Krieg zu zeigen, erlaubte einen genaueren Blick auch auf die tatsächliche Machtausübung – vorausgesetzt, daß die Bilder, deren Allgegenwart Walser ja beklagt, präsent bleiben. Die Verfolgung von Juden und Homosexuellen ist nicht ausgeblendet, die Nazis sind dennoch keine Unmenschen, sondern gewinnen ihre Dominanz daraus, daß sie gut in die dörfliche Gemeinschaft integriert sind.

Den historischen Realitätsgehalt des Romans zu diskutieren, verfehlte jedoch seine Poetik. Sein zentrales Thema ist, wie ein Schriftsteller die Sprache gewinnt. Politik ist dabei für

Johann, so sehr sie gerade in den letzten Kriegsmonaten in sein Leben eingreift, eher nebensächlich. Der Titel des ersten Teils erfüllt die von Walser so gehaßten Erwartungen: »Der Eintritt der Mutter in die Partei«. Walser unterläuft die Erwartungen, indem er den Parteieintritt Weihnachten 1932 nur kurz abhandelt, dann aber die Bescherung aus der Sicht des Kindes um so ausführlicher beschreibt.[59] In der Folge verdrängen dann erste, pubertäre Liebesabenteuer Ansätze politischer Wahrnehmung. Dabei setzt sich Johann stetig mit zwei Sprachen auseinander: Die eine ist die der Politik, die er als nichtauthentisch erlebt – personifiziert durch den Nationalsozialisten Brunner, der in die zumeist dialektgefärbte Sprache des Dorfes neue, gewaltsame Elemente einführt.[60] Vor allem aber die Sprache der Kirche übt Druck aus auf den Heranwachsenden: Der Zwang, zu beichten und sein Gewissen zu veräußerlichen, führt zu Lüge und zu schlechtem Gewissen.[61] Noch in der Diskussion mit Bubis wird Walser den von den Intellektuellen ausgeübten Bekenntniszwang mit dem der katholischen Kirche parallelisieren.[62]

Als Bedingung von Kunst und literarischer Sprache gilt dagegen, ohne Angst zu leben. Die Opfer des Faschismus jedoch machen Angst. In der Nachkriegszeit klagt Johann: »Woher hätte er wissen sollen, daß Frau Haensel Jüdin ist? Er wollte von sich nichts verlangen lassen. Was er empfand, wollte er selber empfinden. Niemand sollte ihm eine Empfindung abverlangen, die er nicht selber hatte. Er wollte leben, nicht Angst haben. Frau Landsmann würde ihn mit ihrer Angst anstecken, das spürte er. Er mußte wegdenken von ihr und ihrer Angst.«[63] Nicht, weil in Wasserburg die NS-Herrschaft vergleichsweise milde verlief, und auch nicht, weil Walser in seiner Erinnerung verklärt, ist also im Roman die

144

Gewalt abgemildert: Die Verklärung ist Bestandteil der Poetik. Das Schöne, von dem Walser mit den Worten seiner Tochter in der Friedenspreisrede zu sprechen fordert, braucht nicht real zu sein. Es ist wirksam als Imagination.

III

Stets vom Schönen zu sprechen wäre nicht möglich: Jegliche Spannung fehlte. Im »Springenden Brunnen« wie in der Friedenspreisrede muß deshalb Walser dem eigenen Impuls entgegen stets auf den Faschismus als Inbegriff des Schrecklichen zu sprechen kommen. Das Reale ist in Walsers Poetik, im »Springenden Brunnen« und in der Friedenspreisrede vorhanden, um aufgelöst zu werden. Das einheitliche Modell erlaubt es nicht, zwischen dem Roman als erlaubtem Ort für das Schöne einerseits und der politischen Äußerung andererseits zu unterscheiden.[64] Der Erfolg von Walsers Literatur beruht auch darauf, daß die Abwehr der Vergangenheit mehrheitsfähig ist. Gleichzeitig muß die Vergangenheit stets präsent bleiben, denn eine positive Bestimmung der deutschen Nation, die über den Erfolg auf dem Weltmarkt hinausginge, ist nicht abzusehen.

Vermittelt ist das Konzept über eine gewisse nostalgische Liebe zum Detail. Dies scheint widersprüchlich, denn die erinnerte Einzelheit steht auf den ersten Blick für Reales. Ein »Vorwort als Nachwort«, das den »Springenden Brunnen« beschließt, zeigt jedoch besonders deutlich, daß dem nicht so ist. Walser erklärt hier einige Dialektausdrücke, die er im Roman verwendet hat. Die scheinbare Konkretion ist aber sofort wieder instrumentalisiert: Das Hochdeutsche gilt Walser als sprachlich verarmt, »registriert und überwacht«; so steht es dem »Natürliche[n]« des Dialekts entgegen.[65] Das weist darauf hin, daß nicht der je konkrete Dialekt zählt, sondern das Dialektale schlechthin. In diesem Punkt ist Walser der Heimatliteratur verwandt, die in den ersten Jahrzehnten des zwanzigsten Jahrhunderts entstand und Stammescharaktere propagierte: Schon ein flüchtiges Hinschauen zeigt indessen, daß all die Friesen, Hessen, Pommern und Alpenländler mit den gleichen stereotypen Zügen ausgestattet sind und allesamt für eine antizivilisatorische Variante der modernen Nationenbildung stehen.[66]

Daraus ergeben sich zwei paradox wirkende Schlußfolgerungen: Je sinnlicher erstens die Einzelheiten in Walsers Literatur wirken, desto rücksichtsloser sind sie in ihrem Eigenwert zerstört. Die »Schönheit«, die so entsteht, ist zweitens eine antigeschichtliche und bewährt sich gerade deshalb an historischen Überblicken: In »Die Verteidigung der Kindheit« und »Der springende Brunnen« ist der Zusammenhang in Episoden aufgelöst. In den beiden Romanen hingegen, in denen Walser zielgerichtete Handlungen zu gestalten versucht, kann er seine Ideologie nicht integrieren.

Dies erlaubt auch, Walsers Gewissensbegriff genauer einzuordnen. In der Debatte um die Rede wurde der zunächst plausibel erscheinende Versuch unternommen, Walsers Auffassung vom Gewissen als protestantisch zu bestimmen.[67] Tatsächlich bedeutet der Protestantismus eine Verinnerlichung des Gewissens: Der Katholik kennt Beichte und Absolution, der Protestant dagegen muß stets zweifeln, ob er denn im Stand der Gnade lebt oder verworfen ist. Walser selbst vergleicht den Zwang, den die Intellektuellen angeblich ausüben, mit dem Veräußerlichungs- und Beichtzwang der katholischen Kirche.

Doch kennt der gläubige Protestant nur bedingt eine »tiefste innerliche Einsamkeit mit sich«, wie Walser Hegel zitiert. (W 21f.) Einsam ist er in seiner Selbstbefragung, doch gibt es stets mit Gott den Richter, der eine äußere Entscheidung treffen wird. Die Qualen, die so entstehen, lassen sich in Karl Philipp Moritz'»Anton Reiser« nachlesen. Noch in jener säkularisierten und nationalisierten Variante, auf die sich Walser beruft, in Kleists »Prinz von Homburg«, gibt es mit der Staatsraison eine übergeordnete Instanz; deshalb kann der Prinz nicht über sein Vergehen hinwegsehen, sondern ist zum Selbstopfer bereit.

Walser dagegen will wegsehen, wenn ihm die Belastung zu viel wird. Sein Gewissen ist durch seine Sprachpoetik konstituiert. Nur ein einziges Verbrechen kann es in diesem Zusammenhang geben: auf äußerliche Realität hinzuweisen. Die Feindschaft gegen intellektuelle Kritik ist kein Ausrutscher und kein Nebenaspekt in Walsers Werk – wer Mißstände benennt, bedroht die geschlossene poetische Welt. Gleichzeitig aber bedarf diese Welt der Feinde, denn sie ist ja nur als bedrohte entwicklungs- und damit literaturfähig.

Wieso aber konzentriert sich Walser thematisch auf die Nation? Wie leistet er den Übergang vom innerlich vereinsamten Ich zum Sprecher der Gemeinschaft? Eine begrifflich entwickelte Lösung ist nirgends in seinem Werk zu finden. Vermutlich zwingt seine aggressive Feinderklärung Walser dazu, sich in einen Nationaldiskurs einzufügen, in dem sich in Deutschland vom achtzehnten Jahrhundert bis heute fast durchgehend Intellektuellenfeindschaft mit zumindest latent rassistischer Ideologie verbindet. Auch stellt der Völkermord an den Juden das größte Hindernis dar, an diese deutsche Tradition wieder anzuknüpfen. Wahrscheinlich deshalb sieht sich Walser gezwungen, stets aufs Neue auf diese Thematik einzugehen.

Jedenfalls ist die Gemeinschaft, die er so entwickelt, nirgends institutionell vermittelt. Sie entsteht aus der intimen Komplizenschaft von Autor und Leser, sie entsteht auch in der Gemeinde der Hörerschaft, die dem Festredner lauscht. Der Staat kommt nur im möglichen Gnadenakt seines höchsten Repräsentanten, des Bundespräsidenten, vor, der das Handeln der Justiz durchkreuzen soll. Rainer Rupp sei die Freiheit gegönnt, die jeder beliebige BND-Agent heute genießt: Im Kontext der Rede Walsers ist der Gnadenappell ein Aufruf zur völkischen Entdemokratisierung.

All dies schließt nicht aus, daß sich künftig ein Staat der von Walser vorbereiteten Ideologie bedienen kann; nur sind in der Konzeption selbst politisch-staatliche Prozeduren, die die poetisch bedingte Willkür der Gemeinschaft einhegen könnten, nicht vorgesehen. Die Verabsolutierung einer fragwürdigen Moral, Opfergehabe, dichterische Innerlichkeit und radikale Feinderklärung verbinden sich zu einer gefährlichen Mischung. Die vorsichtig abwägenden Reflexionen, die über die Rede hinweg verteilt sind, bedeuten gerade im Kontext des literarischen Werks betrachtet keine Relativierung. Im Gegenteil dienen sie Walser nur als Vorwand, Linke und bürgerliche Demokraten um so gehässiger zu attackieren.

Die Konzeption ist zwar in der Lage, Widersprüchlichstes zu integrieren, doch insgesamt von intellektuell geringem Rang: Ihre Bestandteile sind in kein deutliches Verhältnis zueinander gesetzt, sondern in eine ressentimentgeprägte Haltung eingeschmolzen. Sie lohnt dennoch eine nähere Beschäftigung aus zwei Gründen: Ihr affirmativer Gestus macht sie erstens brauchbar für jede national ausgerichtete Politik. Beunruhigend ist zweitens der Anklang, den sie in weiten Teilen der Öffentlichkeit findet – das gilt auch für den kaum umstrittenen Romanautor Walser. Nicht jeder begeisterte Walser-Leser wird dabei zum aggressiven Nationalisten; doch gerade die unbegrifflich suggerierende Schreibweise des neuesten Romans dürfte bewußtseinsprägend wirken.

Nicht geklärt wurde hier die Frage nach der Kontinuität in Walsers Denken. Zu diesem Komplex existiert eine umfangreiche germanistische Forschungsliteratur, die sich besonders auf Walsers Meinung zur deutschen Einheit konzentriert. Leider ist sie zumeist apologetisch, was auch durch die Fachstruktur zu erklären ist: Berühmte Dichter der Vergangenheit gehören zum Pflichtprogramm und werden auch von Skeptikern erforscht – Gegenwartsautoren dagegen sind die Kür, und man befaßt sich meist mit denen, die man für wertvoll hält. Dennoch bietet die Forschung kurze interpretierende Hinweise auf Texte Walsers und bietet Ansatzpunkte für eigene Bewertungen.[68] Hier muß der Hinweis genügen, daß wesentliche Themenkomplexe bereits in den sechziger Jahren, als Walser noch zur Linken gerechnet wurde, in seinem Werk auftauchen: »Bemerkungen über unseren Dialekt« formulieren schon damals ein ähnliches Lob des Natürlichen, wie Walser es dreißig Jahre später verkündet.[69] Eine »Heimatkunde«[70] findet sich ebenso wie bereits 1965 der Versuch, aus Auschwitz eine nationale Identität zu konstruieren und dabei jegliche Abstufungen von Schuld zu umgehen: »Wenn Staat und Volk überhaupt noch sinnvolle Bezeichnungen sind für ein Politisches, für ein Kollektiv also, das in der Geschichte auftritt, in dessen Namen Recht gesprochen oder gebrochen wird, dann ist alles, was geschieht, durch dieses Kollektiv bedingt, dann ist in diesem Kollektiv die Ursache für alles zu suchen. Dann ist keine Tat mehr bloß subjektiv. Dann ist Auschwitz eine großdeutsche Sache. Dann gehört jeder zu irgendeinem Teil zu der Ursache von Auschwitz.«[71]

Das ist schlampig gedacht und formuliert: Das Politische wird kurzerhand – »also« – mit einem »Kollektiv« gleichgesetzt, das nichts weniger als das ganze Volk zu sein hat. Dieses Volk soll auch noch »die Ursache für alles« sein. Völlig rätselhaft ist, weshalb hier etwa eine kommunistische Widerstandskämpferin als Mitursache von Auschwitz gilt. Implizit stellt Walser auch deutsche Juden vor die Wahl, sich schuldig zu fühlen wie der Rest oder sich aus der nationalen Gemeinschaft zu entfernen. Offensichtlich kann auch der frühe Walser sich Volk nur als homogene Gruppe vorstellen, nicht aber als Gesellschaft mit gemeinsamer Geschichte, in der es Konflikte gibt. Dies genauer zu untersuchen, muß aber einer eigenen Studie vorbehalten bleiben.

1 Zitiert wird nach dem Sonderdruck: Martin Walser, Erfahrungen beim Verfassen einer Sonntagsrede. Friedenspreis des Deutschen Buchhandels 1998. Mit einer Laudatio von Frank Schirrmacher. Frankfurt am Main 1998. Der Redetext ist hier, abweichend von der Absatzgliederung in einer früheren Zeitungsveröffentlichung (Frankfurter Rundschau vom 12. 10. 1998, S. 10), in Blöcke geteilt, die den Verlauf der Darlegungen klarer hervortreten lassen. In der »Frankfurter Allgemeinen Zeitung« (12. 10. 1998, S. 15) ist die Absatzgliederung korrekt; ob die provokative Überschrift »Von der Banalität des Guten« von der Redaktion gewählt wurde, bliebe zu eruieren. Im Text ist die Rede zitiert mit dem Kürzel W und Seitenzahl.

2 Das Angebot, sich als Opfer zu präsentieren, erwies sich als attraktiv und verführte zu offenkundigem Unsinn. Monika Maron behauptete: »Auch ich zittere jetzt ein wenig, jetzt, da ich ihn verteidige. Wo lebe ich, daß ich mich fürchte zu sagen, was ich denke?« (Monika Maron, Hat Walser zwei Reden gehalten? In: Die Zeit vom 19. 11. 1998, S. 11.) Man könnte sich kopfschüttelnd von Personen abwenden, die, mit Literaturpreisen über-

häuft, durch ihre Reden Applaus einheimsen, in den wichtigsten Zeitungen publizieren und sich immer noch als verfolgte Minderheit präsentieren. Da sie dies jedoch tun können, ohne ausgelacht zu werden, verweist das Phänomen auf eine sozialpsychologische Disposition mit hohem Aggressionswert.

3 Der Autor wurde in der Debatte als Jürgen Habermas identifiziert – doch tritt ein solches Detail, das beim eingeweihten Teil des Publikums Aufmerksamkeit erwecken mag, zurück hinter der Technik, den Feind als anonyme Macht hinzustellen.

4 Zur Entrealisierung und Opferideologie vgl. Matthias Küntzel, Normalität und Wahn. In: konkret, 2/1999, S. 16–19, hier S. 16f.

5 Carl Schmitt, Der Begriff des Politischen. Text von 1932 mit einem Vorwort und drei Corollarien. 3. Auflage der Ausgabe von 1963, Berlin 1991, bes. S. 26 ff.

6 Ausführlich zum Begriff der Schande vgl. Lothar Baier, Meister Anton und Walsers Schande. In: Freitag, 11. 12. 1998, S. 13.

7 Immerhin bleibt die Beschuldigung sachlich begründet: »Kein ernstzunehmender Mensch leugnet Auschwitz«. Walser setzt sich in dieser Hinsicht deutlich von rechtsradikalen Revisionisten ab. Innerhalb der Rede ist der Satz jedoch ein Fremdkörper. Ein Bewußtsein, das sich schon von einigen deplazierten Würstchenbuden überfordert fühlt, dürfte die Existenz von Vernichtungslagern erst recht nicht anerkennen. Wider Willen liefert Walser den Beleg für den Nutzen der »schlimmsten Filmsequenzen aus Konzentrationslagern« (W 17): Sie sind auch durch stete Wiederholung als Repräsentation von Realität akzeptiert – ein unfreiwilliges Beispiel für den Nutzen von Ritualisierungen.

8 Micha Brumlik weist darauf hin, daß die Darstellung der Feinde als anonyme Macht antisemitischen Agitationsmustern nahesteht. (Micha Brumlik, Apologie und Amoral. In: konkret, 2/1999, S. 19–21). Dieses Detail ist eines der zahlreichen Argumente, die seine These, die Rede sei antisemitisch, stützen. Allerdings hatte Walser gerade die Intellektuellen ironisch als »Dichter« und »Denker« bezeichnet. Indem er so die Formel von den Deutschen als Volk der Dichter und Denker anklingen läßt, stehen die Gegner für den beklagenswerten Zustand der Nation überhaupt. Vielleicht unbewußt bezieht sich Walser damit auf die überkommene nationalistische Argumentationsfigur, besonderes Merkmal des Deutschtums sei eine übertriebene Neigung zur Selbstkritik und eine allzu große Bereitschaft, Fremdes anzunehmen. – Überzeugender als Brumlik stellt Detlev Claussen den Stellenwert des Antisemitismus dar. Er liest die Rede als gezielte Provokation gegen Bubis, an dessen Reaktion sich dann die Nation stabilisieren sollte: »Die Juden werden instrumentalisiert, um intellektuelle Kritik zu diffamieren.« (Detlev Claussen, Neue deutsche Versöhnung. In: Freitag vom 8. 1. 1999, S. 15.)

151

9 Vgl. hier Brumlik, a. a. O., S. 21.

10 Vgl. »Moral verjährt nicht«. Ignatz Bubis über die Auschwitz-Debatte und seine Auseinandersetzung mit Martin Walser und Klaus von Dohnanyi. In: Der Spiegel, 49/1998, S. 50–54, hier S. 52.

11 Vgl. Wir brauchen eine neue Sprache für die Erinnerung. Das Treffen von Ignatz Bubis und Martin Walser. Vom Wegschauen als lebensrettender Maßnahme, von der Befreiung des Gewissens und den Rechten der Literatur. In: Frankfurter Allgemeine Zeitung vom 14. 12. 1998, S. 39–41, hier S. 39.

12 Vgl. Rudolf Augstein, »Wir sind alle verletzbar«. In: Der Spiegel, 49/1998, S. 32–33, hier S. 32.

13 Aus Zeit- und Raumgründen ist hier die Auseinandersetzung mit dem Theaterstück »Kaschmir in Parching. Deutsche Szenen 3« beiseite gelassen; dort sind Walsers Positionen verschiedenen Personen zugeordnet, ohne daß sich eine eindeutige Sympathielenkung erkennen ließe.

14 Martin Walser, Ohne einander. In: Walser, Werke in zwölf Bänden. Hg. v. Helmuth Kiesel unter Mitarbeit von Frank Barsch. Frankfurt am Main 1997, Band 7, S. 5–158, hier S. 9.

15 Ebd., S. 14 f.

16 Ebd., S. 16.

17 Ebd., S. 46.

18 Ebd., S. 48

19 Ebd., S. 47.

20 Ebd., S. 50

21 Ebd., S. 42, vgl. auch S. 60.

22 Ebd., S. 61.

23 Ebd., S. 44 f.

24 Ebd., S. 61.

25 Ebd., S. 64

26 Ebd., S. 51.

27 Ebd., S. 10 f.

28 Ebd., S. 53.

29 Ebd., S. 45.

30 Ebd., S. 123.

31 Ebd., S. 123.

32 Ebd., S. 124. Sylvio erwägt, ob im Lob nicht ein kritisches Potential liegt, weil so deutlich werde, daß das Gepriesene dem Lob nicht gewachsen sei; doch weist er diesen Gedanken ab: »Er verehrt zwecklos. Er verehrt, weil ihm Verehren liegt.« (Ebd., S. 126.)

33 Ebd., S. 124.

34 Ebd., S. 126f.

35 Ebd., S. 134.

36 Ebd., S. 77 ff.

37 Martin Walser, Finks Krieg. In: Walser, Werke in zwölf Bänden, Band 7, S. 159–395, hier S. 377ff.

38 Vgl. ebd. bes. S. 237f., auch S. 247.

39 Ebd., S. 261, s. a. S. 335.

40 Vgl. z. B. ebd., S. 312.

41 Ebd., S. 293.

42 Ebd., S. 382.

43 Ebd., S. 383.

44 Ebd., S. 383.

45 Ebd., S. 384.

46 Walser, Die Verteidigung der Kindheit. Frankfurt am Main 1991, S. 146.

47 Ebd., S. 309.

48 Martin Walser, Wovon zeugt die Schande, wenn nicht von Verbrechen. Das Gewissen ist die innere Einsamkeit mit sich: Martin Walser antwortet seinen Kritikern mit einem »Zwischenruf«. In: Frankfurter Allgemeine Zeitung vom 28. 11. 1998, S. 35.

49 Martin Walser, Ein springender Brunnen. Frankfurt am Main 1998, S. 9.

50 Ebd., S. 281.

51 Christa Wolf, Kindheitsmuster. Darmstadt, Neuwied 1977, S. 9.

52 Walser, Ein springender Brunnen, S. 10.

53 Vgl. Frank Schirrmacher, Sein Anteil. In: Martin Walser, Erfahrungen beim Verfassen einer Sonntagsrede (vgl. Anm.1), S. 29–51, hier S. 39.

54 Walser, Ein springender Brunnen, S. 282.

55 Ebd., S. 283.

56 Ebd., S. 10. Zuvor schon hatte Walser sich gegen jede Traumanalyse gewandt: »Träume zerstören wir auch, wenn wir sie nach ihrer Bedeutung fragen. Der ins Licht einer anderen Sprache gezogene Traum verrät nur noch, was wir ihn fragen.« (S. 9) Das entspricht der Friedenspreisrede, in der sich Walser in grob verkürzender Weise gegen Freud wendet: »Freud rät, Verdrängen durch Verurteilung zu ersetzen.« (W 11)

57 Walser, Ein springender Brunnen, S. 404f.

58 Friedrich Nietzsche, Werke in drei Bänden, hg. v. Karl Schlechta, Bd. 2, S. 362; der Bezug bei Walser, a. a. O., S. 164.

59 Walser, Ein springender Brunnen, S. 89ff.

60 Vgl. z. B. ebd., S. 263, S. 272.

61 Vgl. z. B. ebd., S. 141f., S. 196ff.

62 »Verstehen Sie, man kann nicht das Gewissen binden, das ist kontraproduktiv, das produziert Lippengebet. Wenn man mit der katholischen Kirche aufgewachsen ist, dann weiß man, wovon man spricht.« (Wir brauchen eine neue Sprache für die Erinnerung, S. 40.)

63 Walser, Ein springender Brunnen, S. 401.

64 So Thomas Assheuer, Ein normaler Staat? In: Die Zeit vom 12. 11. 1998, S. 55–56, hier S. 56.

65 Walser, Ein springender Brunnen, S. 412.
66 Vgl. hier Karlheinz Rossbacher, Heimatkunstbewegung und Heimatro-
   man. Zu einer Literatursoziologie der Jahrhundertwende. Stuttgart 1975.
67 Vgl. etwa Brumlik, a. a. O., S. 20. Zur Herleitung von Walsers Bemühen
   um Schönheit aus seinen theologischen Überzeugungen vgl. auch Brumlik, Messianischer Blick oder Wille zum Glück. Die Kryptotheologie der
   Walser-Bubis-Debatte. In: Literatur und Holocaust (text + kritik 144),
   S. 59–66.
68 Vgl. u. a. die prägnante und distanzierte Darlegung bei Helmut Peitsch,
   ›Antipoden‹ im ›Gewissen der Nation‹? Günter Grass' und Martin Walsers ›deutsche Fragen‹. In: Helmut Scheuer, Dichter und ihre Nation.
   Frankfurt a. M. 1993, S. 459–489; informativ auch Georg Braungart, »Ich
   habe nicht das Gefühl, daß ich mich bewegt hätte«. Martin Walsers
   ›Wende‹ zwischen »Heimatkunde« und »Geschichtsgefühl«. In: Walter
   Erhart, Dirk Niefanger (Hg.), Zwei Wendezeiten. Blicke auf die deutsche
   Literatur 1945 und 1989. Tübingen 1997, S. 93–114; Gerald A. Fetz, Martin Walser, Germany and the German Question. In: Heike Doane, Ger-
   trud Bauer Pickar (Hg.), Leseerfahrungen mit Martin Walser. Neue
   Beiträge zu seinen Texten. München 1995, S. 11–28. – Insgesamt reagiert
   gerade die Auslandsgermanistik positiv auf Walser; dies erlaubt nicht den
   Schluß, die Angst vor Nationalismus sei ein deutsches Phänomen. Vielmehr ist Walser für Fremdsprachler idealer Lernstoff, da er sprachlich
   nicht allzu komplex ist und auf der Textoberfläche bundesdeutsche Realität verhandelt, also auch landeskundliche Lehreinheiten abdeckt.
69 Martin Walser, Bemerkungen über unseren Dialekt. In: Werke, Band 11,
   S. 214–219.
70 Martin Walser, Heimatkunde. Ebd., S. 265–274.
71 Martin Walser, Unser Auschwitz. Ebd., S. 158–172, hier S. 170.

Kai Köhler

EIN AGGRESSIVES ZURÜCK

Martin Walser ein Jahr nach der Preisredendebatte

Nachdem seine Friedenspreisrede neben viel Zustimmung auch einige Kritik auf sich gezogen hatte, gefiel sich Martin Walser weiterhin in jener Opferrolle, die er schon in der Rede selbst angedeutet hatte: Immerhin gab es noch einige intellektuelle »Meinungssoldaten«, die seinen Parolen nicht folgen mochten. Seine Gegner mögen Bestandteil einer publizistischen Strategie gewesen sein, mit der der Autor sich als literarische Größe inszeniert. Die Einlassungen, mit denen er sich im Herbst 1999 und im Januar 2000 an die Öffentlichkeit wandte, sind mit Sicherheit nicht jener Ausdruck von offener Selbsterforschung, die Walser für sich in Anspruch nimmt: Seit vierzig Jahren im feuilletonistischen Grabenkampf erfolgreich, dürfte er sie medial reflektiert und nur nach bedachtsamster Abwägung publiziert haben – auch wenn manche Details sicher mehr und anderes über seine Ansichten verraten, als ihm lieb sein dürfte. In jedem Fall ist das jeweilige Medium zu berücksichtigen. Im Sammelband zur »Walser-Bubis-Debatte« fungiert Walser als eine Art Unter-Herausgeber, indem er für den Herausgeber Schirrmacher, seinen Laudator in der Paulskirche, einige der an ihn gerichteten Briefe auswählt (Teil I). Im Interview für die »Frankfurter Allgemeine Zeitung« skizziert er eine: seine Geschichte der Holocaust-Rezeption (Teil II). Als Essayist in der »Zeit« rechtfertigt er schließlich die Anlage seiner Rede (Teil III). Im abschließenden, vierten Teil wird zuletzt gefragt, ob aus den offenkundig divergierenden Texten eine mediale Gesamtstrategie herzuleiten ist.

I

Die im Herbst 1999 herausgegebene Dokumentation versammelt auf fast 700 Seiten eine Vielzahl von Debattenbeiträ-
gen.[1] Die umfassende Auswahl berücksichtigt nicht nur re-
daktionelle Beiträge, sondern auch Leserbriefe; neben den
großen, überregionalen Zeitungen sind wenigstens am Rande
Lokalblätter, deren meinungsbildende Funktion nicht unter-
schätzt werden sollte, vertreten. So veranschaulicht der Herausgeber Frank Schirrmacher, wie das Zentrum der deutschen
Gesellschaft auf Walsers Rede reagierte.

Das Zentrum – dies deutet die Bereiche an, die seine Auswahl
nicht erfaßt. Das nicht deutschsprachige Ausland ist nur mit
wenigen Texten vertreten – die breite Rezeption der Debatte
etwa in Frankreich läßt sich so nur mittelbar erschließen, wo sie
nämlich in deutschen Zeitungen referiert wird. Hier auszuwei-
ten hätte wohl den Umfang des ohnehin umfangreichen Bandes
gesprengt.

Zwei weitere Lücken fallen auf. Links von der »taz« gibt es,
glaubt man Schirrmacher, nichts – was der Marginalisierung
dieses Spektrums geschuldet sein mag. Ein konsequenter linker Antinationalismus ist deshalb nur mit wenigen Leserbrie-
fen vertreten.

Schwerwiegender ist, daß die Rezeption Walsers im natio-
nalkonservativen und rechtsextremen Bereich fehlt. Dies ist
zu bedauern, denn in der Kontroverse selbst war umstritten,
in welcher Weise sich jetzt die »Junge Freiheit« oder Freys
»Nationalzeitung« auf einen angesehenen Schriftsteller berufen können. Die erfreulichste Erklärung dafür wäre, daß
Schirrmacher diesem Personal nicht noch eine weitere Bühne
verschaffen wollte. Möglich ist auch, daß der Abdruck an feh-

lenden Rechten scheiterte. Ein allzu knappes Herausgeber-nachwort informiert über solche Aspekte nicht.

Die chronologische Anordnung der Beiträge läßt Verlauf und Ertrag der Debatte anschaulich werden, oder besser: den Nicht-Ertrag. Nur wenige Gedanken zu Formen des Erinnerns wurden nicht mindestens ebenso präzise während der mehrjährigen Diskussion über das Berliner Holocaust-Mahnmal geäußert. Auch zeigte spätestens das in der »Frankfurter Allgemeinen« und nun wieder im Sammelband gedruckte Gespräch mit Walser und Bubis, daß an der selbstmitleidigen Aggressivität des Schriftstellers jeder Versuch einer Verständigung scheitern muß. Mangel an Substanz ist jedoch kein Mangel an Bedeutung: Allein der geschichtspolitische Stellenwert der Auseinandersetzung rechtfertigt Schirrmachers Dokumentation.

Der Band macht auch einige der zahlreichen Briefe zugänglich, die an Walser und Bubis geschrieben wurden. Damit ist nachzuprüfen, was beide Kontrahenten über die Rezeption der Rede behaupteten. Die Briefe, die Bubis vor seinem Tod noch auswählen konnte, sind dabei wenig spektakulär. Er verzichtete auf einen Abdruck der antisemitischen Beschimpfungen, die ihn auch erreichten, und belegte statt dessen, daß nicht er allein Walsers Rede als bedrohlich auffaßte. Die Einsender setzen sich meist bedächtig und immer sachbezogen mit Walsers Rede und mit Anzeichen für einen wachsenden Antisemitismus und Nationalismus auseinander.

An dieser Stelle interessieren jedoch vor allem diejenigen Texte, die Walser publizieren ließ. Den antisemitischen Gehalt zahlreicher der an ihn gerichteten Briefe analysiert im vorliegenden Band Wulf D. Hund. Immerhin wäre zu vermuten gewesen, daß Walser gerade diese nicht als Bestätigung auffassen, sondern sie schamhaft verschweigen würde. Zwar

157

hatte er immer wieder betont, tausend Einsender zeigten ihm, daß er nicht mißverstanden worden sei. Angesichts so zahlreicher Möglichkeiten hätte er also leicht eine Auswahl treffen können, die die Vorwürfe gegen ihn entkräftet hätte.

Das Resultat bestätigt indessen jede Befürchtung. Man ist froh, wenn man lediglich Lob lesen muß, das in dieser Konstellation zum allerdings peinlichen Selbstlob wird: So läßt Walser seine »ungeheure Ehrlichkeit und Wahrheit« (571) feiern, sonnt sich in »Bewunderung und Verehrung« (579) und zögert auch nicht, sich als einen »Mann, dessen Gradlinigkeit, Offenheit und Mut die Haarspitzen berührte, während er sprach« und dessen Rede, natürlich, »in die Geschichte eingehen« wird, preisen zu lassen. (29) Doch Stil- und Charakterfragen deuten aufs Politische hin. Der Erhöhung der eigenen Person entspricht der Verweis auf die Meute der Verfolger; fast sieht man die Weisen von Zion neue Protokolle zusammenmauscheln. In den noch harmloseren Fällen ist das eine übermächtige »Medienmafia« (98), in schwereren steigert sich das zum umfassenden Verfolgungswahn, der nur noch eine anonyme Bedrohung wahrzunehmen vermag: »Mein erster Gedanke: die sind hinter Dir her.« (247)

Walsers Gegner sind – so meinen jedenfalls Walsers Befürworter – durch niedere Beweggründe motiviert: Ihnen gehe es um die »Festigung der eigenen moralischen Position, die neben materiellen Vorteilen ja auch Macht in der Gesellschaft bringt«. (513) Anders formuliert: »Herr Bubis meint und will etwas völlig anderes als Sie. Seine Ziele unterscheiden sich grundsätzlich von Ihren Gedanken, denen Macht und finanzieller oder politischer Einfluß nicht als Antrieb gelten.« (468) Daß es dem Juden nur ums Geld gehe, wurde auch schon einmal klarer formuliert als von diesem Briefschreiber, der nicht ohne Grund

meint, versichern zu müssen: »Ich bin übrigens kein Antisemit. Im Gegenteil«; schließlich erhalte seine Frau zu Weihnachten ein Buch von Michael Wolfssohn. (469) Einen jüdischen Gewährsmann bemüht auch ein anderer Briefschreiber,
um abfällig von »Berufsjuden« schreiben zu können. (76)

Naturmystische Sichtweise deutet sich an, wo jeder Kritiker
»unter dem Zwang des mechanistischen Weltbildes und«
– natürlich! – »unter dem Druck des Geldes, der Konzerne und
der öffentlichen Meinung steht.« (661) Doch ist der Jude in
Walsers Auswahl nicht rassisch determiniert, er kann auch besser: nämlich weise aufs Geld verzichten. So ist die Rede von einem »Vater aus dem wirklichen Leben, der im KZ Dachau und
bei den Zwangsarbeitern war, und trotzdem, obwohl er keine
Entschädigung bekam [...], einfach vergab [...]«. Schließlich
fand er ja auch eine Deutsche, die ihm Nahrungsmittel zu-
steckte, so daß schließlich die Verschleppung auch ihr Gutes
hatte: »Und er schwärmte sein Leben lang über deutsche Kar-
toffeln, die seien besser als unsere gewesen ...« (434)[2]

Leider ist vornehme Selbstbescheidung bei den offensichtlich wohlgenährten Opfern nicht verbreitet, und so fragt sich,
wie man mit dem Rest umgeht. Die freundliche Minderheit
plädiert gegenüber Walser für mildes Verständnis, denn den
Überlebenden sei es »oft nicht möglich, die von Ihnen angesprochenen Fragen rein sachlich, rational und unvoreinge-
nommen wahrzunehmen und zu diskutieren«, woraus eine
»prinzipielle Dialogunfähigkeit« resultiere, die »von uns
nichtjüdischen Deutschen ein hohes Maß an Nachsicht, Dis-
kretion und Verständnis abverlange«. (569)

Doch ist umstritten, ob solche Toleranz möglich ist, da ja
die Deutschen als »Opfer [...] fremden Zwangs« in »Fesseln«
schmachten. (560) So muß endlich einmal das Wort »gegen

die dauernde Hetzerei und Diffamierung gegen uns Deutsche« erhoben werden, denn »es widert einen so langsam an«, wie »dauernd von den gleichen Verantwortlichen und Vertretern der Juden in Deutschland gegen uns polemisiert wird«. (431) »Herr Bubis und seine Juden« (660) sollten, wohl im eigenen Interesse, an ihre »Verantwortung für Ausgleich und Friedfertigkeit in Deutschland erinnert werden«. (431) Wenn »jüdische Kreise« rechtzeitig aufhören könnten, »unser Denken und Äußern« zu »manipulieren« (468) und »unser friedvolles Miteinander« nicht mehr durch »Aktivitäten von Juden um Ignatz Bubis und Michel Friedman oder ehemals Werner Nachmann und Heinz Galinski« (469) gestört würde, könnte es noch einmal gut gehen. Andernfalls aber ist eine deutliche Warnung fällig: »Daß Herr Bubis durch seine polemische Umdeutung Ihrer Aussage am Ende vielleicht tatsächlich Rechtsextremen eine Legitimation gibt, Ihre Rede zu mißbrauchen, muß er mit seinem Gewissen ausmachen«, meint ein Walser-Freund, der aber durch sein Wort von der »bornierte[n], bösartige[n] Polemik« Bubis' andeutet, daß ihn jedenfalls ein solches Gewissen nicht belastet. (132 f.) Das künftige Opfer, so wird vorweg suggeriert, sei selber schuld.

Offen jedoch wagen solche Unterstützer Walsers ihre antisemitischen Positionen nicht zu vertreten. Umgekehrt rücken sie in Walsers Lieblingsbriefen gerade Bubis' Position in die Nähe des Faschismus: als »Sippenhaft« (172) gegen Deutsche etwa oder als »Nationalzeitungsdenken«. (468) Der Vorwurf ist perfide und macht Hoffnung: Die explosive sozialpsychologische Mischung aus Selbstmitleid, Verfolgungswahn und Aggression, die Walsers Auswahl vielfach kennzeichnet, kann sich eben nicht auf das berufen, was ideologisch am nächsten läge. »Es« denkt zwar in den Briefeschreibern, doch kann es

– noch? – nicht konsequent denken. Diese Gefahr und dies vielleicht Rettende auch anschaulich zu machen ist Verdienst der Dokumentation.

Walser hat nicht zu verantworten, wie irgend jemand, der ihm schreibt, sich in der Lektüre seiner Texte zu finden vermeint: Wohl jeder Autor, der einigermaßen prominent wurde, dürfte auf in dieser Hinsicht überraschende Erfahrungen verweisen können. Die Briefe jedoch, mit denen er sein Verstandensein zu untermauern versucht, werden durch den Kommunikationszusammenhang, in den er sie stellt, zur Manifestation seiner Meinung. Und hier wird durchaus deutlich, daß es um das Geld geht, das »der Jude«, habgierig angeblich wie eh und je, zu fordern wagt – und daß jemand wie Bubis, glaubt man den Einsendungen, noch ein letztes Mal gewarnt gehört: vor den Folgen, die eintreten, hält er nicht endlich das »Maul«.

So bedrohlich äußert sich Walser in den anderen hier zu analysierenden Texten nicht. Die Authentizität bezeugenden Briefe in der weitgehend tatsächlich objektivierenden Dokumentation: Ihr Widerspruch ist bedingt durch das zweifach wirksame Genre, und in dieser mit Verdecktem spielenden Konstellation mag das wirkliche Denken Walsers deutlicher werden als in den beiden anderen Texten.

II

Am 29. Januar 2000 erschien in der »Frankfurter Allgemeinen Zeitung« ein längeres Gespräch, das Thomas Steinfeld mit Walser über die vierteilige Fernsehserie »Auschwitz und kein Ende« führte.[3] Der Untertitel beginnt: »Martin Walser

161

plädiert für das Hinschauen« und gibt den eher defensiven Gestus des Beitrags vor. Das »Hinschauen« wirkt auf den ersten Blick wie das Gegenteil des »Wegschauens«, das zu fordern man Walser nach der Paulskirchenrede vorwarf. Doch dies täuscht: Die Fernsehserie behandelt nicht den deutschen Faschismus, sondern den Umgang mit ihm in den Jahrzehnten nach 1945. Walser ist so wieder bei dem Thema, das er bereits für die Friedenspreisrede gewählt hatte.

Das gibt ihm die Möglichkeit, das mittlerweile gewohnte Selbstlob hinauszutrompeten: »Ich bin wohl tatsächlich der Schriftsteller, der im historischen Rückblick am häufigsten bei der Auseinandersetzung mitgewirkt hat.« Zudem bietet Walser, wie schon in der Paulskirchenrede, eine lange Ahnenreihe von Autoritäten auf, die sich immerhin auch mit dem Thema befaßt haben: Rolf Hochhuth, Peter Weiss, Heinar Kipphardt, Hannah Arendt, Thomas Mann. Das je Spezifische ihrer Ansätze kommt bei Walser nicht vor. Als Gemeinsames der Gewährsleute gilt ihm allerdings, daß sie auf eine Gegenüberstellung von Opfern und Tätern verzichtet haben sollen. Dabei greift Walser einzelne Stellen heraus, die er gebrauchen kann: Thomas Manns Stichwort vom »Bruder Hitler« etwa kommt bei Walser als Aufruf vor, den Nationalsozialismus nicht moralisch zu verurteilen. Mann allerdings schrieb seinen Essay als Selbstkritik an den eigenen konservativen Anfängen, als Hinweis auf die Verwurzelung des Faschismus in großen Teilen der deutschen Geistesgeschichte, und wird später die entschiedene, auch gewaltsame Bekämpfung des Feindes fordern – Haltungen, die Walser denkbar fremd sein dürften.[4] Peter Weiss' »Ermittlung« erscheint bei ihm als »Oratorium«, als »Sprachwerk« – was richtig ist, in dieser reduzierten Darstellung aber das Stück um entscheidende Dimensionen, die nicht in Walsers Konzept passen, verkürzt.

In der »Ermittlung«, wie auch sonst bei Weiss, ist zwar mehrfach erwogen, daß die Täter und ihre deutschen Opfer eine ähnliche Sozialisation hatten, daß also in anderen Konstellationen die Personen andere Rollen hätten einnehmen können. Gleichzeitig aber betont Weiss, daß die Geschichte nun einmal einen bestimmten Verlauf genommen hat; in der »Ermittlung« ist dies durch die Personenkonstellation verdeutlicht. Angeklagte und Zeugen bilden nun zwei deutlich unterschiedene Gruppen; die Gemeinschaft der Angeklagten selbst noch vor Gericht manifestiert sich mehrfach durch gemeinsames Gelächter. Der Schlußsatz des Angeklagten 1, von Weiss natürlich als Warnung intendiert, klingt zudem wie vieles von dem, was in Walsers Lieblingsbriefen steht: »Heute / da unsere Nation sich wieder / zu einer führenden Stellung / emporgearbeitet hat / sollten wir uns mit anderen Dingen befassen / als mit Vorwürfen / die längst als verjährt / angesehen werden müßten.«[5]

Das zweite Gemeinsame, das Walser seinen Gewährsleuten zuschreibt, ist eine persönliche Betroffenheit. In den sechziger Jahren habe es »eine Nähe in dieser Auseinandersetzung gegeben, gegen die alles, was heute darüber geredet werden kann, sekundär, tertiär oder noch weiter weg ist«. Als Beobachtung dürfte das richtig sein. Der Vorgang der Historisierung ist unvermeidbar und kann durch moralische Proteste allenfalls verlangsamt werden. In einem zweiten Schritt jedoch wendet Walser die Gegebenheit moralisch, nämlich gegen »Privilegierte« von heute, die »mit leichter Hand Gute und Böse produzieren«.

Walser verliert kein Wort über die Erkenntnismöglichkeiten,

die in der Distanznahme liegen. Für ihn wird das existentiell nicht beteiligte Sprechen im Laufe der Zeit unvermeidlich, gleichzeitig ist es verwerflich. Damit ist ein Argumentationsmuster geschaffen, um die Diskussion über den deutschen Faschismus überhaupt abzubrechen und, wie er es ja nun mehrfach getan hat, nur noch über die Rezeption zu sprechen – in Walsers gegen Ende des Satzes etwas rätselhafter Diktion lautet das: »Die eigentliche Tugend dieser vier Folgen des Dokumentarfilms ist, daß das Dokumentarische eine viel geringere Rolle spielt als die sich selbst erzählende Geschichte der Zeit.«[6] Dem entspricht, daß, glaubt man Walsers Zitat, »Gute und Böse« erst durch das Sprechen der Privilegierten produziert werden, also geschichtlich wohl nicht vorgegeben sind.

»Jetzt bin ich dem Fernsehen dankbar«, bekennt Walser schon im Titel des Interviews. Was er über das Medium im Gespräch dann sagt, ist auf den ersten Blick denkbar widersprüchlich. Zum einen sieht er im Fernsehen Wirklichkeit durch den Einsatz der Technik hergestellt: Die Zuschauer würden sich, »am Beispiel dieses Films, nicht klarmachen, daß sie einem klugen, wirklich klugen Schnitt, einer Montage, einer montierten Wirklichkeit der ganzen neunziger Jahre zuschauen, die bei einem Autor so ausfällt, beim anderen vielleicht ganz anders ausgefallen wäre. Das kann man für die neunziger Jahre halten. Und das Überzeugende daran ist, daß sich das ganz von selber erzählt. Es ist alles Fernsehen. Alle, die da auftauchen, sind durch die Montage in den Dienst des Fernsehens genommen.«

Walser benennt die medialen Bedingungen ganz richtig. Jede Kameraeinstellung ist eine Interpretation der Wirklichkeit, und auch jede Entscheidung, was gezeigt wird und was nicht gezeigt wird, aus welchem Blickwinkel es gezeigt wird, in welchem Zusammenhang. Gleichzeitig aber schreibt Walser dem Fernsehen besondere Authentizität zu, wenn es darum geht, die Haltungen von Menschen zu beglaubigen: »Aber das Medium hat hier eine eigene Kraft: Wenn die Leute mit Kopf und Arm und Hals und Bewegung für ihre Wörter einstehen müssen, dann kommt mehr heraus. Dann traue ich dem Fernsehen mehr als dem Gut-und-Böse-Feuilleton.«

Das ist nun unsinnig. Vor allem zeigt das Fernsehen, welche Übung die Gefilmten im Umgang mit dem Medium haben. Auch handelt es sich bei den in Frage stehenden Sendungen nicht um Live-Übertragungen, sondern Statements, die sich fast beliebig wiederholen lassen, bis alle Beteiligten zufrieden sind. Das weiß selbstverständlich auch der fernseherfahrene Walser. Worum also geht es ihm hier? Er braucht ein scheinbar wahrhaftiges Medium, um es dem vorgeblich vermittelteren Schreiben entgegenzustellen. Das Wahrhaftige verdrängt dann die Frage nach der geschichtlichen Wahrheit – daß diese im Fernsehen nicht unmittelbar zu haben ist, formuliert Walser ja deutlich genug. Auf diesem Wege kann er dann ein Fazit ziehen, das seinen zuvor geäußerten Überlegungen völlig entgegensteht: »Ich sag nur, wofür ich im frommen Feuilleton gescholten wurde, dafür wurde ich im Fernsehen schlicht dargestellt.«

Die wichtigsten der Ideologeme Walsers kommen also auch in diesem Gespräch vor. Intellektuelle – ausgenommen ein paar verkürzt oder verfälscht referierte Autoritäten aus der Vergangenheit – gelten als Gegner, die Geschichte ist konsequent subjektiviert. Jede Kritik ist deshalb als moralischer Vorwurf interpretiert, auf den Walser mit der moralisierenden Forderung reagiert, der Kritiker möge doch bitte erst einmal den Nazi in sich selbst entdecken und akzeptieren. Weil ihm

Geschichte von ihrer Faktizität befreit erscheint, lobt er das Medium Fernsehen als das emotional ehrlichere – nicht obwohl, sondern gerade weil er weiß, daß die Bilderfolge Realität herstellt und nicht widerspiegelt.

Für Walsers Verhältnisse ist der Komplex vorsichtig formuliert. Vor allem suggeriert das Gespräch, daß Walser hinschaut, nicht wegschaut – wohin auch immer. Die Feinderklärung ist vorhanden, doch vergleichsweise zurückhaltend. Das Gespräch scheint vor allem dazu zu dienen, Walsers Platz im Spektrum des gesamtgesellschaftlich Akzeptierten zu sichern.

III

Das Resultat ist dennoch im Wortsinne asozial: weil jeder einzelne, folgte man Walsers Idealen, in monadischer Empfindsamkeit vegetieren müßte, und weil dadurch der Kampf um die richtige Interpretation der Fakten, der Gesellschaft auch konstituiert, sinnlos würde. Jedoch ist hier eine vorsichtige Einschränkung zu treffen: Die ideologiekritische Lektüre eines Zeitungsgesprächs allein ist fragwürdig, denn der Interviewte reagiert häufig in einer äußerst kurzen Zeitspanne. Aus solchen Äußerungen ein systematisches Ganzes herzuleiten, ist problematisch, selbst wenn davon auszugehen ist, daß Walser vor dem Druck das Gespräch noch einmal Korrektur las.

Diese Bedenken gelten allerdings nicht für den Essay, den er etwa zwei Wochen zuvor in der »Zeit« publizierte.[7] Dieser Text ist kompositorisch wohlabgewogen. Sein Gestus ist gleichfalls auf den ersten Blick rechtfertigend; eine genauere

Betrachtung relativiert dies jedoch. Walser unterteilt seine Darlegung in fünf Blöcke, die zunächst einzeln untersucht werden sollen.

Der erste, weitaus längste Abschnitt nimmt allein fast eine der zwei Druckseiten in Anspruch. Thema ist, wie in langen Passagen der Friedenspreisrede, Walsers vorgeblicher Versuch, sich von Meinungsproduktion abzugrenzen. Verglichen mit seiner früheren Polemik wirkt der Essay recht ausgewogen. Das liegt daran, daß er Sätze einbaut, die einen Kompromiß andeuten, und daß er – oberflächlich betrachtet – vor allem über seine eigenen Erfahrungen und Bedürfnisse beim Schreiben reflektiert: »Es heißt auch nicht, daß ich andere, etwa Journalisten, Politiker oder Professoren, kritisieren möchte, wenn sie sich hauptsächlich in Meinungen ausdrücken und sich von anderen am liebsten durch Meinungen unterscheiden. Das heißt nur: Ich habe als Schreibender die Erfahrung gemacht, daß ich in meinen Meinungen weniger enthalten bin als in meinen Romanen.«

Darf also jeder, wie er will? Und begnügt sich Walser mit dem Gemeinplatz, daß ein Roman, der nichts als eine Meinung transportieren soll, ein schlechter Roman sein dürfte? Weder – noch. An die Intellektuellen – er präzisiert: die Linksintellektuellen – richtet Walser den Vorwurf, sie hätten Aufklärung reduziert auf die Belehrung anderer, hätten sie »für ihre jeweiligen aktuellen Zeitgeistbesorgungen gepachtet« und die »ehrwürdigen Wörter aus ihrer Funktion, in der sie Befreiungspotenzen ausdrückten, heraus[ge]löst und sie als Gütesiegel für die eigene Äußerungsart verwendet«.

Walser beharrt nicht nur für sein literarisches Schaffen auf Erfahrung statt Meinung. Konsequent soll dies auch für politische Äußerungen jeder Art gelten. Er knüpft an eine »Meinung« an, die er früher vertrat, daß nämlich der Grundwiderspruch zwischen Kapital und Arbeit ungelöst wie zuvor sei, und schreibt:

»Ich glaube, ich war auch damals nicht enthalten in solchen Sätzen. Heute hoffe ich, daß diese Art, Arbeit und Kapital einander entgegenzusetzen, von Anfang an zu abstrakt war. [...] Und alles, was ich in dieser Richtung denken kann, berechtigt mich nur zu Vielleicht-Sätzen, nicht aber zu irgendeinem Generalverdacht. Ich müßte heute von mir verlangen, jede ins Politische zielende Aussage als Handelnder auch praktizieren zu können. Einen Generalverdacht gegen die Chefetagen des Kapitalismus könnte ich aussprechen, wenn ich wüßte, wie man den Verdacht zur Gewißheit machen und wie man dann die Gewißheit in günstigere, sozialere wirtschaftliche Realität umsetzen könnte.«

Anhand dieser Passage läßt sich sehr klar die konservative Funktion der Walserschen Subjektivierung und Moralisierung von Realität zeigen. Wie es sich mit dem Grundwiderspruch von Kapital und Arbeit verhält, hat nichts mit Walsers Hoffnungen zu tun, sondern ist eine analytische Frage. Der Grundwiderspruch wäre zudem auf der Ebene der ökonomischen und politischen Struktur zu suchen; Walsers Formulierung vom »Verdacht« suggeriert jedoch, es handele sich um eine moralische Verfehlung irgendwelcher Schurken.

Doch kann unter Walsers Bedingungen ohnehin Kritik allenfalls an Details geübt werden. Vielleicht ließe sich, um in seiner Terminologie zu bleiben, der »Verdacht« durch analytische Arbeit zur »Gewißheit« erhärten. Der fleißige und ökonomisch gebildete Linksintellektuelle dürfte jedoch seine Arbeit immer noch nicht publizieren. Erst wenn er zusätzlich weiß, wie denn der Grundwiderspruch zu lösen sei, vermag er, glaubt man Walser, etwas zu äußern, das nicht »bloße Meinung« ist.

Die Voraussetzungen sind so formuliert, daß gegenwärtig nur die Bestätigung der herrschenden Ordnung möglich ist. Walser weist jeden analytischen Versuch, der nicht praktisch wird, als moralisch mangelhaft zurück; selbst wenn er in den folgenden Absätzen nur noch über sich selbst und seine Romane schreibt, steht die Passage doch im Kontext der Wendung gegen die Linksintellektuellen, die die Aufklärung verraten hätten. Indem Walser derart die Kategorien, die er für seine Romane in Anspruch nimmt, auch auf andere Textsorten anwendet, bedient er sich genau derselben Vertauschung, die er seinen Gegnern vorwirft: Diese suchten Meinungen in seinen Romanen; nicht zu Unrecht, wäre hier anzumerken. Er aber sucht Erfahrungen in politischen Äußerungen. Findet er sie nicht, oder findet er Erfahrungen, die nicht die seinen sind, folgt die Verurteilung, mit einem Grad an Selbstgerechtigkeit, den die gescholtenen Intellektuellen real selten erreichen.

Im zweiten Block geht es um Walsers Gegenbild zur Meinungsäußerung: das Selbstgespräch. Er weiß, daß sein Ideal »vor anderen zu sprechen wie mit sich selbst«, nie erreichbar sein wird, und konzediert auch: »Logisch läßt es sich ohnehin nicht begründen, daß einer vor anderen reden will, ohne daß er sich an sie wenden will.« So ist es; doch dienen diese Sätze offenkundig nur der Beschwichtigung. Walser nimmt mögliche Einwände vorweg, ohne sich mit ihnen auseinanderzusetzen.

Als Beispiel für das Selbstgespräch dient ihm die Frage einer Dramenfigur. Shakespeares Othello, durch Jagos Intrige getäuscht und überzeugt, daß seine Frau ihm untreu ist, fragt

sie, unmittelbar bevor er sie tötet: »Hast du zur Nacht ge-
betet, Desdemona?« Walser deutet die Replik als »Selbstgespräch« eines »hoffnungslos Liebenden«. Nicht zu Unrecht,
denn was Othello meint und eben nur für sich ausspricht, ist
die Nacht des Todes – was Desdemona allenfalls ahnt.

Walser präzisiert, was ihn gerade an diesem Drama, in dieser
Situation, nicht interessiert: »Und das Lächerliche an der
Othello-Tragödie: daß nämlich Desdemona gar nichts hatte
mit dem anderen. Das interessiert mich nicht. Das interessiert
nur draußen in der Sprache der Sittlichkeit, des Rechthabens,
des Staatengründens und Staatenzerstörens. Was Jago sagt, ist
wahr, und wenn es hundertmal bösartig erlogen ist. Othellos
Leid macht die Lüge wahr.«

Literaturhistorisch wäre einzuwenden, daß hier viel spätere
Innerlichkeitsvorstellungen auf das Drama des siebzehnten
Jahrhunderts, in dem es stets auch um die Einrichtung der Gesellschaft ging, rückprojiziert werden. Doch dies ist sekundär:
Der Wissenschaftler muß den zeitgenössischen Horizont rekonstruieren, der Leser darf das ihm Wichtigste finden oder
gar produzieren. Er darf auch ignorieren, daß Shakespeare sein
Drama nicht mit Desdemonas Tod enden läßt, sondern daß
erst Othellos Einsicht in seinen Fehler dessen Tragödie vollendet und die Strafe für Jago den Schlußpunkt setzt.

Doch sagt es einiges über den Leser aus, was er produziert,
und wovon er nichts wissen will. Walser will von allem absehen, was im Stück die äußeren Aspekte der Sittlichkeit repräsentiert. Er identifiziert sich mit dem getäuschten Othello –
freilich nur, bevor dieser sein Verbrechen erkennt. Indem
Walser völlig verinnerlicht, und einseitig verinnerlicht, verkehrt er die Wahrheit im Stück: daß Desdemona zum Opfer
wurde. Sie wird in Walsers Perspektive zur Schuldigen: »Und

Desdemonas Tod besiegelt diese Wahrheit«, Jagos Lüge näm-
lich. So schließt die oben zitierte Passage. Oder, in Walsers
Parolen aus dem folgenden Absatz: »Ausdruck statt Einsicht.
Existenz statt Erkenntnis. Wesen statt Wissen.«

Läßt sich dies auf Walsers Verhältnis zu den Verbrechen des
deutschen Faschismus beziehen? Er selbst tut dies, vermittelt.
Den drei Losungen fügt Walser, »wenn es um Politisches geht«,
ein viertes hinzu: »Leiden statt Handeln. [...] Die Grausam-
keiten des Kosovokrieges erleiden, ohne sich durch irgendeine
Meinung auf der richtigen Seite zu befinden. Und wenn es um
die deutsche Vergangenheit geht, nicht viel anders.«

Keinerlei Reflexion trennt zwei Varianten: In der milderen
Fassung steht Walser zwischen oder über den Parteien – seine
größte Sorge ist dabei, wie er an gleicher Stelle schreibt, daß
man den Deutschen »wohlfeile Vorwürfe macht«. Wendet
man seine Othello-Interpretation auf die deutsche Vergangenheit an – und Walser selbst suggeriert den Zusammenhang –, so verharrt Walser in der Täterperspektive von vor
1945. Schuld ist nicht der Getäuschte; schuld ist auch nicht
der Lügner: Schuld ist allein das Opfer, was schon dadurch
bewiesen ist, daß es offensichtlich tot ist.

Die Absätze sind nicht stringent genug verknüpft, um die
Passage als eindeutige Apologie des Völkermords an der Ju-
denheit zu lesen. Zu unklar sind die Überleitungen, zu sehr
changiert Walser, mit welchen Tätern und Opfern er sich gerade identifiziert. Das Authentizitäts- und Praxisideal des ersten Blocks ist aufgehoben: Walser einerseits stilisiert sich als
Leidensopfer und ist doch bequem entfernt vom tatsächlichen
Leid in Jugoslawien. Andererseits ist das Ideal verinnerlicht
und damit flexibel als Waffe im praktischen Meinungsstreit
verfügbar.

Die weiteren Absätze des zweiten Blocks bringen kaum Neues. Ein wenig geschwätzig kommt Walser auf den Gegensatz von öffentlicher und persönlicher Rede zurück, rechtfertigt er die Paulskirchenrede und gesteht: »Sozialisation nennt man die Erziehung der Menschen zu umgänglichen Wesen. Im Selbstgespräch erleben wir die Grenzen unserer Sozialisation und die Mankos.«

Damit charakterisiert er einerseits zutreffend seine Preisrede, denn auch schon in ihr, wie später im Interview, will er einen Streit über gesellschaftliche Realität durch gefühlige Erfahrungsräume ersetzen. Andererseits nützt er den Terminus des Selbstgesprächs zu selbstbewußtem Schwindel: »Ich weiß, daß ich meine Sprache nicht so adressiere, wie das bei solchen Reden der Brauch ist, wie es sich also gehört«; er benutze eine »unwillkürliche Sprache«. Die Rede mit ihrem wohlkalkulierten Aufbau ist freilich sehr wohl adressiert und nichts weniger als unwillkürlich. Walser zielt mit ihr auf eine Gemeinschaft, in der abweichende Meinungen nicht mehr artikuliert werden. Das ist die paradoxe Eigenart von seinem Plädoyer fürs befreite Sprechen: daß es gegen alle Äußerungen gerichtet ist, die Walser nicht passen.

Der zweite Block schließt mit gespielter Selbstverkleinerung – indem sich Walser in die Tradition Augustinus', des Ahnherren des Selbstgesprächs, stellt, »die reine Innerlichkeit, die bloße Unsicherheit, eine vehemente Armut und Bedürftigkeit«. Der dritte Abschnitt dagegen setzt ein mit der auftrumpfenden Behauptung, nun zwei Beispiele für das gemeinte Selbstgespräch zu liefern.

Was folgt, ist insofern Etikettenschwindel, als es mit der Äußerung Othellos innerhalb der dramatischen Fiktion wenig zu tun hat. Shakespeares Figur spricht doppeldeutig im bewegtesten Moment, kalkuliert vom Autor – tief erschüttert von der vermeintlichen Untreue Desdemonas und gleichzeitig lauernd das Mißverständnis berechnend. Walser formuliert in Ruhe am Schreibtisch, was ihm nützlich scheint.

Sein erstes Beispiel ist, überraschenderweise, eine Apologie der Konvention, der Lüge. Hier scheint das Gegenbild der vorigen Darlegungen erreicht; denn die öffentliche Rede, wie Walser sie sich wünschte, war unwillkürlich, was suggeriert: war unmittelbar und ehrlich. Die Konvention jedoch ist etwas Soziales, ermöglicht das Zusammenleben. Wer nur sich eine Gruppe vorstellt, in der jeder stets offen sagte, was er von den anderen denkt, dürfte zum Anhänger sympathischer Heuchelei werden. Auch Walser lobt die Fähigkeit, »anders zu scheinen, als wir sind«. Doch begnügt er sich nicht damit, die Unwahrhaftigkeit zu konstatieren oder gar zu preisen. Er bindet die Konvention dennoch an eine innere Wahrheit: »Unsere Sprachen sind verläßlicher als wir selbst. Um etwas zu sagen, müssen wir es ja auch denken.« Konsequent ist die Rede davon, daß der »Schein, den wir zu produzieren imstande sind, in Sein übergeht«. Damit hebt Walser die Differenz von Meinen und Sagen auf, und in erneuter Wendung ist das Innerlichkeits-Ideal bestätigt; man kann ihm, scheint es, nicht entkommen.

Bringt dieses erste Selbstgespräch eine in sich geschlossene Argumentation, so ist das zweite lockerer, assoziativer gefügt: »Wenn ich genauso oft verletzt habe, wie ich verletzt worden bin, ist alles in Ordnung. Dann ist dies ein Kosmos der reinen Gerechtigkeitsharmonie. Wenn ich genauso oft verletzt habe, wie ich verletzt worden bin, muß ich ein ziemlich grauenhafter Mensch sei. Oder die Welt wäre ein bösartig verfaßtes

Irrenhaus. Da das nicht angenommen werden darf, habe ich also so oft verletzt, wie ich verletzt worden bin.«

Etwaiges Bemühen ist sinnlos: In eine logische Ordnung sind diese Sätze nicht zu bringen. Das ist literarisch die Stärke dieser Absätze: Walser nähert sich hier der Struktur eines Selbstgesprächs an, das ja auch oft ziellos, jedenfalls mit Umwegen verläuft. Jedoch ist auch hier ein Selbstgespräch zweiter Ordnung anzunehmen. Entschlossen umgeht Walser die Ursachen von »Verletzungen«; wer verletzt, hat, so scheint es, keine Gründe. Jeder konkreten Qualität enthoben, existieren die Verletzungen nur noch als Quantitäten, die in ein möglichst ausgewogenes Verhältnis zu setzen sind. Dabei ist die Welt nur als Ganze zu bejahen – als »Kosmos der reinen Gerechtigkeitsharmonie« –, oder als »bösartig verfaßtes Irrenhaus« als Ganze zu verwerfen. Änderungen innerhalb der Welt scheinen für dieses konservative Bewußtsein gar nicht erst diskutierbar.

Walser bevorzugt offenkundig die harmonisierende Lösung, die indessen für die Menschen kein Glück bedeutet: »Ich hoffe, die meisten leben von der Hoffnung, daß sich die Welt eines Tages bei ihnen entschuldige« – weil sie nämlich mit gekränktem Bewußtsein existieren; weniger freundlich könnte man es als Ressentiment bezeichnen.

Die Quantifizierung der Verletzungen, ihre Einbettung in einen harmonischen Kosmos: das klingt nach Befreiung von Moral und soll es einerseits wohl auch sein. Rückbezogen auf die Walser-Bubis-Debatte, in deren Kontext wohl jeder Leser den gesamten Essay liest, heißt das, daß Walser sie aus ihrem konkreten geschichtspolitischen Zusammenhang lösen möchte. Von seinen zentralen Aussagen dürfte sich Walser kaum distanzieren wollen – allzu viele seiner Gedanken aus der Rede

erscheinen wieder im Essay. Wenn er dennoch hier eine Rück-
zugsstellung aufbaut, so deutet das darauf hin, daß er selbst
die Debatte nicht als eindeutigen Erfolg wertet. So erklärt sich
das Ressentiment, das Walser freilich klug verallgemeinert. So
erklärt sich auch, daß Moral andererseits wieder auftaucht,
und zwar in rigorosen Forderungen, die dann doch wieder nur
für andere gelten sollen: »Wer einmal verletzt hat, muß Verletzung überhaupt hinnehmen. Verletzung schon, aber Verletzende nicht. Die Damen und Herren, die sich erst als Verletzende so richtig fühlen, bleiben ein weltgesetztreues Gesindel,
zu dem man als Verletzender natürlich auch gehört. Die so
anklingende Selbstbezichtigung glaube ich mir natürlich
nicht. Ich könnte nicht leben, wenn ich denken müßte, ich
habe einmal mehr verletzt, als ich verletzt worden bin.«

Die allmählich changierende Aussage ist formal gedeckt
durch den Gestus des Selbstgesprächs, das insofern seinen
strategischen Wert erweist. Es bleibt Walsers Geheimnis, wie
man Verletzende nicht hinnimmt, jedoch ihre Verletzungen.
Anfangs jedenfalls scheint er Selbstkritik zu üben, die freilich
in die bekannte Feinderklärung gegen walserhassende Intellektuelle mündet, denen Walser sich taktisch für einen kurzen
Moment moralisch zugesellt, um sich gleich darauf als sensi-
bler Ausnahmemensch zu inszenieren – die klügsten der von
Walser etwa im »Springenden Brunnen« ob ihres moralischen
Drucks gerügten Priester könnten nicht geschickter moralisch Druck ausüben.

Der soziale Gestus, der sich hier zeigt, ist der der Sen-
timentalität, die bekanntlich mit Brutalität einhergeht. Die
scheinbare Akzeptanz der ach so bitteren Realität ist doch
immer wieder nur Vorwand, sich zum Opfer von Verletzungen zu erklären. Zudem ist die Erwägung wieder ganz auf die

Innenwelt gestellt: Eine Verletzung ist ja nur die subjektiv erlebte Wirkung, die bei Walser von ihren Ursachen abgeschnit-
ten ist. Es ist genau diese Wahrnehmungsweise, die Walser in
der Rede von den Deutschen als den »Beschuldigten« fabulieren ließ und die, in der brutalen Kehrseite, im FAZ-Gespräch
ihn zu dem Angriff auf Bubis verleitete, dieser habe sich ja erst
spät mit Auschwitz beschäftigt.

Der kurze vierte Block fällt scheinbar aus dem Textzusam-
menhang heraus. Walser schildert die Arbeit einer Schaffnerin,
die allen Reisenden gleich freundlich dient, deren »Zuwendung niemanden persönlich meint, sondern Zuwendung
schlechthin ist, [...] also Zuwendung an sich«. Auch dies ist
für Walser ein Selbstgespräch: »Sie soufliert mir: Es gibt Zuwendung als monologische Zuwendung, als Selbstgespräch.
Sie weiß, was sie tut, sie spürt wahrscheinlich die Dankbarkeit
ihrer Klientel. Aber sie läßt sich dadurch nicht drausbringen
und ins Persönliche verstricken.«
  Dies liegt nahe an jener Passage aus der Friedenspreisrede,
in der Walser hoffte, nach dem Vortrag würden die Zuhörer
weniger vom Redner wissen als zu Beginn. Doch versicherte
Walser zuvor, er würde der Sprache folgen, ist hier eine neue
Art des Selbstgesprächs – das stumme Selbstgespräch – erfunden. Der Block stellt dabei ein komplizierteres Verhältnis
von Innenwelt und Außenwelt her. Bisher war es recht umstandslos so, daß das innere Empfinden allein als Realität galt.
Das ist auch hier noch der Fall: Die »Nützlichkeitsschönheit«,
die Walser hier zu entdecken meint, dürfte nützlich und schön
vor allem für ihn als Zugnutzer sein, der sich der Illusion hin-
gibt, der Freundlichkeit entspräche eine innere Wahrhaftig-
keit, die Schaffnerin dächte nicht »unwillkürlich« vielleicht

ganz anders über ihn, und zudem noch assoziativ in ganz anderen Schichten. Als »schön« gilt ihm offensichtlich das geschlossene, das ganze Fühlen. Ein Denken, Empfinden, Wahrnehmen in Widersprüchen ist diesem Schönheitsideal fremd. Die Schaffnerin hat keine Geschichte, hat keine Bedürfnisse, sondern ist im statischen Textblock fixiert. Beruf und literarische Funktion fallen in eins: »Sie ist offenbar durch und durch darauf eingestellt, hilfreich zu sein, zu dienen.«

Gleichzeitig aber kehrt Walser die Wirkrichtung um, denn die Schaffnerin »so017liert« ja ihm die Interpretation, erscheint damit als die Handelnde, der Autor Walser hingegen lediglich als ihr Medium. Auf den ersten Blick scheint sich Walser damit in eine Reihe literarischer Werke zu stellen, die die Herr-und-Knecht-Thematik behandeln: von Cervantes' »Don Quijote« über Diderots »Jacques le fataliste et son maître« bis zu, in neuester Zeit, Volker Brauns »Hinze-Kunze-Roman«. In allen diesen Fällen wird die vertrackte gegenseitige Abhängigkeit von Herr und Knecht in Handlungen erprobt. Dabei wird die Herrschaft unsicher: Der Herr ist nur Herr, wenn ein Knecht da ist, und nur mittels der Arbeit des Knechts ist er mit der Realität verbunden. Gerade das nicht Aufgelöste dieser Werke macht ihre Bedeutung aus. Bei Walser hingegen ist zwar der Widerspruch ebenfalls nicht aufgelöst – jedoch verdeckt, fast eingeschmolzen, in eine Gesamtharmonie verwandelt. Dem Reisenden bleibt die Erfahrung erspart, die alle anderen Herren machen müssen: daß die Realität ihren Träumereien Widerstand entgegensetzt.

Der fünfte Block, in dem Walser vieles aus den vorangegangenen Erwägungen wieder aufgreift, konfrontiert erneut das Meinungsdenken, das Rechthaben-Wollen mit dem Selbstgespräch. Daß Walser hier vom »Gestus des Selbstgesprächs« schreibt, der ja anders als das wirkliche Selbstgespräch dieses nur nachahmt, ist folgenlos, wird jedenfalls nicht weiter reflektiert, zumal Walser behauptet, er »überlasse« sich diesem Gestus, der also nicht als kalkuliert erscheint, sondern vorgeblich selbst die Richtung bestimmt. Was hier vielleicht sogar nur von sprachlicher Schlamperei herrührt, ist bezeichnend diffus. Konsequent verweigert Walser klare begriffliche Scheidung, ohne daß aus den so entstehenden Leerstellen ästhetischer Gewinn zu ziehen wäre; sie laden zu jener unreflektierten Zustimmung ein, die dem politischen Programm des Autors entspricht.

Das Unklare wird in der Folge zum moralischen Mehrwert erhoben, an dem teilhaben kann, wer sich irgendwie unverstanden fühlt oder gar sich selbst nicht versteht: »Du stimmst mit dir selbst so wenig überein, daß du überhaupt nur von Leuten wahrgenommen werden kannst, die auch nicht mit sich selbst übereinstimmen.« Das scheint nun potentiell jeder. Der vage Schreibgestus aber zielt vor allem auf diejenigen, die die Mühen intellektueller Schärfung meiden und fühlend im Brei des Ungeklärten verharren.

Die spätpubertäre Wollust an der Zerrissenheit bereitet den Boden für eine letzte Forderung, die angesichts der jüngsten Äußerungen Walsers nur noch grotesk wirkt. Er hofft, angeblich, auf »das Glück der Selbstwiderlegung. Öffentlich. Im Parlament. In der Zeitung. Es sollte Brauch sein, es sollte Kultur genannt werden, daß jemand, der etwas behauptet, das, was er behauptet, auch widerlegt. Alles, was ihm einfällt gegen das, was er behauptet, soll er genauso gründlich dartun wie die Behauptung.«

Nun wird man in der Paulskirchenrede vergeblich nach Argumenten für eine Ritualisierung des öffentlichen Gedenkens suchen, und ebensowenig erfährt der Hörer, was denn alles zugunsten der kritischen Linksintellektuellen spräche. Offensichtlich suhlt sich Walser in eingebildeter Toleranz, die nur der Vorwand ist, beim nächsten Anlaß um so härter zuzuschlagen.

IV

Die Unschärfen, die besonders im letzten Block zu bemerken waren, charakterisieren den ganzen Essay. Das zeigt sich nicht nur im gezielt unklaren sprachlichen Detail, sondern auch im Gesamt des Textes: Motive wie die Vermischung von innen und außen, wie die auf repressive Moralisierung zielende Attacke gegen jene Moral, die dem Autor nicht paßt, wie die immer gleichen Feindbilder durchziehen den ganzen Beitrag, was nebenbei zahlreiche Redundanzen zur Folge hat. Am Ende ist kein höherer Erkenntnisstand erreicht als zu Beginn, sondern ist in immer neuen Variationen das von Walser in vielen anderen Werken auch schon Gesagte erneut mehrfach verkündet.

Der Befund scheint der anfänglichen These zu widersprechen, es handele sich um einen wohlkalkulierten Text. Tatsächlich aber handelt es sich um eine Form, die dem Hauptinhalt entspricht, dem Haß auf die Intellektuellen. Das Verquere, Verdruckste der Form, das Walser als Nicht-Übereinstimmen mit sich selbst zu verkaufen sucht, entspricht seiner Forderung, Meinungen nicht zur Diskussion zu stellen. Er kann so hoffen, wohl nicht ohne Grund, daß der alte konservative Trick, die politische Betrachtung als unpolitische auszugeben, doch noch einmal funktioniert.

Der verklemmte Gestus der Unschärfe, des aggressiven Seitenhiebs nebst verquerer Selbstbezichtigung, die dann aber doch wieder nicht gelten soll, dürfte auch durch einen zunächst unglaubhaft wirkenden Faktor zu erklären sein: Im Text gibt es mehrere Hinweise, daß Walser sich tatsächlich als Opfer einer hegemonialen Linken sieht; dafür spricht auch, daß mehr noch als in der Rede der Vorgang der Meinungsproduktion in den Mittelpunkt gerät, im Essay die faschistischen Verbrechen nur noch ganz am Rande auftauchen – durch den Kontext, in dem Walser nun einmal schreibt, freilich stets präsent bleiben.

In Interview und Essay fehlt ein Schritt, der für die Rede konstitutiv ist: jener vom empfindenden Ich zum nationalen Wir. Die Gefühlsgemeinschaft, auf die Walser im öffentlichen Auftritt zielte, besteht in diesen beiden Äußerungen allenfalls in den Reaktionen der Rezipienten; den idealen Leser hat man sich wohl ebenfalls als ressentimentgeprägten Repräsentanten der durchschnittlichen Vorurteile vorzustellen, der gleichwohl meint, auf ihn höre ja doch niemand.

Diese Leerstelle allerdings ist ausgefüllt durch Walsers Briefauswahl. Hier kommt die Nation zu Wort, wie er sie sich wünscht und wie er sie durch ein herrschendes Terrorregime von Intellektuellen unterdrückt wähnt. Mittels dieser Stimmen kann Walser äußern, was er niemals äußern könnte. Dabei ist der Unterschied keiner im Prinzip, sondern ein gradueller: Nun erneut betrachtet, wird deutlich, daß die Briefe in ihrer Struktur den Äußerungen Walsers entsprechen. Auch die Einsender beteuern, edle Menschen zu sein, bevor sie zuschlagen – wobei die Einheit von jämmerlicher Klage und brutaler Drohung bei den weniger geübten Schreibern ungeschlachter zutage tritt als beim trainierten Großautor. Auch sie imaginieren sich als Opfer einer anonymen Macht – wobei durch sie gedeckt Walser unverblümter antisemitische Parolen verbreitet als in eigenen Texten.

Auf diese Weise ist in Walsers drei Nachträgen das ganze Spektrum seiner Ideologie vertreten; die poetische Schönheit, die in der Rede eine prominente Rolle für die stets neue Konstituierung der Nation spielt, taucht nur im Essay auf, der verglichen mit Leserbrief und Interview hochwertigsten literarischen Gattung. In diesem Zusammenhang vertritt Walser einen deutlicheren Konservativismus als in der aktivistischeren Rede. Nur wo er selbst als Sprecher auszumachen ist, agiert Walser insgesamt vorsichtiger. Doch rückt er an keinem Punkt von seiner Meinung in der Paulskirche ab, und nirgends setzt er sich mit einem Einwand seiner Kritiker auch nur oberflächlich auseinander.

1 Die Walser-Bubis-Debatte. Eine Dokumentation. Hg. von Frank Schirrmacher. Frankfurt a. M. 1999. Im folgenden zitiert mit Seitenangaben im Text.

2 Bei dieser Briefschreiberin ist das Lob der Freuden, die das einfache Landleben biete, mit krudem Antikommunismus verknüpft: Die Entschädigung bekamen »die Genossen in Belgrad in Form von Mercedes-Limousinen mit allem drum und dran«.

3 Jetzt bin ich dem Fernsehen dankbar. Martin Walser plädiert für das Hinschauen: Ein Gespräch über die Fernsehreihe »Auschwitz und kein Ende«. In: FAZ vom 29. 1. 2000, S. 43.

4 Vgl. Detlef Hartmann: Familienbande. Wie Martin Walser doch noch ein Brüderchen bekam. In: konkret, 3/2000, S. 55.

5 Peter Weiss: Die Ermittlung, S. 448 f. In: Weiss: Stücke I. Frankfurt a. M. 1976. »Laute Zustimmung von Seiten der Angeklagten« beschließt das Stück.

6 Walser fährt fort: »Sehen Sie, wie Hannah Arendt sagt, dass sie lachen musste, als sie diese 3600 Seiten dieses Kaspers Eichmann gelesen hat, das ist befreiend.« Hier kommt diese Episode bereits zum zweiten Mal im Gespräch vor. Zuvor schon hieß es: »Damals haben wir Intellektuellen sozusagen von Hannah Arendt gelebt, weil sie uns gesagt hat, dass sie bei der

Lektüre der Eichmann-Protokolle gelacht hat.« Die Wiederholung deutet auf das Bedürfnis hin, sich von einer unverdächtigen Zeugin jüdischer Herkunft den Nationalsozialismus verharmlosen zu lassen.

7 Martin Walser: Über das Selbstgespräch. Ein flagranter Versuch. In: Die Zeit vom 13. Januar 2000, S. 42 f.

Wulf D. Hund

DER SCHEUSSLICHSTE
ALLER VERDÄCHTE
Martin Walser und der Antisemitismus

»Er ist natürlich kein Antisemit«, urteilt ein bekannter Literaturkritiker über einen namhaften Schriftsteller. Doch ein-
schränkend fügt er hinzu: »Mehr oder weniger antisemitische
Akzente gibt es bei Walser schon eine Weile. Das ist nichts
Neues«.[1] Entschieden deutlicher haben nicht nur zwei Vertreter der politischen Wissenschaften behauptet, Walser sei
»Antisemit« und formuliere den »Kern eines Nachkriegsanti-
semitismus aus Erinnerungsabwehr ...: Der Jude ist mein Unglück«.[2]

Ignatz Bubis, lange Jahre Vorsitzender im Direktorium des
Zentralrates der Juden in Deutschland, hat sich zur selben
Frage vergleichsweise vorsichtig geäußert. Im Verlauf der
durch seine Kritik an Walsers Rede zur Verleihung des Friedenspreises des deutschen Buchhandels ausgelösten Debatte[3]
bekennt er, bei Walser »zwischen den Zeilen Antisemitismus«
zu »spüre(n)«.[4] Das scheint nur auf den ersten Blick keine
eben präzise Bestimmung zu sein. Schließlich kann zwischen
den Zeilen auch gelesen werden. Wer bloßem Gespür nicht
trauen mag, dem stellen dazu zahlreiche Methoden von der
Ideologiekritik bis zur Diskursanalyse ein umfangreiches In-
strumentarium zur Verfügung.

Im übrigen hat Bubis Teile der Auseinandersetzungen im
Umfeld der Rede Walsers sowie der Diskussion über das
Denkmal für die ermordeten Juden Europas und die Entschä-
digung für Zwangsarbeit während des Faschismus unter den

Begriff der »antisemitische(n) Kultur« subsumiert.[5] Er verweist damit auf die Notwendigkeit einer differenzierten Analyse antisemitischer Ressentiments. Vom christlichen Antijudaismus bis zum Rassenantisemitismus, von der Judäophobie der Eliten bis zum Radauantisemitismus der Kleinbürger, vom traditionellen Judenhaß bis zum modernen Erlösungsantisemitismus speisen sie sich aus unterschiedlichen Quellen und werden mit verschiedenen Ideologien kombiniert.[6] Daß sich dabei die Logik ihrer Argumentation gelegentlich erheblich unterscheidet, hindert nicht den wechselseitigen Austausch von Argumenten. Die so entstehende Gemengelage diffuser Abneigungen und Verdächtigungen gehört mit zu dem, was Shulamit Volkov unter Antisemitismus als kulturellem Code versteht.[7]

In Deutschland hat sich die antisemitische Kultur während des Kaiserreiches entwickelt. Ihre Tragfähigkeit stellt sie unter Beweis, als sie einem angesehenen Professor erlaubt, ein antisemitisches Machwerk als wissenschaftliche Studie auszugeben, deren Ergebnisse auf zahlreichen gut besuchten Veranstaltungen vorzutragen und schließlich auch noch einen jüdischen Studenten dazu zu gewinnen, über die von ihren Thesen ausgelöste Diskussion eine Dissertation zu verfassen.[8]

In der Weimarer Republik begünstigt die antisemitische Kultur nicht nur das Anwachsen eines gewalttätigen Antisemitismus, sondern wird zwischen Urlaub und Studium von breiten Schichten des Bildungsbürgertums getragen. Einem Industriellen und Politiker, der sie in seiner Jugend bis zum jüdischen Selbsthaß geteilt hat, wird sie trotz seines Plädoyers für die Assimilation zum Schicksal und soll seine Ermordung durch eine kriminelle Bande von Verschwörern legitimieren. Einer jungen Studentin und Doktorin der Philosophie erscheint sie derart bedrückend, daß sie noch vor ihrer erzwungenen Emigration eine Theorie der Juden als Parias entwickelt und dem Gedanken der Assimilation eine entschiedene Absage erteilt.[9]

Nach der Zerschlagung des Nationalsozialismus ändern Entnazifizierung und Reeducation zunächst nichts an der weiten Verbreitung antisemitischer Einstellungen. Sie können sich aber nicht mehr problemlos auf die traditionelle Weise äußern, weil öffentlich vorgetragener Antisemitismus zunehmend skandalisiert wird. So kommt es neben der Vermischung antisemitischer Vorbehalte und philosemitischer Bekenntnisse zu unterschiedlichen Strategien von Vermeidung und Substitution.[10] Der von Ignatz Bubis bei Martin Walser vermutete Antisemitismus zwischen den Zeilen hat hier seine Heimat.

Im Verlauf der zwischen beiden geführten Debatte deutet eine große Zahl von Zuschriften darauf hin, daß die antisemitische Kultur nach wie vor besteht. Auch in Briefen, die sich argumentativ um Verständnis bemühen, kommen Vorurteile und Ressentiments zur Sprache. Martin Walser hat sich vehement dagegen gewehrt, sie in Zusammenhang mit Antisemitismus zu bringen. Die Frage, warum er »nicht mißtrauisch« gegenüber den Briefeschreibern wäre, die »doch Antisemiten sein« könnten, weist er schroff als »herrschende Denkroutine« zurück. Er will sich die »Briefe nicht schlechtmachen« lassen und besteht darauf, daß sie von »ehrenwerte(n) Leuten« stammten, deren Zustimmung zu seinen Überlegungen »nicht nur ein Mißverständnis« sein könnte.[11]

Die brüske Verweigerung einer Diskussion der antisemitischen Rhetorik in den Dokumenten des Alltagsbewußtseins wirft die Frage auf, ob sie allein auf Kränkung und Unduldsamkeit beruht oder ob das in ihr zum Ausdruck kommende

Unverständnis sich nicht auch darauf zurückführen läßt, daß sich die Briefeschreiber und der Schriftsteller tatsächlich nicht mißverstehen. Sie schließt die Frage ein, inwieweit die Argumentationsmuster der Briefe auch in den literarischen Werken enthalten sind.

Nicht nur ein Mißverständnis

Die Zuschriften an Bubis und Walser[12]

Er habe »so etwas Volksabstimmungungshaftes« noch nie erlebt, verkündet Martin Walser in der Auseinandersetzung um seine Friedenspreisrede. Insbesondere Ignatz Bubis verweist er mehrfach auf die breite Zustimmung aus der Bevölkerung, die sich in tausend zustimmenden Briefen niederschlage. Die »Majorität (s)einer Briefe« sei »zu Herzen gehend« und von ihm »geprüft«. Von ihren Schreibern fühle er sich »nicht mißverstanden«.[13]

Nicht nur Ignatz Bubis hat versucht, diese etwas vereinfachte Konzeption des Plebiszits zu korrigieren, und die Briefe erwähnt, die an ihn geschickt worden sind. Auch vielen Schreibenden ist das Problem solcher Art Volksabstimmung bewußt gewesen. Nicht wenige haben deswegen Kopien an den jeweils anderen Kontrahenten geschickt oder sich gleich an beide gewandt, weil, wie eine Münchnerin formuliert, Briefe an einen allein »von dem jeweils anderen nicht auf ihre Bedeutung hin überprüft werden« könnten. Einem Absender aus Oldenburg scheint solche Überprüfung wegen des argumentativen Stellenwerts der Zuschriften nicht ausreichend. Er betrachtet sie als zusammengehörig und fordert, daß alle zwei-tausend Briefe »der Öffentlichkeit« zugänglich gemacht wer-den. Die Zahl der an Walser gerichteten Schreiben hält ein po-pulärer Wissenschaftler ohnehin nicht für bedeutend: Tausend Briefe bekäme auch jemand, der für Wiedereinführung der To-desstrafe oder Verschärfung der Asylgesetzgebung plädierte. Aus anderen Gründen erscheinen sie einem »Focus-Redak-teur« zu wenig. Walser, meint er, hätte mindestens eine Million Briefe bekommen müssen. Denn bislang sei es »nicht möglich, seriös zu streiten, wenn Juden und deutsche Geschichte nach 1933 das Thema sind«. Bubis' »Krawallkabinett« werde »so-fort aktiv, attackiert(e), schüchtert(e) ein und macht(e) nie-der«. Eine alte Dame aus Oldenburg schließlich problemati-siert solche Art Zählappell ganz allgemein. Sie sei keine »typische Leserbriefschreiberin«. Nachdem aber die Zuschrif-ten in der Öffentlichkeit solchen Stellenwert bekommen, be-dauert sie, nicht bei Walser protestiert und Bubis unterstützt zu haben. Es tue ihr »leid«, daß sie »diese beiden Briefe unter-lassen habe«.[14]

Auch so sind aber selbst die Schreiben an Martin Walser kei-neswegs »Ausdruck einer einzigen Bewußtseinsregung«[15] ge-wesen. Er erhält zwar mehr zustimmende Briefe als Ignatz Bubis, den zunächst mehr ablehnende Stimmen erreichen.[16] Doch gibt es auch zahlreiche kritische Stellungnahmen, die ihm entweder als Kopien von Schreiben an Bubis zugehen oder auch direkt an ihn adressiert sind. Dazu gehören auch Wortmeldungen von Teilnehmern an der Verleihung des Frie-denspreises. Sie wenden sich gegen die von Walser frühzeitig ins Feld geführten »1 200 ziemlich qualifizierte(n) Zeitgenos-sen«, die seiner »Rede standing ovations bereite(t)« haben sol-len.[17] Sie jedenfalls hätten »nicht applaudiert« und sich nach der Rede unter »Gleichgesinnten« gefragt, ob sie »nicht die Paulskirche hätten verlassen müssen«.[18]

Walser hat seine anfänglichen Zahlen darauf hin korrigiert: »Drei Briefeschreiber teilten mir mit, sie hätten nicht geklatscht. Aber eintausendeinhundertsiebenundneunzig erwachsene, zurechnungsfähige, nicht vorbestrafte Zeitgenossen aller möglichen Berufe stimmten zu, klatschten ... Beifall.«[19] Abgesehen davon, daß hier sämtliche Epitheta spekulativ sind, ist auch die demoskopische Auswertung höchst eigenwillig. Die Zählung rundet ab, setzt voraus, daß alle, die nicht geklatscht haben, dies schriftlich dem Preisträger mitteilen, und wertet Klatschen automatisch als Zustimmung.

Problematische Zustimmung

Sowenig wie Klatschen sich von selbst versteht, ist Zustimmung eine fraglose Kategorie. Walser und Bubis haben viele Schreiben erhalten, die in jeder Soziologie des Leserbriefes vorkommen und deren Aussagen nicht einfach als Zustimmung zur Sache gewertet werden können. Sie stammen einmal von einer nicht unerheblichen Zahl von *Sendungsbewußten*, die jedes Thema zum Anlaß nehmen, um ihre Botschaft zu verbreiten. In der Regel schreiben sie an mehrere Konfliktbeteiligte, oft mit großem Verteiler zusätzlich an Instanzen der Öffentlichkeit und der Politik. Ihre Ausführungen sind nicht selten umfangreich. Immer wieder legen sie auch eigene Schriften oder Manuskripte bei.[20]

Weiter melden sich angebliche *Leidensgenossen*, auch sie nicht selten mit einer Botschaft, indessen bedacht, sie mit der Bitte um Hilfe zu verbinden. Gegenüber Walser sprechen sie eher den Schriftsteller an, der vielleicht helfen könne, für ihr letztes Manuskript einen Verleger zu finden. An Bubis wenden sie sich eher als den Funktionsträger, der seinen Einfluß zu ihrer Unterstützung geltend machen soll. Ferner äußert sich eine nennenswerte Anzahl von *Verehrern*. Sie wollen hauptsächlich und gelegentlich wiederholt ihre Zuneigung ausdrücken. Walser erhält mehr Post dieser Art, nicht selten mit Beigabe selbstgemachter Gedichte, die aber durchaus auch Bubis erreichen. Diese Briefe sind ebenfalls ungeeignet, sie als Zustimmung in einer inhaltlichen Debatte zu werten. Eher enthalten sie das »Geständnis einer langjährigen Verehrung« für eine »Lichtgestalt, die einmal in die Geschichte eingehen wird«, von der man zu Hause ein Buch »seit Jahren gleich neben der Bibel« stehen habe und der »für viele Jahre Leselust« zu danken wäre, weil ihre Bücher »süchtig« machten.[21] Nur eingeschränkt berücksichtigen lassen sich schließlich die Briefe von *Prominenten* aus allen gesellschaftlichen Bereichen. Zwar gibt es unter ihnen Schreiben tiefer Verbundenheit und nachdenklicher Sorge. Doch sind sie häufig eher diplomatisch formuliert oder dienen der Bekräftigung vermeintlicher ideologischer Gemeinsamkeiten. Es kommt vor, daß jemand beiden Kontrahenten schreibt, sie gut verstehen zu können.

Jenseits dieser Kategorien überwiegt bei Walser nicht nur das Einverständnis. Die an ihn gerichteten Schreiben haben oft auch einen anderen Ton. Er kommt vor allem in Begriffen wie ›Herz‹ und ›Seele‹ zum Ausdruck, aus denen der Schriftsteller den Briefeschreibern gesprochen habe. Außerdem erhält Walser kaum Zuschriften mit wüsten Beschimpfungen und von anonymen Absendern.

Für Bubis sind solche Elaborate nichts Neues. Ihr Charakter hat sich aber seinem Eindruck nach in den letzten Jahren verändert. Er könne das »veränderte Klima« seit Anfang der neunziger Jahre »im wahrsten Sinne des Wortes auch an den Briefen ablesen«, die ihn erreichten. Seien »Droh- und Schmähbriefe zuvor meist anonym« gewesen, so kämen sie »nun immer häufiger mit vollem Namen und Absenderangabe«.[22] Doch auch nach seiner Kritik an Walsers Rede gehen anonyme Schreiben bei ihm ein, entweder mit durchsichtigen Anagrammen wie ›Adolf Relti‹, fingierten Organisationsnamen wie »Schutzgemeinschaft der Deutschen Interessen« oder überhaupt nicht gezeichnet. Die Absender behaupten, Walser habe nur »das ausgesprochen ..., was alle Welt weiß: daß die Juden stets damit beschäftigt sind, aus jeder Möglichkeit Kapital zu schlagen, ohne einen Finger krumm zu machen«, oder verkünden »Walser hat Recht. Bravo, Bravo!« und fordern, die »verdammten Blutsauger« müßten »eingefangen und öffentlich vergast werden«.

Auf dem Unsäglichkeitsberg

Die Verfasser solcher Texte zum »Bodensatz der Ewiggestrigen« zu zählen, »die jede europäische Gesellschaft nun einmal hat«,[23] verstellt das Problem. Antisemitische Rhetorik findet sich nicht nur in kriminellen anonymen Schmähbriefen, sondern reicht von Schreiben dumpfer Idiosynkrasie über jene bewußter Aversion bis zu solchen diffusen Unbehagens. Wenn deren Schreiber gelegentlich beklagen, »unmerklich in die Position eines Antisemiten« getrieben zu werden, oder behaupten, »kein Rassist« zu sein, sondern »höchstens dazu gemacht« zu werden, lassen sie doch ihren Vorurteilen freien Lauf. Aus Vorsicht kleiden sie sie dabei häufiger in Fragen oder meinen schlicht, daß es »immer Antisemitismus« geben würde.[24]

Dessen Argumente werden vom traditionellen christlichen Antijudaismus bis zum modernen Rassenantisemitismus vorgetragen. Drei »Hausfrauen aus dem Landkreis Marburg-Biedenkopf« verkünden: »Die Juden haben Jesus gekreuzigt und gedemütigt. Wir versuchen deshalb zu vergeben«. Aus Hattersheim wird die »Entmythologisierung ... der Tora der Juden« gefordert und vermutet, das Lied des Mose im Deuteronomium sei »die Quelle« aller späteren »Scheußlichkeiten«, die vom »Genozid beim Einzug ins Heilige Land« bis zu Hitler (»event. Vierteljude vom Großvater her«) und »Marx, Jude« reichten. Aus München teilt ein promovierter Schreiber mit, man müsse »das Problem des Antisemitismus ... nüchtern betrachten«. Es existiere nun einmal »biologisches Mißtrauen zwischen den Rassen«, und deswegen dürfe man nicht »so tun, als könne es ... keine biologischen und sozialen Spannungen zwischen Juden und Deutschen mehr geben«. In einem Brief aus Eselsburg wird dem die ökonomische Dimension des Antisemitismus hinzugesellt und das Verhältnis von »Händlern« und »Bankern« zu »Erfindern« und »Wertschöpfern« diskutiert, mit dem es in Deutschland schlecht bestellt sei: »Parteien, Medien, Banken, Handel ... in jüdischer Hand ... Es dominiert das ... Zecken-, Kuckuck-, Blattlausprinzip. Der Schaden ist kolossal«.[25]

Nicht überall ist Eselsburg. Gleichwohl hätte eine große Zahl von Briefen Martin Walser erlaubt, auf die Frage nach deren antisemitischem Gehalt differenzierter zu antworten als mit der Bemerkung, sie zeuge von »herrschende(m) Unsinn«. Die argumentativen unter den Briefen werden durch die analytische Betrachtung ihrer Gesamtzahl nicht schlechter. Sie sind zahlreich an Walser und Bubis geschickt worden. Eine publizierte Auswahl zeigt, wie sie sie verstanden wissen wollen. Sie zeigt indessen nur zum Teil, worum es geht, wenn der eine behauptet: »Die Mehrheit hat mich richtig verstanden« und der andere ihm entgegenhält: »Aber die Mehrheit hat sie anders verstanden, ich auch.«[26] Wichtige und oft verwandte argumentative Muster bleiben undokumentiert.

Martin Walser hat sich bemüht, die unterschiedliche Rezeption seiner Rede dadurch zu erklären, daß »der herrschende Sprachgebrauch« nicht »für alle ausreichend« wäre, und von den »vielen« gesprochen, »die eine Sprache brauchen, die nicht vorgeschrieben ist«.[27] Schon die Lektüre der von ihm und Ignatz Bubis ausgewählten Briefe macht deutlich, daß solche Aufteilung nicht greift. Sie zeugen nicht vom Gegensatz der »Sprache ... als Herrschafts- und Propagandamittel« und der »Sprache der Literatur«.[28] Und so wenig die eine sich einfach selbst richtet, so wenig führt die andere zur »unschuldig(en) ... Zusammenarbeit ... zwischen Autor und Leser«. Wenn das »Sagbare ... nur die Spitze eines Unsäglichkeitsberges«[29] ist, macht das Unsägliche in ihm doch doppelt sich geltend. Es scheint durch das Sagbare durch und wirft ihm sein Echo zurück. Die Mehrzahl der Briefe an Bubis und Walser sind in dieser Hinsicht besonders transparent und reich an Reflexionen. In deren vielfältigen Überlagerungen zeichnen sich deutlich einige prägnante Muster ab. Dazu gehören vor allem die Argumentationsfiguren von der Schuld der anderen, der Instrumentalisierung der Vergangenheit und der Verschiedenheit von Deutschen und Juden.

Mit der Erinnerung an die Schuld der anderen wird Walsers Hinweis auf Heidegger und die Verbindung von ›Schuldsein‹ und ›Dasein‹ volkstümlich aufgenommen.[30] Die Welt sei nun einmal »voller Unheil«, und das werde »so bleiben ..., solange es Menschen« gibt. Man müsse die Menschen sehen, wie sie sind, »heutzutage nicht schlechter nicht besser als all die Jahrtausende zuvor«. Das gelte zumal für die aktuelle Debatte, denn »wir sind nicht besser, aber auch nicht viel schlechter wie die übrigen Völker«.

In der Regel bleibt es indessen nicht bei allgemeinen Beteuerungen, sondern sie werden direkt als Entlastung formuliert. Die Klage, es gebe » (s)eit Kain und Abel ... Mord und Totschlag auf dieser Welt, aber immer werden wir mit den 12 Jahren NS-Zeit erpreßt«, geht dabei mit der Forderung einher, nicht »überängstlich jede Relativierung (zu) vermeiden«; schließlich würden überall »die entsetzlichsten Greueltaten verübt«, die Juden hätten keinen »Alleinanspruch auf Genozid«. Entsprechend wird die Frage, »warum ... immer die Leiden jüdischer Menschen besonders herausgehoben« würden, mit dem Vorschlag beantwortet, »(e)s wäre an der Zeit, nicht nur des einen ..., sondern aller Holocausts ... zu gedenken«. Mehr als ein Schreiber, der Walsers »Heidegger-Zitate ... nicht ... vergißt«, beginnt in diesem Zusammenhang zu rechnen und kommt zu dem Ergebnis, die »deutsche Schuld« werde »von der kommunistischen Tötung von 80 Millionen Opfern übertroffen«; auch werde »meist von den 12 Mio. deutschen Todesopfern ... geschwiegen«. Und mehr als eine Schreiberin wird noch deutlicher und beteuert, sie habe bislang vergeblich Quellen dafür gesucht, »daß 6 Millionen

Juden von den Deutschen umgebracht« wurden, wisse aber, »daß Stalin ... mindestens 40 Millionen Menschen umgebracht hat, daß die Amerikaner unzählige Indianerstämme ausrotteten, daß die Engländer in Indien und Afrika massenhaft Menschen umbrachten«, und bestehe darauf, daß den »Alliierten ... die deutschen Bombenopfer ihrer Terrorangriffe« angelastet werden müßten. Mehrfach wird auf den »Holocaust« im »Elbflorenz« verwiesen. Außerdem wird mitgeteilt, die Eltern oder die Schreiber selbst wären »auch im KZ« gewesen, einem russischen, polnischen oder tschechischen.

In zahlreichen Briefen finden sich so auf unterschiedlichem Niveau und mit verschiedenen Graden der Konkretion sämtliche Argumente des Geschichtsrevisionismus vorgetragen. Dazu gehört auch die These von der Schuld der Juden.[31] Ein Professor schreibt an Walser: »Schuld und Schande sind allgemein menschliche Kategorien und nicht spezifisch deutsch; und wie die Bibel ausweist, waren die Opfer von gestern die Täter von früher«. An dieselbe Adresse entrüstet sich ein Diplomingenieur: »Ständig wird das jüdische Volk als das verfolgte schlechthin dargestellt, obwohl es längst vom Opfer zum Täter mutiert ist. Wahrhaft, sie haben die Hitlerschen Methoden gut auswendig gelernt«. Ein Betriebswirt behauptet gegenüber Bubis, »daß man sich im Jahre 1998 in Israel genau der Methoden bedient, die man seit 1945 in einem vergangenen Regime auch heute noch bei jeder Gelegenheit anprangert«. Und ein Diplombiologe sorgt sich: »Wird den ... von Zionisten ... als Untermenschen behandelten Palästinensern auch einst einmal gedacht werden?« Ein Maurermeister, der Walsers »Rede ... verstanden« habe, »obwohl« er »ein Mann der ›Basis‹« sei, meint, »Juden waren auch Täter«, und fährt fort: »Es war ja ... nicht der Erste Holocaust, und wenn die Juden nicht bald anfangen ihre eigene Vergangenheit zu bewältigen, dann wird's wohl kaum der Letzte bleiben«.[32]

Mehrfach wird in diesem Zusammenhang auch die Kreuzigung Christi angeführt. In einem sehr eindringlichen Schreiben eines gleich mit zwei Doktortiteln aufwartenden Professors an Bubis, dem er mit persönlichen Hinweisen glaubhaft zeigen will, wie sehr er und seine Familie sich stets um »Aussöhnung« bemüht und »gegen Ausgrenzung, Intoleranz und Verfolgung« engagiert hätten, heißt es: »Ich möchte nicht, – angesichts der unaussprechlichen Verbrechen, die Deutsche, nicht ›die Deutschen‹, begangen haben – daß mein Volk stigmatisiert wird, wie ungerechtfertigt das Ihre deshalb, weil Juden, nicht ›die Juden‹, Jesus getötet haben«.[33]

Wie immer dieser Satz gewendet wird, ist im Gesagten heillos Unsägliches enthalten. Um sich dagegen zu verwahren, daß ihm »ein schlechtes Gewissen« gemacht wird, nur weil er »Deutsche(r)« ist, mobilisiert er ein zentrales Argument aus der Geschichte des Antisemitismus, das sich bis in die Gegenwart zieht.[34] Zwar sei dieser Vorwurf gegenüber dem jüdischen Volk als Ganzem, dem Bubis zugerechnet wird, während der Schreiber sich zum deutschen zählt, ungerechtfertigt. Doch als Botschaft der Evangelien bleibt stehen, es hätten »Juden ... Jesus getötet«.[35] Diese Behauptung wird mit der Shoa auf eine Stufe gestellt, die direkt als Tötung bezeichnete ideologische Konstruktion mit dem für unaussprechlich gehaltenen historischen Ereignis verglichen. Auch damit sind der Unsäglichkeiten noch nicht genug. Auf der Suche nach einem Verb zur Bezeichnung des ungerechten Verhaltens gegenüber dem deutschen Volk, wofür dem katholischen Briefschreiber von ›anprangern‹ bis ›zeihen‹, von ›beschuldigen‹ bis

›zur Last legen‹, von ›diskriminieren‹ bis ›zuschreiben‹ zahl-
lose Ausdrücke zur Verfügung gestanden hätten, wählt er
›stigmatisieren‹, ein Wort, zu dem das Fremdwörterbuch des
Duden an erster Stelle mitteilt, es bedeute: »mit den Wund-
malen des gekreuzigten Jesus kennzeichnen«.

Instrumentalisierung der Vergangenheit

Wie die Argumentationsfigur von der Schuld der anderen mit
jener von der Schuld der Juden einhergeht, so die von der Instrumentalisierung der Vergangenheit mit der von der jüdischen Berechnung.[36] Zwar gibt es eine nennenswerte Anzahl
von Briefen, die dieses Thema allgemein als »Empörungsri-
tuale linker Gutmenschen« und »Schmähmechanismen der
Meinungsdiktatur« fassen. Häufig jedoch wird von »Berufsjuden« geschrieben, die als »gewerbsmäßige() Ankläger« auf
»Wiedergutmachung über Äonenzeiträume« aus seien.[37]

Solche Auffassungen werden meistens als Anschuldigung
vorgetragen. Nur gelegentlich melden sich kritische Stimmen.
So schreibt ein Pfarrer, er »schäme« sich über den »latenten
Antisemitismus« in seinem »privat(en) wie beruflich(en) ...
Umfeld«, in dem »(n)icht wenige« die Rede Walsers als »›längst
überfälligen Befreiungsschlag‹ gegen ›das Judentum‹ verstanden« haben. Oder eine Hausfrau berichtet über eine Diskussion »in einem Kreis von Akademikern«, in der sich fast alle
»einig« gewesen sind, »daß Herr Bubis als eiskalter Funktionär
und Vertreter der finanziellen jüdischen Interessen aufgetre-
ten sei, daß ja das ›internationale Judentum‹ nun wieder sein
Gesicht zeige und dgl.«.

Die Sprache der Briefe zeugt davon, daß viele Schreiber den

196

Begriff Instrumentalisierung so verstehen, wie es Ignatz Bubis befürchtet hat: »daß Auschwitz benutzt wird, um Vorteile daraus zu ziehen«.[38] So wird es ihm vorwurfsvoll und Martin Walser affirmativ übermittelt. Der bekommt dabei unterschiedlich ordinäre Versionen des Verständnisses seiner Sonntagsrede zugestellt. Nach ihrer Auffassung »soll ... das deutsche Volk in einem ... Schuldgefühl gehalten werden, um seine Spendenfreundlichkeit gnadenlos auszunutzen«. Ihnen »geht die permanente Darstellung der Judenprobleme (Geldforderungen ... usw.) inzwischen über die Hutschnur«. Entweder beschuldigen sie »gewisse Herren«, die »immer wieder ein Süppchen kochen und abzocken« wollten, oder sie vermuten, Bubis »fürchte() wohl, daß, wenn er den ›Knopf‹ Auschwitz ... drückt, es nicht mehr so reichlich klingelt«, und wenden sich gegen dessen »Masche«, »ewiges Geld« zu fordern. Immer wieder behaupten sie, es liege an den »auf ewige Zeit konzipierten ... Wiedergutmachungsforderungen«, wenn »in Deutschland neuer Antisemitismus entstehen sollte«. Aggressiv wenden sie sich gegen namentlich benannte »Gestalten«, die »wie die Maden im Speck« davon lebten, »uns ständig ... in Schuldgefühlen zu ersticken, um uns besser auspressen zu können«, oder die die Deutschen »bis zum Sankt-Nimmerleinstag bluten« lassen wollten und jetzt »den Fortgang des einträglichen ›Shoah-Business‹ ... fürchten«.[39]

Diese Bezichtigungen werden zwar überwiegend als Abwehr vermeintlich ungerechtfertigter oder übermäßiger Ansprüche formuliert. Sie bedienen sich aber gleichwohl der Logik des neuzeitlichen Antisemitismus und des von ihm tradierten Bildes vom geldgierigen Juden.[40] Die Elemente des Wuchers und der Ausbeutung werden dabei in den Vorwurf der Bereicherung durch Entschädigung und Wiedergutmachung überführt, der aber seine Herkunft semantisch deutlich erkennen läßt, die sich in Verben wie ausnutzen und abzocken, auspressen und bluten lassen niederschlägt.

Gleichzeitig wird behauptet, es gehe hier um ein großes Geschäft, das dazu diene, »quer durch Europa Kopfgeld zu ergattern«, und der antisemitische Kontext direkt angesprochen: Die »jüdischen Weltorganisationen« hätten sich »als riesige Inkassogesellschaften entpuppt« und »dem weitverbreiteten Vorurteil vom schachernden Juden wieder Vorschub geleistet«.

Ganz in antisemitischer Tradition kommt dieses Argument auch als Verbindung von wirtschaftlichem, politischem und öffentlichem Einfluß vor. Eine Briefschreiberin läßt Bubis wissen, an seinen »ständigen Schuldzuweisungen ... deutlich die Absicht: Zahlen und nochmal zahlen« zu erkennen, und fügt hinzu: »Alle Parteien und Medien sind bereits an führender Stelle mit Angehörigen Ihres Volkes besetzt. Dahinter steckt System«.[41]

Deutsche und Juden

Obwohl das Wort Volk in den Zuschriften nur selten auftaucht, ist doch die in seine Begriffsgeschichte eingeschriebene Ambivalenz von Eingrenzung und Ausgrenzung[42] häufig präsent. Das entspricht der Erfahrung, die Ignatz Bubis immer wieder gemacht hat. Die gängige Formulierung »Deutsche und Juden« ist ihm Ausdruck dafür gewesen, »(w)ie sehr Juden in Deutschland als Fremde gelten«, und daß »(i)n Deutschland ... die Mehrheit der Bevölkerung in einem Juden einen ›Ausländer‹« sehe.[43]

Auch wenn diese Auffassung in vielen Briefen nicht explizit

zum Ausdruck gebracht wird, spielt sie doch keine neben-
sächliche Rolle.[44] Selbst in Post, die sich mit Bubis solidarisch
erklärt, versichern die Absender: »Ich freue mich, daß Sie Unterstützung erhalten von Ihrem Botschafter«. Gelegentlich
wird solche Stimmungslage differenziert und beteuert: »Wir
Deutschen lieben ... alle Juden und Menschen aller Rassen,
die sich anständig und bescheiden in die Völkergemeinschaft
einfügen«. Die Hoffnung, daß es »zu einer unverkrampften
Verständigung« zwischen den »beiden ethnischen Gruppen«
der »nichtjüdische(n) Deutsche(n) und Juden« komme, wird
ergänzt durch die Zusicherung, »die deutsche Bevölkerung«
sei »auf einen pfleglichen Umgang mit der Judenfrage bedacht«. Häufig wird Bubis aber einfach »als Vertreter Israels«
gesehen, in dessen »Land ... es sehr viel Arbeit« für ihn gäbe
und der doch besser »die Israelis« kritisieren solle, oder
schlicht behauptet, er sei »doch kein Deutscher!«

Solche Gegenüberstellung[45] wird selten in Frageform vorgetragen. Ein Journalist etwa erklärt hinterhältig, daß er »nicht
präzise weiß, was Juden eigentlich sind: Eine Glaubens-
gemeinschaft, ein Volk, eine Partei ...?« Und ein Pfarrer teilt
scheinheilig mit, er »höre gelegentlich die Meinung, die Juden
wüßten selbst nicht, wer sie seien und wohin sie gehörten«,
»die Auffassung führender Juden« wäre aber doch wohl, daß
»Juden in Deutschland nichts verloren« hätten, sondern »nach
Israel« gehörten. Häufiger und nicht selten voller Idiosynkrasie wird die Meinung vertreten, »Bubis ... hätte in seinem
eigenen Lande Israel genug zu tun«, die eine Briefschreiberin
mit der Klage verbindet: »Wir sind nur noch die Heloten in
unserem Land. Wer es wagt, ... mal deutsch zu husten oder
die Wahrheit zu sagen, der wird als ausländerfeindlich be-
schimpft.«

Was sich in solchen Phantasien andeutet, findet sich auch bis zum Wahn gesteigert. Zwar schweigt der Verfasser öfter über die Quelle der vermuteten Bedrohung und wendet sich allgemein »gegen Bevormundung und Lenkung von außen« oder vermittelt den »Eindruck, daß die Medien und Parteien im Auftrag einer fremden anonymen Macht gegen die einfachen Menschen in Deutschland tätig sind«. Er findet es aber auch »(e)rschreckend ..., wie jüdische Kreise unser Denken ... manipulieren ... wollen«, glaubt, daß Juden »in den Medien überproportional auftreten«, oder beklagt sich über »das, was die Juden in allen Medien gegen uns tun«.

Die Rede von Deutschen und Juden konstatiert so nicht nur Verschiedenheit, sondern behauptet in der Tradition der antisemitischen Legende von der jüdischen Verschwörung einen feindlichen Gegensatz. Sie hat eine weit zurückreichende Tradition und gipfelt im späten Mittelalter im Vorwurf der Brunnenvergiftung und in der Neuzeit im Mythos der Weltverschwörung.[46] Selbst der erste ist noch als »Rauschen des Diskurses«[47] vernehmbar, wenn sich ein Briefschreiber über jüdische »Brunnenvergifter« erregt, »die bei den Bürgern das Bewußtsein entstehen lassen, daß Juden ein Fremdkörper in unserer Gesellschaft sind«. Daß »die Juden und der Herr Multimillionär Bubis versuchen, die Geld- und Weltherrschaft so sachte, sachte auszubauen«, vermuten mehrere Absender. Sie glauben, selbst der »Präsident der USA« sei »von jüdischen Dollars ... fest(ge)nagelt wie eine Puppe«, beanspruchen »als Deutsche ... das Recht«, sich gegen »jüdische Machtträger« »zu wehren«, und drohen, »diesmal« werde »die Weltöffentlichkeit nicht zulassen, daß entsprechend den Protokollen der Weisen von Zion unser Planet ein weiteres Mal in ein loderndes Inferno gestürzt wird!«

Solche Stimmen sind zwar die Ausnahme. Aber sie stehen nicht in schrillem Gegensatz zu den vielen Bekundungen des Unmuts und des Verdachts, in denen die Verschiedenheit von Deutschen und Juden angenommen und vermutet wird, die einen wollten die anderen ducken, sich an ihnen rächen und ihre Schuldgefühle ausnutzen. Derlei Unleidsamkeit ist der Resonanzboden für aggressivere Töne bis hin zu jenen, die unverhohlen antisemitische Motive anstimmen. Beides muß deswegen als Zusammenhang betrachtet werden, den Ignatz Bubis zu Recht »antisemitische Kultur«[48] genannt hat. Angesichts ihrer massiven Präsenz in der Debatte um die Friedenspreisrede Martin Walsers zieht er in seinem letzten Interview eine pessimistische Bilanz: »Ich habe nichts oder fast nichts bewirkt. Ich habe immer herausgestellt, daß ich deutscher Staatsbürger jüdischen Glaubens bin. Ich wollte diese Ausgrenzerei, hier Deutsche, dort Juden, weghaben … Die Mehrheit hat nicht einmal kapiert, worum es mir ging.«

Antisemitismus zwischen den Zeilen

Eine literarische Spurensuche

In den Zuschriften an Walser und Bubis kommen brachiale antisemitische Schmähungen nicht häufig vor. Dafür mangelt es nicht an Antisemitismus zwischen den Zeilen. Einen Schriftsteller, der behauptet, dort nicht lesen zu können, muß man fragen, wie es zwischen seinen eigenen Zeilen zugeht.

Verwunderlich ist dabei, daß die überwiegende Mehrzahl der Beiträge zur Walser-Bubis-Debatte das literarische Werk

Walsers nicht intensiver mit in die Diskussion einbezieht. Und selbst dort, wo das geschieht, spielt die Auseinandersetzung mit dem Antisemitismus keine oder nur eine untergeordnete Rolle. Das gilt auch für textkritische Überlegungen, die Walsers Friedenspreisrede mit seinen neueren Romanen vergleichen.[49] Die dabei angesprochenen einschlägigen Werke »Ohne einander«, »Finks Krieg«, »Die Verteidigung der Kindheit« und »Ein springender Brunnen« enthalten neben offenen antisemitischen Anspielungen alle ein erhebliches Maß von Antisemitismus zwischen den Zeilen.

Ein springender Brunnnen

»Ein springender Brunnen« erzählt eine nur mühsam als Spracherwerb getarnte Pubertät in der Volksgemeinschaft. Sie fängt 1932 vor der Einschulung des Romanhelden an und ist 1945 nach dem Ende seines kurzen Soldatentums immer noch nicht vorbei. Ihr Schauplatz, ein Dorf am Bodensee, gilt der Hauptfigur Johann als »Inbegriff der Menschheit«.[50] In diesem kleinen Kosmos lernt er buchstabieren und lesen. Er buchstabiert so gut und schnell, daß er später bei den paramilitärischen Wettbewerben des Jungvolks sogar Reichsmeister im Lesen gewunkener Flaggensignale wird. Und er liest so richtig und innig, daß er seiner Lektüre Winnetous sogar Einsichten über das Recht auf Heimat für alle Rassen abgewinnt.

So einem können keine bösen Gedanken kommen, wenn er bei einer Schüleraufführung des Theaterstückes »Schlageters Tod« mitwirkt. Am Ende wettert dort der Chor schließlich nur gegen das, was sein Verfasser schon lange für verwerflich hält, den »Geist von Versailles«.[51] Doch für Walser steht nicht nur fest, daß »1918 … kein Frieden«, »sondern … wirklich Diktat, Versailles« eben, gewesen ist. Er behauptet auch nicht nur, daß »dadurch … Hitler gekommen« sei. Sondern er bekennt zudem, »diese Herleitung des deutschen Geschicks« zu brauchen, weil er »es sonst bei (sich) selber ja gar nicht aushalte als ein Deutscher«.[52]

Daß sein »Bedürfnis nach Deutschland« auch ein »Bedürfnis nach Ichüberschreitung« ist, dessen Ziel früher »Gott« war und heute »Miteinander, Solidarität und Nation« heißt,[53] prägt Walsers Haltung zu Leo Schlageter. Den hält er »für einen Braven, für einen Katholiken, … für einen Reinen, … der erzogen wurde, Höherem zu dienen«. Das sei zuerst die »Kirche« gewesen. Durch die »Versailles-Misere« wäre dann das »Vaterland« an deren Stelle getreten. Deswegen habe es »(v)on Kindheitsreligion bis Vaterlandsdienst … Schlageter nie an einer Bindung gefehlt, die ihn selbst überstieg und ihn deshalb zu Dienst und Opfer fähig machte«.[54]

Johann scheint durchaus anfällig für eine ähnliche Entwicklung. Den Übergang zur Volksgemeinschaft erlebt er in der gedrängt vollen Wirtsstube des elterlichen Gasthofs vor dem Radioapparat. Als Goebbels spricht, laufen ihm »Schauer über den Rücken … wie sonst nur in der Kirche«.[55] Die »Wiedergeburt der Nation« wird verkündet. Anschließend ertönt das Horst-Wessel-Lied. Im Gasthof singen viele mit und »streck()en ihre rechten Arme in die Höhe«. Zu ihnen gehört auch Johanns Mutter, die kurz zuvor in die Partei eingetreten ist.[56]

Das ist ein durchaus symbolischer Akt. Die Mutter tritt nämlich nur in die Partei ein, um die Familie zu retten. Deren Ökonomie befindet sich wie die gesamte Volkswirtschaft in einer tiefen Krise. Wenn die Versammlungen der Partei im eigenen Gasthof stattfinden, kann man vielleicht überleben. Zudem sind viele Honoratioren schon Mitglieder, der Kirchenvorstand, der Architekt, der Bürgermeister, einige, wie die Kirchenmesnerin, seit Mitte der zwanziger Jahre.[57]

Angesichts dieser Mischung aus Berechnung, Opportunismus und Überzeugung ist es mehr als wagemutig, wenn Walser mit solcher Konstruktion die Hoffnung verbindet, durch den Eintritt der Mutter auch den Eintritt Deutschlands in die Partei erklären zu können.[58] Denn durch die doppelte Orientierung an ehrenwerten Mitgliedern und wirtschaftlicher Not wird der alltägliche Kampf ums Überleben in seiner Bedeutung relativiert. Wider Willen liefert der Autor Indizien, die über die Notlage des kleinen Mittelstands hinausweisen. Es gibt ideologische Gründe für die Zugehörigkeit zur NSDAP. Sie sind nicht zuletzt in deren antisemitischer Rhetorik zu suchen.

Darüber läßt Walser Johann im unklaren. Die ›Judenfrage‹ kommt in der Wörtersammlung des wissensdurstigen Knaben nicht vor. Dabei hat der politische Antisemitismus seit dem Kaiserreich seine rassistischen Aversionen und Phantasien mit dieser Vokabel propagiert. Das Handbuch der Judenfrage erscheint zum Zeitpunkt des Parteieintritts von Johanns Mutter in einunddreißigster Auflage. An der von der politischen Rechten inszenierten Diskussion der Judenfrage nehmen prominente Intellektuelle teil.[59]

Der Antisemitismus gehört ins ideologische Zentrum des Nationalsozialismus. Er korrespondiert mit verbreiteten Vorurteilen. In vielfältiger Weise ist er im Alltag gegenwärtig. Politisch wird er öffentlich und unübersehbar eskalieren, von der Zunahme antisemitischer Ausfälle und Übergriffe 1932 über den Boykott 1933, die Nürnberger Gesetze 1935, das Pogrom von 1938 und die von propagandistischen Exzessen wie dem Hetzfilm »Der ewige Jude« begleitete Politik des Arbeitszwangs und der Ghettoisierung bis zur sogenannten Endlösung der Judenfrage.[60]

Dem neugierigen und aufmerksamen Johann entgeht dies alles. Kaum erinnert er sich an ein antisemitisches Sprichwort, will er es nicht verstanden haben. Daß ein Mitschüler seiner jüdischen Mutter wegen aus dem Jungvolk ausgeschlossen wird, vergißt er umgehend. Als ein Obergefreiter ihm erzählt, er habe »bei der Judenverfolgung mitgemacht«, will Johann nichts Näheres wissen.[61]

Statt dessen läßt ihn Walser mit Häme eine antisemitische Geschichte erzählen. Während des Krieges wird der Vater seines besten Freundes als »Volksschädling« verhaftet, weil er Vieh verschoben haben soll. Er hat sich schon früh als SA-Führer hervorgetan und seinen Sohn vorausschauend Adolf genannt. Nach dem Krieg stellt sich heraus, daß Adolf auf zwei Namen getauft wurde und sich jetzt Stefan nennen kann. Er arbeitet »bei dem berühmten Viehhändler Wechsler«, der aus der Schweiz zurückgekehrt ist. Mit ihm hat Adolf Stefans Vater während des Faschismus die krummen Geschäfte gemacht. Jetzt möchte der jüdische Viehhändler den Nazisprößling adoptieren und zu seinem Nachfolger machen.[62]

Diese Geschichte ist mehrfach perfide. Sie bedient sich des antisemitischen Stereotyps vom Viehjuden, versieht ihn mit einem vieldeutig Geldwirtschaft und Vaterlandslosigkeit vermischenden Namen, läßt ihn den Faschismus geschäftstüchtig in der Schweiz überdauern und verwickelt ihn schließlich in ein prinzipienloses Komplott mit opportunistischen Nazis.[63]

Doch es kommt noch schlimmer. Am Ende des Romans zieht Johann Bilanz. Der Krieg hat große Lücken in die dörfliche Volksgemeinschaft gerissen. Der eigene Bruder ist gefallen. Viele Bekannte sind tot. Nur die Juden sind alle noch da. Sie hätten, erfährt er jetzt, »andauernd in Angst« gelebt, »abgeholt zu werden«.[64] Johann empfindet das als Vorwurf, »weil er all das nicht gewußt, nicht gemerkt hatte«. Aber er läßt sich keine »Empfindung abverlangen«, will mit der Angst der Juden »nichts zu tun haben«. In radikaler Gleichsetzung der Zumutungen der Volksgemeinschaft und der Erinnerung an ihre Opfer läßt Walser seinen Johann beschließen, er »woll()e nie mehr unterworfen sein, weder einer Macht noch einer Angst«.

Die Verteidigung der Kindheit

»Die Verteidigung der Kindheit« handelt von dem Versuch, die Erinnerung an die eigene Jugend zu bewahren. Die Hauptfigur des Romans, Alfred Dorn, setzt alles daran, möglichst viele Zeugnisse seiner Vergangenheit zusammenzutragen, um mit ihnen eine Art persönlichen Museums einzurichten und so seine Kindheit wieder aufzubauen.[65]

Die ist ihm gleich mehrfach zerstört worden: am Ende durch den Tod der geliebten Mutter, zuvor schon durch die von der Teilung Deutschlands bedingte räumliche Ferne von ihr, von Beginn an durch das Auseinanderleben und die schließliche Trennung der Eltern, vor allem aber im Februar 1945 durch die Bombardierung seiner Heimatstadt Dresden, die sich als »Feuersturm« und »Inferno«[66] unauslöschlich in die Erinnerungen des damals sechzehn Jahre alten Schülers eingebrannt hat. Je mehr dieses Dresden seiner Kindheit verfällt, je entschlossener setzt er ihm sein »inneres Dresden«[67] entgegen.

Daß er sein »geschichtliches Gefühl« gegen die Teilung Deutschlands verteidigen müsse, steht für den Romanautor Walser zu diesem Zeitpunkt außer Frage. Er will »Thüringen und Sachsen niemals als Ausland anerkennen«.[68] Eine Figur wie Alfred Dorn kommt ihm da gerade recht. Je länger der nämlich von Westberlin und Wiesbaden aus an der Rückeroberung seiner Kindheit arbeitet, desto mehr versteht er sich auch als Retter Dresdens, dessen Reste er unbedingt erhalten wissen möchte, »damit wenigstens soviel bewahrt werde, als nötig sei, um Späteren eine Ahnung zu geben von der Größe des Verlusts«.[69]

Damit ist gleichzeitig darauf verwiesen, wie Walser einen sehr viel schwierigeren Teil der Verteidigung der Kindheit meistert. Zu ihr gehört es nämlich auch, »die Unschuld der Erinnerung«[70] zu retten. Die aber wird bedroht durch »Auschwitz«, »das Furchtbare«, von dem man heute weiß, das jedoch der »Sechs- bis Achtzehnjährige() ... nicht bemerkt hat«. Indem der Autor den Protagonisten seines Romans in Dresden aufwachsen läßt, macht er »das Furchtbare« teilbar. Die »Größe des Verlusts«, den Alfred Dorn wachhalten will, haben britische Bomben verursacht. Sie sind es gewesen, die jenes Höllenfeuer von »1 000 Grad Celsius« entfacht haben, in dem selbst das »Zahnarztgold« aus der Praxis des Vaters geschmolzen ist und dem Alfred und seine Mutter nur deswegen entkommen sind, weil sie frühzeitig »den Keller des brennenden Hauses ... verlassen« haben, in dem die Zurückgebliebenen »erstickt« sind. Insgesamt werden »zwischen 100- und 200 000 Menschen getötet«, und die Überlebenden müssen in den nächsten Tagen »das Abladen, Aufschichten und Verbrennen von tausend oder zehntausend Leichen« erleben, die »mit Gabeln ins Feuer transportiert« werden.[71]

Es riecht nach Krematorium in diesem Dresden, und die Deutschen sind Opfer. Daß die »Rache der Juden«[72] daran Schuld sein könnte, müssen die Leser nicht glauben. Denn diese Parole wird im Luftschutzkeller von einem Blockwart ausgegeben. Aber denkwürdig ist es schon, daß aus der Dornschen Bekanntschaft ausgerechnet ein Jude die Angriffe überlebt, während dessen Frau, eine »sogenannte Arierin«, »vom Sog des Feuersturms erfaßt und in die Flammen hineingerissen« wird.[73]

Vor diesem Hintergrund lassen sich deutsche Schuld und Unschuld der Erinnerung gemeinsam nachzeichnen. Auch Alfred Dorn gehört zu jenen, die Auschwitz nicht bemerkt haben. Zwar weiß »(j)eder«, daß die Meldung zum angeblichen Arbeitseinsatz für Juden »Deportation und Tod«[74] bedeutet. »Wenn wir das büßen müssen«,[75] hört Alfred sogar einmal die Mutter sagen. Seine Erinnerung aber ist geprägt von der Hilfe für die Familie jenes Juden, der nach damaliger Sprachregelung in privilegierter Mischehe lebt und beim Angriff auf Dresden so wundersam davonkommt. Diese Familie wird in ihren Lebensmöglichkeiten durch die antisemitische Gesetzgebung immer mehr eingeschränkt. Alfred erfährt jede neue Schikane von der Tochter, die sein Vater nicht nur als Praxishelferin beschäftigt hat, bis »es nicht mehr möglich gewesen« ist.[76] Er, der eigens in »die Partei eingetreten« ist, »um sich besser wehren zu können«, hat dem jüdischen Bekannten, einem Kollegen, sogar heimlich die Schlüssel zur eigenen Wohnung überlassen, damit der dort trotz des Berufsverbots »jüdische Patienten«[77] behandeln konnte.

Nach dem Krieg zeigt sich freilich, daß dieser Mann den Namen, den der Autor für ihn ausgesucht hat, zu Recht trägt. Walser nennt ihn Dr. Halbedel und schreibt damit nicht nur

die rassistische Biologie des Antisemitismus fort. Er übernimmt auch dessen Charakterkunde. Denn Alfreds Vater, der
in Dresden geblieben ist, hat mit dem inzwischen in West-
deutschland lebenden Halbedel ein Geschäft auf Gegenseitig-
keit abgeschlossen. Er zahlt dessen Schwiegermutter monat-
lich einhundertzwanzig Mark Ost. Dafür erhält Alfred, der
mittlerweile in Berlin studiert, jeweils dreißig Mark West.
Doch nicht nur der Wechselkurs wird penibel beachtet. Als
das Geld für die Schwiegermutter ausbleibt, teilt Halbedel Alfred sofort mit, »er müsse die Zahlungen leider einstellen«.[78]
Dem Sohn derer gegenüber, die ihn und seine Familie einst
trotz eigener Gefährdung unterstützt haben, bringt er nur zustande, was sich als Äquivalenz in der Sprache des Geldes ausdrücken läßt. Er ist so berechnend, wie ein dem antisemitischen Stereotyp entsprungener Jude nur eben sein kann.

Es verwundert daher nicht weiter, daß Alfreds unschuldige
Erinnerung den »väterlichen Satz« bewahrt: »Juden gegenüber sei vorsichtig.«[79] Der drängt sich auch zwischen ihn und
einen jüdischen Kommilitonen in Berlin. »(E)in Don Juan«[80]
mit dem »Hauptthema ... Frauen« und von allen Studenten
»am besten bekleidet«, verschwindet dieser aber bald in die
Schweiz und aus dem Roman. Den Lesern bleiben neben dessen »Erfahrung ...«, daß auch seine Freunde Antisemiten
sind«, und dessen Haß auf Deutschland, »diese(m) Land, das
keine Ruhe gibt«, nur die schalen Reminiszenzen aus der
Mottenkiste des Antisemitismus, in der es von wohlhaben-
den, geilen und haßerfüllten Juden nur so wimmelt.

Alfred läßt sich von solchen Erfahrungen jedoch nicht ab-
schrecken. Zunächst in einer Kanzlei und dann in einem Lan-
desamt für Wiedergutmachung arbeitet er an der Bewältigung
der Vergangenheit. Obwohl er weiß, daß seine Tätigkeit zur

»Erzeugung der Wiedergutmachungsillusion«[81] dient und er mit einem »eher rechtsradikale(n)« Mitarbeiter auskommen muß, dem jeder »Entschädigungsantrag« als »Versuch« gilt, »dem deutschen Staat … Geld zu entsteißen«, läßt er in seinem Bemühen nicht nach. Gleichwohl geht ihm auch jetzt bei jedem Antrag der Satz des Vaters durch den Kopf: »Juden gegenüber sei vorsichtig«. Doch hält er den für eine alte antisemitische »Redensart«, die ihren Sprecher sicher nur »(e)inen Augenblick lang … beherrscht«[82] hat. Schließlich ist er selbst einmal für eine »Sekunde … ein Nazi gewesen«, als er in übermütiger Stimmung einem Mann beim Arbeitseinsatz »He, Jude!« zugerufen hat. Später schämt er sich deswegen. Doch im Augenblick des Geschehens hat er sich gehen lassen. Er war für diesen Moment von einer jener Redensarten beherrscht worden, die man ganz »(u)nwillkürlich … mitkriegt«.

Der Mann weiß, wovon er spricht. Schließlich ist er das Geschöpf eines Autors, dem sich immer wieder antisemitische Anspielungen aufdrängen. Die sind allerdings mehr als einmal von solcher Ausgewähltheit, daß Zweifel an ihrer Unwillkürlichkeit geäußert werden dürfen. Das zeigt sich etwa, als Walser seinen Helden hat sterben lassen und einen Nachruf benötigt. Den müssen zwei ehemalige Schulkameraden Alfreds verfassen. Einer von ihnen ist Hans Gurlitt. Sein Vater »war am Reichsgericht in Leipzig gewesen« und hatte »an der Anklageschrift gegen den Reichtags-Brandstifter« mitgearbeitet. Er selbst hatte »durch die Mitwirkung aller die Schule nicht verlassen« müssen, »obwohl seine Mutter Jüdin war«.[83]

Das wäre als Schlußakkord für ein deutsches Leben kein schlechter Coup. Doch Walser ist seine Mischung aus Reichsgericht und Judentum nicht genug. Er nennt sie auch noch Gurlitt. Solche Namengebung erfolgt nicht unwillkürlich. Sie ist erlesen. Selbst im Taschenlexikon stößt man auf Cornelius Gurlitt, der über viele Jahre Professor in Dresden gewesen ist. Was dort verschwiegen wird, verraten Untersuchungen zur Geschichte der völkischen Bewegung in Deutschland. Gurlitt hat nicht nur eine enge Freundschaft mit Julius Langbehn verbunden; er hat diesem auch ein literarisches Denkmal gesetzt.[84] Und Langbehn ist nicht nur als völkischer Deutschtümler hervorgetreten; er war auch ein rabiater Antisemit. Hundert Jahre vor der »Verteidigung der Kindheit« hat er die Parole ausgegeben: »Dem Streben der heutigen Juden nach geistiger und materieller Herrschaft läßt sich ein einfaches Wort entgegenhalten: Deutschland für die Deutschen.«[85]

Für alle, denen solche Verbindung zu kompliziert oder weit hergeholt erscheint, hat Walser eine weniger schwer zu deutende Fährte gelegt. Seinen Helden, von dem wiederholt versichert wird, allem Parteiwesen abhold zu sein und »Gesellschaft« als »Folter«[86] zu empfinden, läßt der Autor nur einer einzigen Organisation beitreten: der »Weininger-Gesellschaft«.[87]

Otto Weininger ist eine zentrale Figur in Analysen des jüdischen Selbsthasses.[88] Er hat den jüdischen Geist der Moderne verurteilt, den Juden alle Vornehmheit und jeden Eigenwert abgesprochen, sie als lüstern, geil und parasitär charakterisiert und behauptet, sie trügen »ihrer knechtischen Veranlagung« wegen die »Hauptschuld« an ihrer Diskriminierung.[89] Es nimmt nicht Wunder, daß solche Konzeption selbst im kruden Weltbild eines Adolf Hitler positiv gewürdigt wird. Von einem seiner ideologischen Ziehväter ist ihm in Erinnerung geblieben, daß der »nur einen anständigen Juden kennengelernt« habe, »den Otto Weininger, der sich das Leben genommen hat, als er erkannte, daß der Jude von der Zersetzung anderen Volkstums lebt«.[90]

In »Finks Krieg«[91] läßt Martin Walser den Protagonisten an den Ränkespielen politischer Günstlingswirtschaft zerbrechen. In einer langwierigen Kohlhaasiade kämpft er gegen ihm angetanes Unrecht um seine Rehabilitierung. Der Held des Romans, Stefan Fink, stammt aus katholischem Elternhaus. Sein Vater ist irgendwie deutschnational gewesen, im Stahlhelm, aber nie Parteimitglied, doch selbstverständlich Soldat und im Krieg. Der Sohn arbeitet als Beamter in der Verbindungsstelle Kirchen und Religionsgemeinschaften der hessischen Landesregierung. So ergeben sich genug Gelegenheiten, über deutsche Schuld und das Verhältnis zwischen Christen und Juden zu sprechen.

Was die deutsche Schuld anbelangt, so teilt Fink völlig die Meinung seines Schöpfers. Sie sei erst nach dem verlorenen Krieg diskutierbar geworden. Vorher hätten die einfachen Deutschen nicht erkennen können, daß sie einer Bande von Verbrechern in die Hände gefallen sind. Sie sind Soldaten geworden wie andere auch. Ihre Geschichte indessen wäre von den Siegern geschrieben worden, so daß die deutschen Soldaten den Krieg nach 1945 »immer aufs neue und immer noch furchtbarer verlieren«[92] müßten. Der Frieden sei faul. Über die Deutschen werde gewacht. Vor allem aber hielte man die ganze »Hitlerscheiße« so »am Kochen«, daß sie »jederzeit mit ihr eingedeckt werden« könnten.[93]

Wenn auch moderater, so äußert sich der Romanautor zur selben Zeit als Essayist durchaus vergleichbar. Er bekennt seine dauerhafte Verbitterung über die These, »die deutsche Geschichte laufe auf nichts zu als auf Hitler und Auschwitz«. Den Nationalsozialismus möchte er nicht als gesellschaftliches und politisches System gelten lassen. Nach seiner Meinung bliebe von ihm nur » (s)ehr wenig«, wenn man »Hitler abziehe«.[94]

In dieser These wird nur fortgeschrieben, was für Walser schon seit geraumer Zeit klar ist. Demnach sei »Hitler ... ganz und gar eine Ausgeburt von Versailles«. Deshalb stehe fest, daß »(d)er deutsche Rassismus ... ohne die Minderwertigkeit, zu der die Sieger Deutschland verurteilten, nicht zum Wahn gesteigert« worden wäre.[95]

Solche Überlegung könnte auch vom Beamten Fink stammen. Dabei hat er sich große Mühe gegeben, anständig zu sein, ist Sozialdemokrat geworden, hat während seiner juristischen Ausbildung einen Teil des Referendariats in Tel Aviv absolviert, engagiert sich ehrenamtlich für das International Council of Christians and Jews und ist von der jüdischen Gemeinde mit deren Ehrensiegel ausgezeichnet worden.[96]

Diese Haltung erlaubt ihm, gegenüber einzelnen Mitgliedern dieser Gemeinde durchaus skeptisch zu sein. Insbesondere von Ignatz Bubis erwartet er nichts Gutes. Als dieser nach einem offiziellen Gespräch noch ein persönliches Wort an ihn richtet, schätzt er das als opportunistisches Verhalten ein. Denn wenn Bubis seinen Kampf um Rehabilitierung als »aussichtslos« betrachtete, würde er ihn »wohl kaum so vor aller Augen angesprochen« haben.[97] Als Finks Bemühungen dann tatsächlich ohne Erfolg bleiben, erweist sich, wie zutreffend seine Vermutung gewesen ist. Obwohl er »für diese Organisation einiges getan« hat, wird er nicht zur Jubiläumsfeier der Wohlfahrtsstelle der Juden in Deutschland eingeladen. Fortan betrachtet er Bubis als »Abgefallenen«.[98]

Daß er damit recht hat, wird deutlich, als zu Weihnachten die drei Flaschen Champagner ausbleiben, die ihm Bubis immer hat schicken lassen und die er jeweils vorsorglich der

Staatskanzlei als Geschenk angezeigt hat.[99] Doch wird Bubis jetzt, da die Sendung ausbleibt, zum Verhängnis, daß sie bislang regelmäßig zu Weihnachten geliefert worden ist. Denn wie die Geschichte will, folgt dem Fest der Geburt Christi direkt der Namenstag des Katholiken Stefan Fink. Das gibt dem Autor die Gelegenheit, seine Figur zunächst über die Aufmerksamkeit des Juden Bubis und unmittelbar anschließend über das Martyrium des Christen Stephan nachdenken zu lassen.[100] Die Apostelgeschichte erzählt, daß der seiner evangelischen Predigten wegen vor den hohen jüdischen Rat gebracht wird. Dort liest er den Anwesenden die Leviten und nennt sie nicht nur Verräter an Jesus, sondern auch dessen Mörder. Daraufhin wird er gesteinigt und so zum ersten Märtyrer des Christentums.[101]

Mit solcher Aneinanderreihung mag sich Walser indessen nicht begnügen. Er erlaubt Fink, entschlossen zu bekennen, »immer gern Stefan geheißen« zu haben, und anschließend eigens hervorzuheben, wie sich sein Namenspatron verhalten hat. Stephan stirbt nämlich erst, »nachdem er seinen Peinigern die ganze jüdische Geschichte erzählt hat, als sei sie nichts als eine Vorgeschichte für das Erscheinen Christi«. Daraus folgert Fink: »Ein Historiker wird gesteinigt.«[102]

Dieser Satz ist zu kurz, um übersehen zu werden. Zwar ist es ein Zufall, daß die Veröffentlichung von »Finks Krieg« mit dem Erscheinen von »Hitlers willigen Vollstreckern« und den »Verbrechen der Wehrmacht« zusammenfällt.[103] Zu diesem Zeitpunkt liegt aber der Historikerstreit erst zehn Jahre zurück. Walser hat ihn mit der Begründung begrüßt, er habe das »Angebot von Sichtweisen und Urteilsarten« erhöht. Beim Gespräch über Deutschland könne man jetzt von einer »Vielzahl von Auffassungen ... Gebrauch machen«.[104]

Tatsächlich sind im Verlauf dieser Auseinandersetzung einige Geschichtswissenschaftler, die versucht haben, die deutsche Geschichte umzuerzählen und die säkulare Dimension der Shoa in Frage zu stellen, auf heftige Kritik gestoßen. Aus ihrer und der Sicht derer, die Verständnis für sie gezeigt haben, soll es sich bei dieser Kritik nicht nur um »Manichäismus« und »Proskription()« gehandelt haben. Sie wollten sie auch als »Rufmordkampagne« und »Rufmord«, als »(m)oralisches Sondergericht« und »öffentlich-moralische Hinrichtung« gewertet wissen.[105]

Die ›Steinigung‹ des heiligen Stephan und der ›Rufmord‹ an den revisionistischen Historikern finden sich in »Finks Krieg« in ein inniges Verhältnis gesetzt. Mit der Erhebung des Heiligen zum Historiker wird gleichzeitig die Revision der Geschichte begrüßt und eines ihrer perfidesten Beispiele verharmlost. Die Interpretation der »ganze(n) jüdische(n) Geschichte« als »Vorgeschichte für das Erscheinen Christi« markiert nämlich die Entstehung des christlichen Antijudaismus. Die Juden werden mit dem Hinweis, sie hätten sich schon immer dem Heiligen Geist widersetzt, um das Alte Testament gebracht. Die Christen beanspruchen die Geschichte des Bundes Gottes mit dem Volk Israel als ihre Geschichte und erklären sich selbst zum auserwählten Volk.[106]

Ohne einander

In »Ohne einander« wird der Antisemitismus ausführlich thematisiert. Abgesehen von einem Stapel langweiliger Beziehungskisten erzählt der Roman von den Schreibschwierigkeiten der Journalistin Ellen Kern-Krenn. Sie stellen sich auch ein, als sie in kurzer Zeit über den Film Hitlerjunge Salomon schreiben muß. Die lobende Besprechung soll in dem Magazin, für das sie arbeitet, für Ausgewogenheit gegenüber einem Beitrag sorgen, der den »Eindruck jüdischer Dominanz beim organisierten Verbrechen«[107] im Amerika der Gangsterzeit vermittelt.

Der Herausgeber des Magazins möchte sich auf keinen Fall dem »uninteressantesten«, aber auch »übelsten« und »scheußlichsten« aller Verdächte, dem des Antisemitismus«, aussetzen.[108] Er will das schon deswegen nicht, weil er »Antisemit« ist, der gerne »Judenwitze« erzählt und dabei »vor allem einem sexuell bezogenen Antisemitismus« verfällt. Deswegen besteht er darauf, daß der Artikel über die amerikanischen Gangster, der »unfreiwillig antisemitisch geraten« ist, »ausbalanciert werden« muß.

Ellen, die den Vorschlag zur Filmbesprechung macht, wird selbst mit deren Abfassung betraut. Sie hat den Film erst vor kurzem zusammen mit ihrem Liebhaber gesehen. Der ist hinterher wütend gewesen und hat den Film »entsetzlich« gefunden, weil er die Deutschen alle als »Naziphrasendrescher« darstellt, die mit nichts anderem beschäftigt sind »als Handhochstrecken, Zackigkeitsposen, Führerzitieren, Rassenquatschreden und Judenquälen«. Das sei alles »Kalkulation des Auslands«, hat er gemeint: »Eine nicht enden dürfende Erpressung durch andauernde Vorführung der deutschen Greueltaten«.[109]

Das klingt nicht viel anders als die Meinung des Beamten Fink und zahlreicher Briefeschreiber an den, der diesen ebenso erfunden hat wie den Geliebten der Journalistin. Daß er mit dem durchaus sympathisiert, macht er deutlich, wenn er ihn gegen erzwungene Schuldbekenntnisse wettern und

warnen läßt, »nichts ruiniere eine Gesellschaft auf die Dauer
gründlicher als eine Moral, die nur auf den Lippen zu Hause
sei«.[110] Diese Figur weiß, was der Autor von ihr will. Der hat
schon früher darauf bestanden, daß sich »Schuld ... nicht öffentlich bekennen« ließe, weil dabei nur »Heuchelei« heraus-
komme. Im gleichen Atemzug hat er sich gegen »moralische
Zeigefinger« und »Vorwurfs-Etiketten« verwahrt.[111] Diese
Auffassung steigert er schließlich bis zu dem Vorwurf,
»Auschwitz« würde zur »Drohroutine« und zum »Einschüchterungsmittel«, zur »Moralkeule« und »Pflichtübung«
gemacht.[112]

Sein Geschöpf Ellen darf sich solch klare Worte nicht erlau-
ben. Sie ist Journalistin und vertraut mit dem, was von ihr erwartet wird. Die von ihrem Begleiter beklagten Mißstände
gibt es für sie »nur in Wirklichkeit«. Die »öffentliche Meinung« müsse davon »frei(ge)halten« werden.[113] Selbst ein ein-
flußreicher Herausgeber kann nicht anders handeln. »Um zu
verhindern, daß das Magazin in den Verdacht des Antisemitismus kommt«, läßt er einen Beschwichtigungsartikel verfassen.

Ellens Schreibhemmung fällt in diesem Fall ganz besonders
massiv aus, weil ihr Erfinder sie zwingt, sich auch noch mit
der Vermutung herumzuschlagen, ihr Liebhaber habe ein Verhältnis mit der Geliebten ihres Mannes. In dieser Lage nimmt
sie dankbar das Angebot ihres Kollegen Koltzsch an, sie bei
der Arbeit zu unterstützen. Der verlangt für seine Hilfe
anschließend Geschlechtsverkehr, den sie sich nicht zu ver-
weigern traut.

Das könnte eine nicht gerade aufregende Episode aus einem
nicht eben originellen Kolportageroman sein, der sich mit einer
Reihe abstruser sexueller Verwicklungen durch ein klischee-
haftes Ambiente schlägt. In einer seiner häufig anzüglichen

Besprechungen der Werke Walsers hat Marcel Reich-Ranicki versucht, das Buch auf diese Weise abzuwickeln. Dessen Figuren erscheinen schlimmer als mißraten. Seine Sprache sei redselig, selten habe der Autor »mehr geplappert«. Die Handlung gilt als profan: »Das kann heutzutage jeder mehr oder weniger mittelmäßige Schriftsteller, da bieten sich die Klischees von selber an und alles läuft wie am Schnürchen«.[114]

Neben einigen weiteren Sticheleien fällt an dieser Besprechung vor allem auf, wovon in ihr nicht die Rede ist. Obwohl der Roman den angeblich verlogenen Umgang der Presse mit dem Antisemitismus ausgiebig thematisiert, verliert die Rezension darüber kein Wort. Noch nicht einmal der Begriff Antisemitismus kommt vor. Auch die journalistische Hilfeleistung und der erzwungene Sex werden nicht erwähnt. Die beiden Figuren, die im Roman dadurch verbunden sind, werden unvermittelt vorgestellt. Über Ellens Kollegen heißt es, er sei ein »Mann, der zwar nie im Schuldienst war, aber ›der Studienrat‹ genannt wird – und schon wissen wir Bescheid, daß es sich um einen verschrobenen, läppischen Menschen handelt ... Und wie macht ... ein Romancier eine Figur lächerlich? ... Er versieht sie mit kurzen Beinen, einem langen Oberkörper, einem riesigen Kopf, einem schleichenden Gang und ... einem Bart, den (er) ... ›komisch‹ nennt«.[115]

Im Roman selbst geht es indessen weniger launig zu. Als Koltzsch Ellens Zimmer betritt, veranlaßt er sie zu einem beziehungsreichen Vergleich: »Es klopfte, eintrat der Studienrat ... Wenn sie hier Namen zu vergeben hätte, hieße er Alberich oder Mime. Daß das zwerghaft Boshafte herausgekommen wäre. Studienrat, dieses durchaus harmlose Wort erhielt in Verbindung mit diesem heuchlerischen Finsterling eine geradezu dämonische Ladung.«[116] Statt eines läppischen Leh-

218

rers präsentiert der Text einen finsteren Heuchler. Gleichzeitig gibt er seiner Figur eine nur mäßig verschlüsselte Leseanleitung mit auf den Weg, indem er sie als Zwerg aus Bayreuth vorstellt.

Es bedarf eines gehörigen Maßes an kultureller Enthaltsamkeit, um diesen Hinweis zu übersehen. Der Streit um den offenen Antisemitismus in den Schriften Richard Wagners und den latenten Antisemitismus in seinen Opern wird lange und laut geführt und ist keineswegs beendet. Spätestens seit Adornos Behauptung, es könne »keinen Zweifel« geben, »aus welchen Quellen die Unwesen Mime und Alberich geschöpft sind«, »Antisemitismus« und »Idiosynkrasie«,[117] geht der Hinweis auf die Nibelungen mit der Diskussion des von ihnen repräsentierten heimlichen Antisemitismus einher.[118]

Der »antisemitische Subtext« der Opern Wagners soll »dem zeitgenössischen Publikum geläufig« gewesen sein.[119] Hinsichtlich seiner Romane ist sich Walser da offensichtlich weniger sicher. In einem der wenigen Sätze, die Ellen im Verlauf des Romans zustande bringt, empfiehlt er daher: »Wagnerbücherautoren sollten mit einander in Urlaub fahren. Sie verstünden einander besser, als wenn sie mit ganz anderen Leuten ... verreisten«.[120] Außerdem legt er seine Fährte nicht eben dezent, indem er die Bezeichnungen Alberich, Mime und Studienrat verbindet. Diese Kombination scheint wie ein Abklatsch der Kritik Adornos am »Wagnerschen Antisemitismus«: »Der Gold raffende, ... ausbeutende Alberich, der ... geschwätzige, von Selbstlob und Tücke überfließende Mime, der impotente intellektuelle Kritiker ... Beckmesser ... sind Judenkarikaturen.«[121]

Wie Beckmesser als Kritikaster der deutschen Kunst, so tritt Koltzsch als Zensor der deutschen Presse auf. Er heißt im

Magazin nämlich deswegen ›Studienrat‹, weil er dort als »Sprachwächter« tätig ist, dessen »Leidenschaft« darin besteht, »Fehler zu finden«. »Sprachschluderer« aufzuspüren, findet er »(s)exuell« erregend. Sein »Sprachkritikeramt« ist mit journalistischer Impotenz, der Verpflichtung, »niemals ... selber ... zu schreiben«, erkauft. Doch danach trachtet er ohnehin nicht. »Sein Traum« ist vielmehr, »eines Tages ganz Deutschland sprachlich vorzustehen«.[122]

Aus der Kombination von Nibelungenzwergen und Studienrat entspringt eine Figur, die der politische Antisemitismus seit je strapaziert. Schon Wilhelm Marr hat gezetert, das »Judenthum dictirte die öffentliche Meinung in der Presse«.[123] Heinrich von Treitschke hat nicht angestanden, dieses Diktum mit akademischen Weihen zu versehen, und das »Uebergewicht des Judenthums in der Tagespresse« moniert, das durch einen »Schwarm von heimatlosen internationalen Journalisten« bewirkt würde.[124]

Walsers Koltzsch bringt Elemente solchen Ressentiments gleich mehrfach zum Ausdruck. Er wird als heimlicher Herrscher im Reich der Sprache gezeichnet, der aber nur Fehlern anderer auf der Spur ist, ohne selbst zu schreiben. Als ebenso unproduktiver wie zersetzender Intellektueller ist er geradezu eine Paradefigur des Antisemitismus.[125] Da nimmt es nicht Wunder, das er von der sprachlichen Herrschaft über ganz Deutschland träumt.

Doch der Autor begnügt sich nicht mit der geistigen Charakterisierung seiner Figur, sondern schreibt ihr zusätzlich eine entsprechende Körperlichkeit zu. Sie dient nicht nur der Lächerlichmachung, sondern auch der Stereotypisierung. »Die kurzen Beine, der lange Oberkörper, der riesige Kopf, der schleichende Gang, die lauernde Haltung«, der »komische Bart« und der »verlogen(e) ... Blick« machen das deutlich.[126]

Für den langen Oberkörper und die kurzen Beine hat schon Wilhelm Busch mit seinem Zerrbild des Schmulchen Schievelbeiners eine antisemitische Konfektion entworfen – »kurz die Hose, lang der Rock«.[127] Der komische Bart ist ein so einschlägiges Requisit, daß ihn Eduard Fuchs bei seiner Charakterisierung des »jüdischen Typs ... in der Karikatur« an prominenter Stelle nennt: »Am körperlichen Typ bemerkt man selbstverständlich als erstes jüdisches Merkmal den Bart«.[128] Der schleichende Gang hat es sogar zu wissenschaftlichen Ehren gebracht. Im Archiv für Anthropologie etwa ist ein spezifisch »jüdische(r) Gang« beschrieben und sowohl auf eine schwache Wadenmuskulatur als auch auf platte Füße zurückgeführt worden. Des verlogenen Blickes hat sich nicht nur die Wissenschaft angenommen, sondern er ist auch vielfach popularisiert und immer als ambivalent, sowohl »kaltblütig und egoistisch« als auch »kraftlos, schlapp und feige« beschrieben und als »nervös« und »hinterlistig« charakterisiert worden.[129]

Walsers Geschöpf Koltzsch scheut sich nicht, alle diese Eigenschaften zu vereinen. »Prinzipiell böse«, ist er doch ein »Schwächling« und »geistig-nervlich Überspannte(r)«. In seinen Augen mischen sich »(b)lanke Brutalität und elende Unterwürfigkeit« mit »Angst und Lauern« so beredt wie bei einer der Musterfiguren des literarischen Antisemitismus, Veitel Itzig aus Gustav Freytags »Soll und Haben«, der dem klaren Blick eines aufrechten Deutschen »unruhig und lauernd« und mit einer »Mischung aus Trotz und Unterwürfigkeit« begegnet.[130]

So einem darf die Lust auf eine blonde Frau nicht fehlen. Doch ehe er sich an ihr vergeht, macht er sie und die Leser

noch mit zwei weiteren seiner körperlichen Eigenschaften
bekannt. Er leidet unter »Psoriasis« und »Hand- und Fuß-
schweiß«.[131] Auch diese Zuschreibungen finden sich im Ar-
senal antisemitischer Unterstellungen. Die eine wird darauf
zurückgeführt, daß Juden »infolge der fehlenden Hygiene
ihre Andersartigkeit auch auf der Haut« tragen müßten. Die
andere gehört zum Bestand fiktionaler »Ekelnamen« der antisemitischen Literatur und des antisemitischen Witzes, in
denen unter anderem ›Schweiß‹ den Wortstamm Juden zu-
geschriebener Namen abgibt.[132]

Nach solchem Vorspiel fällt Koltzsch schließlich über Ellen
her. Dabei gesteht er ihr, »das Unmögliche einer Beziehung
zwischen einem kurzbeinigen Psoriasis-Schwitzer wie er und
einer hochbeinigen Blonderscheinung wie Ellen sei das, was
ihm ... den Speichel aus den Mundwinkeln in den Bart fließen
lasse«, »das bisher Sensationellste in seiner erotischen Biographie«.[133]

1 M. Reich-Ranicki in »Wir waren zusammen in der Hölle – und im Him-
  mel« (Interview). In: Die Welt vom 18. 9. 1999 (Beilage ›Die literarische
  Welt‹).
2 H. Funke, L. Rensmann: Aus einem deutschen Seelenleben. In: Allgemeine Jüdische Wochenzeitung vom 24. 12. 1998.
3 Umfangreiche Teile der Auseinandersetzung sind dokumentiert in
  F. Schirrmacher (Hrsg.): Die Walser-Bubis-Debatte. Eine Dokumentation. Frankfurt 1999.
4 I. Bubis in »Moral verjährt nicht« (Interview). In: Der Spiegel, 49, 1998,
  S. 52. An anderer Stelle unterscheidet Bubis zwischen latentem und ma-
  nifestem Antisemitismus und meint, Walsers Rede sei »gefährlich, denn
  sie fördert den unterschwelligen, latenten Antisemitismus« – I. Bubis:
  Kein Mißverständnis. In: Allgemeine Jüdische Wochenzeitung vom
  10. 12. 1998.
5 I. Bubis in »Die Haare sind mehr geworden« (Gespräch). In: Konkret,
  2/1999, S. 13.
6 Vgl. als Übersicht immer noch L. Poliakov: Geschichte des Antisemitismus. 8 Bde. Worms u. Frankfurt 1977–1988 u. J. Katz: Vom Vorurteil

bis zur Vernichtung. Der Antisemitismus 1700–1933. München 1989; zum christlichen Antijudaismus vgl. H. Schreckenberg: Die christlichen Adversus-Judaeus-Texte. 3 Bde. Frankfurt 1991–95 u. A. Haverkamp (Hrsg.): Zur Geschichte der Juden im Deutschland des späten Mittelalters und der frühen Neuzeit. Stuttgart 1981; zur Entwicklung des Rassenantisemitismus siehe G. B. Ginzel: Vom religiösen zum rassischen Judenhaß. In: ders. (Hrsg.), Antisemitismus. Erscheinungsformen der Judenfeindschaft gestern und heute. O. O. 1991 sowie E. Sterling: Judenhaß. Die Anfänge des politischen Antisemitismus in Deutschland 1815–1850. Frankfurt 1969 u. P. G. J. Pulzer: Die Entstehung des politischen Antisemitismus in Deutschland und Österreich 1867–1914. Gütersloh 1966; zur Judäophobie der Bildungsbürger vgl. D. L. Niewyk: The Jews in Weimar Germany. Baton Rouge, London 1980; zu den Ursprüngen des Radauantisemitismus siehe W. Bergmann: Völkischer Antisemitismus im Kaiserreich. In: Handbuch zur ›Völkischen Bewegung‹ 1871–1918, hrsg. v. U. Puschner, W. Schmitz, J. H. Ulbricht. München, New Providence, London, Paris 1996; zum traditionellen Judenhaß vgl. Judentum und Antisemitismus von der Antike bis zur Gegenwart. Hrsg. v. T. Klein, V. Losemann, G. Mai. Düsseldorf 1984; zum Erlösungsantisemitismus siehe S. Friedländer: Das Dritte Reich und die Juden. Bd. 1. Die Jahre der Verfolgung. München 1998.

7 S. Volkov: Antisemitismus als kultureller Code. In: dies., Jüdisches Leben und Antisemitismus im 19. und 20. Jahrhundert. München 1990.

8 Das antisemitische Machwerk ist W. Sombart: Die Juden und das Wirtschaftsleben. Leipzig 1911; die Diskussionen über dieses Werk skizziert F. Lenger: Werner Sombart 1863–1941. München 1994, S. 187 ff. (vgl. dazu die Rezension von K. Sontheimer: Wider die Leisetreterei der Historiker. In: Die Zeit vom 4. 11. 1994, der dem Verfasser »eine Verharmlosung des Sombartschen Antisemitismus« vorwirft und Sombart bescheinigt, er wäre ein »Denker« gewesen, »der wie wenige andere dazu beigetragen hat, den Antisemitismus und Rassismus wissenschaftlich zu verbrämen«); die Doktorarbeit verfaßt A. Philipp: Die Juden und das Wirtschaftsleben. Strassburg 1929.

9 Die Überlegungen zu Juden als Parias werden formuliert in H. Arendt: Rahel Varnhagen. Lebensgeschichte einer deutschen Jüdin aus der Romantik. München 1959 (das Buch ist überwiegend vor 1933 geschrieben worden; zum persönlichen Hintergrund siehe u. a. E. Ettinger: Hannah Arendt und Martin Heidegger. München 1995); jüdischen Selbsthaß sieht S. L. Gilman: Jüdischer Selbsthaß. Frankfurt 1993, S. 124 ff. bei Walther Rathenau; zu dessen Ermordung durch die Organisation Consul siehe M. Sabrow: Die verdrängte Verschwörung. Frankfurt 1999; die Spielarten des bildungsbürgerlichen Rassismus reichen von »antisemitischen Vorfällen« in Kurorten«, auf die unter dem Stichwort »Bäder-

Antisemitismus« D. Walter: Antisemitische Kriminalität und Gewalt. Judenfeindschaft in der Weimarer Republik. Bonn 1999, S. 17, verweist bis zum weit verbreiteten akademischen Antisemitismus, über den H. A. Winkler: Die deutsche Gesellschaft der Weimarer Republik und der Antisemitismus. In: B. Martin, E. Schulin (Hrsg.): Die Juden als Minderheit in der Geschichte. München 1981, S.283, zusammenfassend feststellt: »Der Antisemitismus ... fand nach 1918 im Bildungsbürgertum glühendere Verfechter als in irgendeiner anderen Schicht«.

10 Zum Antisemitismus der Nachkriegszeit vgl. Institut für Demoskopie: Ist Deutschland antisemitisch? Allensbach 1949; das Nebeneinander von heimlichem Antisemitismus und öffentlichem Philosemitismus diskutiert F. Stern: Im Anfang war Auschwitz. Antisemitismus und Philosemitismus im deutschen Nachkrieg. Gerlingen 1991; den Prozeß der zunehmenden Skandalisierung antisemitischer Äußerungen und Vorfälle durch die Öffentlichkeit untersucht W. Bergmann: Antisemitismus in öffentlichen Konflikten. Kollektives Lernen in der politischen Kultur der Bundesrepublik 1949–1989. Frankfurt, New York 1997.

11 M. Walser in »Wir brauchen eine neue Sprache für die Erinnerung« (Gespräch). In: Frankfurter Allgemeine Zeitung vom 14. 12. 1998.

12 Der folgende Teil ist eine leicht erweiterte Fassung von W. D. Hund: Auf dem Unsäglichkeitsberg. Martin Walser, Ignatz Bubis und die tausend Briefe. In: Blätter für deutsche und internationale Politik, 10/1999, S.1245 ff.

13 Alle Äußerungen M. Walsers zit. n. »Wir brauchen eine neue Sprache für die Erinnerung« (wie Anm. 11); dort finden sich auch die Hinweise von I. Bubis auf die Briefe, die er erhalten hat.

14 M. F., (M.), 14. 12. 1998 an B.; U. W., (A.), 14. 12. 1998 an B.; –, (G.), 8. 12. 1998 an B.; –, (O.), 18. 12. 1998 an W.; H. J., (O.), 28. 1. 1999 an B. Die Briefe werden hier und im folgenden mit Datum und Namens- wie Ortskürzeln (oder, wo eine Entschlüsselung möglich wäre, ganz ohne Initialen) zitiert. Sie konnten mit freundlicher Genehmigung von Ignatz Bubis und Martin Walser beim Zentralrat der Juden in Deutschland und im Suhrkamp Verlag eingesehen werden und sind selbstverständlich anonymisiert worden. Für Unterstützung bei der Recherche danke ich Dagmar Engelken.

15 M. Walser: Wovon zeugt die Schande, wenn nicht von Verbrechen. In: Frankfurter Allgemeine Zeitung vom 28. 11. 1998.

16 Vgl. »Die Debatte ist nicht beendet«. Ignatz Bubis über seine Aussprache mit Martin Walser. In: Allgemeine Jüdische Wochenzeitung vom 24. 12. 1998. Nach der in den Medien dokumentierten Aussprache seien die Briefe »zu 80 Prozent zustimmend« gewesen, heißt es dort weiter.

17 1200 Gegenbeispiele. Martin Walser zur Kritik von Ignatz Bubis. In: Abendzeitung vom 23. 10. 1998.

18 U. u. C. V., (S.), 9. 11. 1998 an W.; P. P. C., (K.), 26. 10. 1998 an W.

19 Herr Walser, was denken Sie sich? Interview mit M. Walser. In: Bunte, 52, 1998.

20 H. S., (F.), schreibt am 4. 12. 1998 von 22 bis 24 Uhr an R. v. Weizsäcker, I. Bubis, K. v. Dohnanyi, M. Walser, A. Primor und fügt seinen zwei eng getippten Seiten als Postscriptum an: »Kopie wie immer an das Bundes-archiv«; R. H., (K.), 9. 1. 1999, hat neben Bubis und Walser den Außen-minister, den israelischen Botschafter und »Martin Kummer, Bild Ham-burg« im Verteiler; H. M., (A.) schreibt am 17. 10. 1998 und am 24. 10. 1998 (mit Kopie »an Min. Präsident Teufel«) an W. und warnt davor, daß der »III. Weltkrieg ... unmittelbar bevorsteht«, wobei er sich auf die »Prophezeiungen des Nostradamus« und die »Apokalypse des Johan-nes« stützt.

21 G. S., (K.), 13. 10. 1998 an W.; I. W., (H.), 14. 12. 1998 an W.; K. W., (K.), 22. 10. 1998 an W.; R. W., (S.), Nov. 1998 an W.

22 I. Bubis: »Damit bin ich noch längst nicht fertig«. Frankfurt, New York 1996, S. 216. Die folgenden Zitate stammen aus Anonymus (A. R.), (H.), Dez. 1998 an B. und Anonymus, Dez. 1998 an B.

23 M. Walser in »Wir brauchen eine neue Sprache für die Erinnerung« (wie Anm. 11).

24 B. J., (G.), 26. 12. 1998 an W.; M. K., (S.), Dez. 1998 an B. u. W.; H. K., (G.), 16. 12. 1998 an W.; P. L. A., (F.), 4. 12. 1998 an B.; J. H., (W.), 21. 12. 1998 an W.

25 I. H., B. v. A., L. T. (o. O.), o. D. an B.; C.-C. M., (H.), 6. 12. 1998 nach-richtlich an den Zentralrat der Juden in Deutschland; K. D., (M.), 10. 12. 1998 an W.; K.-U. K., (H.-E.), 11. 12. 1998 an W.

26 M. Walser und I. Bubis zit. n. »Wir brauchen eine neue Sprache für die Erinnerung« (wie Anm. 11) – dort findet sich auch das vorstehende Zi-tat Walsers. Eine Auswahl von Briefen ist in F. Schirrmacher (Hrsg.): Die Walser-Bubis-Debatte (wie Anm. 3) enthalten; auch sie werden hier nur mit Namenskürzeln und Datum aufgeführt. Sie können leicht nach-geschlagen werden, da sämtliche Dokumente des Debatten-Bandes chronologisch geordnet sind.

27 M. Walser in »Wir brauchen eine neue Sprache für die Erinnerung« (wie Anm. 11).

28 M. Walser: Das Prinzip Genauigkeit. In: ders., Deutsche Sorgen. Frank-furt 1997, S. 591 u. M. Walser: Die Banalität des Guten. Erfahrungen beim Verfassen einer Sonntagsrede. In: Frankfurter Allgemeine Zeitung vom 12. 10. 1998 – dort auch das folgende Zitat.

29 M. Walser: Über freie und unfreie Rede. In: ders., Deutsche Sorgen. Frankfurt 1997, S. 472.

30 M. Walser: Die Banalität des Guten (wie Anm. 28). Die folgenden Zitate stammen aus W. S., (D.), 17. 12. 1998 an W.; H. V., (S.), 16. 11. 1998 an B.;

R. B., (E.), 17. 10. 1998 an W.; H. S., (Sch.-G.), Dez. 1998 an W.; H. Sch., (H.), 17. 10. 1998 an B.; G. G., (O.), 13. 10. 1998 an W.; M. E. B., (L.), 15. 10. 1998 an W.; R. S., (H.), 1. 1. 1999 an B.; P. T., (B.), 9. 11. 1998 an W.; A. B., (S.), 14. 12. 1998 an B.; M. L., (R.), 8. 12. 1998 an B.

31 In der Dokumentation zur Walser-Bubis-Debatte (vgl. Anm.3) kommt das in der Gesamtheit der Briefe massiv vertretene Argument kaum vor. Nur R. F. (30. 10. 1998 an W.) verbindet dort den »GULAG-Komplex« mit »hauptverantwortlichen Funktionären«, die »Juden« waren, und fragt: »Sind Juden in diesem Jahrhundert stets nur Opfer gewesen?« Und nur S. B. (7. 3. 1999 an W.) bemerkt zu »Stichworten wie: Vietnam, Hiroshima, Dresden, Archipel Gulag, NKWD, GPU, Indianer, Kambodscha, Irak, Jugoslawien, Israel, Kurden, Palästina u. v. a. m.«: »Haben nur wir Deutschen Gewissensbisse (zu haben)?«. Sie hat sich übrigens nicht als einzige in den ›Mitteilungen‹ der Gesellschaft für Kulturwissenschaft‹ über die Debatte informiert und gibt damit immerhin einen Hinweis auf den Umgang der rechten Presse mit Walsers Ausführungen, der zu den zentralen Argumenten der Kritik von Ignatz Bubis gehört hat – vgl. dazu: Endlich ein normales Volk? Vom rechten Verständnis der Friedenspreis-Rede Martin Walsers. Hrsg. v. M. Dietzsch, S. Jäger, A. Schobert. Duisburg 1999, speziell zur Gesellschaft für Kulturwissenschaft S. 18 u. 66 ff.

32 K. G., (E.), 7. 12. 1998 an W.; G. G., (O.), 11. 12. 1998 an W.; K. F., (N.), 31. 12. 1998 an B.; W. M. W., (T.), 4. 11. 1998 an W.; E. Z., (V.), 20. 12. 1998 an W. und nachrichtlich an B.

33 J. M. F., (K.), 17. 12. 1998 an B. – dort auch das folgende Zitat.

34 Es kommt in den Briefen auch als direkte Beschuldigung vor, das »jüdische Volk« müsse mit dem »Makel der Geschichte leben«, Jesus »in bestialischer Weise ermordet« zu haben – F. B., (B.), 27. 10. 1998 an B. Im Rahmen katholischer Rituale sind Metamorphosen dieser Anschuldigung, die Legenden von Ritualmord und Hostienschändung, in Deutschland und Österreich noch in den achtziger Jahren dieses Jahrhunderts zelebriert worden – vgl. dazu M. Eder: Die ›Deggendorfer Gnad‹. Entstehung und Entwicklung einer Hostienwallfahrt. Passau 1992 sowie R. Erb, A. Lichtblau: »Es hat nie einen jüdischen Ritualmord gegeben«. Konflikte um die Abschaffung der Verehrung des Andreas von Rinn. In: Zeitgeschichte, 17, 1989 und N. Hauer: Judenstein. Legende ohne Ende. Wien (SOG Edition 5), 1985.

35 Zur weiteren Entwicklung der Rhetorik vom Gottesmord vgl. H. Schrekkenberg: Die christlichen Adversus-Judaeos-Texte (wie Anm. 6).

36 Auch das wird in der Dokumentation der Walser-Bubis-Debatte (vgl. Anm. 3) kaum deutlich. Lediglich N. F. (25. 12. 1998 an W.) versichert dort Walser: »Ich gehöre zu der Mehrheit, die Sie richtig verstanden hat« und beteuert anschließend, er habe »keine Lust ... mich bis an mein

Lebensende erst schämen und dann immer wieder schröpfen zu lassen«.
Der Verfasser bildet hier ganz unbekümmert eine passive Form für das
reflexive ›schämen‹ …

37 Vgl. H. v. K., 24. 10. 1998 an W., Walser-Bubis-Debatte, a.a.O.; P. M.,
(S.), 8. 12. 1998 an W.; H. N., (B.), 18. 12. 1998 an W.; W. S., (D.), 7. 12.
1998 an W.; zum folgenden siehe V. H., (G.), 6. 12. 1998 an B.; I. J., (B.),
15. 12. 1998 an W.

38 I. Bubis: Kein Mißverständnis (wie Anm. 4).

39 G. G., (O.), 11. 12. 1998 an W.; K. H., (Z.), 10. 12. 1998 an W.; E. K., (M.),
13. 10. 1998 an W.; E. Z., (V.), 20. 12. 1998 an W.; C. E. u. H. K. E., (E.),
13. 12 .1998 an W.; A. K., (H.), 27. 10. 1998 an W.; E. E., (H.), 19. 10. 1998
an W.; W. G., (Sch.), 24. 10. 1998 an W.; G. O., (W.), 13. 10. 1998 an W.

40 Vgl. dazu u. a. F. Raphael: ›Der Wucherer‹ u. A. Barkai: ›Der Kapitalist‹,
beide in J. H. Schoeps, J. Schlör (Hrsg.): Antisemitismus. München,
Zürich 1995 sowie W. Benz: Antisemitische Stereotype in Deutschland.
In: Die Macht der Bilder. Hrsg. Jüdisches Museum der Stadt Wien. Wien
1995, v. a. S. 369 ff. und W. Bergmann: Nationalismus und Antisemitismus im vereinigten Deutschland. In: Die Konstruktion der Nation gegen die Juden. Hrsg. v. P. Alter, C.-E. Bärsch, P. Berghoff. München 1999,
v. a. S. 151. Zur Tradition dieses Arguments vgl. W. D. Hund: Shylock
oder die Entfremdung. Antisemitismus als joint venture. In: ders., Rassismus. Die soziale Konstruktion natürlicher Ungleichheit. Münster
1999. Die beiden folgenden Äußerungen stammen von I. S., (M.), 22. 1.
1999 an B.; B. F., (E.), 6. 11. 1998 an B. – der erste firmiert im Briefkopf
als »Dr.«, der zweite als »Dipl. Volkswirt«.

41 R. S., (H.), 1. 1. 1999 an B.

42 Vgl. als Übersicht F. Gschnitzer, R. Koselleck, B. Schönemann, K. F.
Werner: Volk, Nation, Nationalismus, Masse. In: Geschichtliche Grund-
begriffe. Historisches Lexikon zur politisch-sozialen Sprache in
Deutschland. Bd. 7. Stuttgart 1992.

43 I. Bubis: »Damit bin ich noch längst nicht fertig« (wie Anm. 22), S. 221.

44 In der Dokumentation zur Walser-Bubis-Debatte (vgl. Anm. 3) kommt
sie nur am Rande vor – siehe etwa W. W., 12. 12. 1998 an W. oder V. F.,
14. 12. 1998 an W.; zum folgenden vgl. D. H., (R.), 10. 12. 1998 an B.; A.
T., (H.), 15. 12. 1998 an B.; R. K., (H.), 14. 12. 1998 an W.; E. S., (B.), 14.
12. 1998 an B.; L. Sch., (K.), 7. 12. 1998 an W.; G. S., (H.), 10. 2. 1999 an
B.; F.-J. S., (N.), 1. 12. 1998 an W.; I. G., (O.), 18. 10. 1998 an W.

45 Vgl. zum folgenden W. L., (L.), 15. 12. 1998 an B.; W. B., (M.), 5. 2. 1999
an B.; H. S., (Sch.-G.), Dez. 1998 an W.; B. D., (D.), 2. 11. 1998 an W.;
K. R., (K.), 22. 10. 1998 an W.; V. F., (M.), 14. 12. 1998 an W.; W. P., (G.),
1. 11. 1998 an B.; A. M. W., (B. S.), 20 10. 1998 an W.

46 Vgl. F. Graus: Pest – Geissler – Judenmorde. Das 14. Jahrhundert als
Krisenzeit. Göttingen 1987 u. N. Cohn: »Die Protokolle der Weisen von

227

Zion«. Der Mythos der jüdischen Weltverschwörung. Baden-Baden, Zürich 1998.

47 So unter Rückgriff auf Foucault und mit einschlägigen Materialien S. Rohrbacher, M. Schmidt: Judenbilder. Kulturgeschichte antijüdischer Mythen und Vorurteile. Reinbek bei Hamburg 1991, S. 360 ff.; zum folgenden vgl. W. L., (L.), 15. 12. 1998 an B.; K. H., (Z.), 10. 12. 1998 an W.; L. Sch., (K.), 7. 12. 1998 an W.; A. v. A., (N.), 14. 12. 1998 an W.; J. S., (M.), 22. 2. 1 999 an B.

48 I. Bubis zit. n. »Die Haare sind mehr geworden« (wie Anm. 5); zum folgenden siehe das Interview mit I. Bubis in: Stern, 31, 1999.

49 Vgl. K. Köhler: Die poetische Nation. Zu Walsers Friedenspreisrede und seinen neueren Romanen. In: J. Klotz, G. Wiegel (Hrsg.): Geistige Brandstiftung? Die Walser-Bubis-Debatte. Köln 1999.

50 M. Walser: Ein springender Brunnen. Frankfurt 1998, S. 323; zum folgenden siehe S. 285 (Reichsmeister) und S. 252 (Winnetou).

51 A. a. O., S. 191.

52 M. Walser: Deutschländer oder Brauchen wir eine Nation? Ein Gespräch über Staaten, Nation, Heimat und Literatur. In: ders., Deutsche Sorgen. Frankfurt 1997, S. 263.

53 M. Walser: Händedruck mit Gespenstern. In: ders., Deutsche Sorgen, a. a. O., S. 226 u. 224.

54 M. Walser: Schlageter. Eine deutsche Vergangenheit. In: ders., Ansichten, Einsichten. Aufsätze zur Zeitgeschichte. Frankfurt 1997, S. 671, 672, 674. An seiner Sympathie für solchen Wandel des ›Höheren‹ läßt Walser keinen Zweifel. Dessen historische Dimension ist ihm dabei bewußt. Voll Verständnis zitiert er Heideggers im Mai 1933 gehaltene Schlageter-Rede mit ihrer emphatischen Legitimation der Freikorpskämpfe im Baltikum, in Schlesien und an der Ruhr – vgl. a. a. O., S. 678. Zu Heideggers Rede vgl. u. a. V. Farías: Heidegger und der Nationalsozialismus. Frankfurt 1989, S. 142 ff.; zu Schlageter siehe M. Franke: Albert Leo Schlageter. Der erste Soldat des 3. Reiches. Die Entmythologisierung eines Helden. Hamburg 1980.

55 M. Walser: Ein springender Brunnen, a. a. O., S. 112; das folgende findet sich S. 113 f.

56 ›Der Eintritt der Mutter in die Partei‹ ist im Roman sowohl Titel des ersten Buches wie eines seiner Kapitel – vgl. a. a. O., S. 7–117 u. S. 89 bis 106. In seinen Notizbüchern hat Walser das Romanprojekt ursprünglich unter demselben Titel entwickelt – vgl. F. Augstein: Kaure dich, daß du nicht treffbar bist. In: Frankfurter Allgemeine Zeitung vom 3. 7. 1999. Vorlage der Geschichte ist seine eigene Jugend und der Parteibeitritt seiner Mutter: »nicht erst Weihnachten 1932/33 ..., wie i(m) ... Buch ..., sondern noch früher« – M. Walser in: Erinnerung kann man nicht befehlen. Martin Walser und Rudolf

Augstein über ihre deutsche Vergangenheit. In: Der Spiegel, 45, 1998, S. 58.

57 Vgl. M. Walser: Ein springender Brunnen, a. a. O., S. 90f. u. S. 275.

58 Vgl. M. Walser in »Die Welt im Gespräch mit Martin Walser«. In: M. Walser: Auskunft. Frankfurt 1991, S. 217.

59 Vgl. T. Fritsch: Handbuch der Judenfrage. Leipzig 1932 (31., völlig neu bearb. Aufl., 83.–92. Tausend); die ersten 25 Auflagen sind unter dem Titel ›Antisemiten-Katechismus‹ 1887–1893 erschienen. Siehe weiter: Der Jud ist schuld ...? Diskussionsbuch über die Judenfrage. Basel 1932 u. Klärung. Zwölf Autoren und Politiker über die Judenfrage. Berlin 1932. Auch die entsprechende Ausgabe von A. Hitler: Mein Kampf. München 1932 (11. Aufl., 115.–124. Tausend) beschäftigt sich ausgiebig mit der »Judenfrage«, von der der Verfasser ganz wie Johann behauptet, lange nichts gewußt zu haben (vgl. a. a. O., S. 54 ff.).

60 Vgl. u. a. D. Walter: Antisemitische Kriminalität und Gewalt. Judenfeindschaft in der Weimarer Republik (wie Anm. 9); S. Friedländer: Das Dritte Reich und die Juden (wie Anm. 6); M. Burleigh, W. Wippermann: The racial state. Germany 1933–1945. Cambridge 1991.

61 M. Walser: Ein springender Brunnen, a. a. O., S. 206 f. (Sprichwort), S. 133 f. u. 400 (Mitschüler), S. 357 (›Judenverfolgung‹).

62 Vgl. a. a. O., S. 292 (›Volksschädling‹), S. 78 ff. u. 370 (›Wechsler‹, ›Adolf Stefan‹).

63 Sogenannte Kornjuden (vgl. u. a. S. Rohrbacher, M. Schmidt: Judenbilder. Kulturgeschichte antijüdischer Mythen und antisemitischer Vorurteile. Reinbek 1991, S. 99ff.) und Viehjuden (vgl. etwa G. Mai: Sozialgeschichtliche Bedingungen von Judentum und Antisemitismus im Kaiserreich. In: Judentum und Antisemitismus von der Antike bis zur Gegenwart (wie Anm. 6), S. 125 ff.) waren beliebte Stereotype antisemitischer Agitation in ländlichen Regionen.

64 M. Walser: Ein springender Brunnen, a. a. O., S. 397; zum folgenden siehe S. 401 (›nicht gewußt‹, ›Empfindung‹), S. 400 (›nichts zu tun‹), S. 402 (›nie mehr unterworfen‹).

65 Vgl. M. Walser: Die Verteidigung der Kindheit. Frankfurt 1991, S. 263.

66 A. a. O., S. 27 u. 321.

67 A. a. O., S. 185.

68 M. Walser: Deutschländer oder Brauchen wir eine Nation? (wie Anm. 52), S. 265.

69 M. Walser: Die Verteidigung der Kindheit, a. a. O., S. 489 u. 454.

70 M. Walser: Über Deutschland reden. In: ders., Deutsche Sorgen, a. a. O., S. 407; die folgenden Zitate finden sich a. a. O., S. 406.

71 M. Walser: Die Verteidigung der Kindheit, a. a. O., S. 504 (›1000 Grad‹), S. 46 (›Zahnarztgold‹), S. 47 (›Keller‹, ›erstickt‹), S. 197 (›200000 Menschen‹), S. 506 f. (›Leichen‹, ›Feuer‹).

72 A. a. O., S. 116.

73 A. a. O., S. 151 u. 152.

74 A. a. O., S. 307.

75 A. a. O., S. 90.

76 A. a. O., S. 1 52; dort findet sich auch das folgende Zitat.

77 A. a. O., S. 306.

78 A. a. O., S. 27.

79 A. a .O. S. 151.

80 A. a. O., S. 94; zum folgenden siehe a. a. O., S. 89 (›Frauen‹), S. 79 (›be-
     kleidet‹), S. 87 (›Erfahrung‹), S. 84 (›keine Ruhe‹).

81 Vgl. M. Walser: Die Verteidigung der Kindheit, a. a. O., S. 322; zum vor-
     stehenden vgl. a. a. O., S. 305 u. 317; zum folgenden siehe a. a. O.,
     S. 323.

82 A. a. O., S. 308 – dort auch das weitere.

83 A. a. O., S. 507; vgl. auch S. 86.

84 Vgl. C. Gurlitt: Langbehn, der Rembrandtdeutsche. Berlin 1927.

85 J. Langbehn: Der Rembrandtdeutsche. Von einem Wahrheitsfreund.
     Dresden 1892, S. 348. Zu Langbehn vgl. u. a. P. E. Becker: Sozialdarwi-
     nismus, Rassismus, Antisemitismus und Völkischer Gedanke. Wege ins
     Dritte Reich. 2. Aufl. Stuttgart, New York 1990, S. 126 ff. u. B. Behrendt:
     August Julius Langbehn, der ›Rembrandtdeutsche‹. In: U. Puschner, W.
     Schmitz, J. H. Ulbricht (Hrsg.), Handbuch zur ›Völkischen Bewegung‹
     1871–1918. München, New Providence, London, Paris 1996, S. 94 ff.

86 M. Walser: Die Verteidigung der Kindheit, a. a. O., S. 512; zum vorherge-
     gangenen siehe a. a. O., S. 62, 104, 329, 419.

87 Vgl. a. a. O., S. 275 u. 316 f.

88 Vgl. T. Lessing: Der jüdische Selbsthass. München 1984, S. 80 ff. u. S. L.
     Gilman: Jüdischer Selbsthaß. Antisemitismus und die verborgene Spra-
     che der Juden. Frankfurt 1993, S. 153 ff. u. passim; zu Weininger siehe
     J. Le Rider: Der Fall Otto Weininger. Wurzeln des Antifeminismus und
     Antisemitismus. Wien, München 1985.

89 O. Weininger: Geschlecht und Charakter. München 1980 (Nachdruck
     der 1. Ausgabe 1903), S. 449; zum vorstehenden vgl. a. a. O., S. 441, 412,
     417, 430.

90 A. Hitler: Monologe im Führerhauptquartier, 1941–1944. Hrsg. v. W.
     Jochmann. Hamburg 1980, S. 148.

91 M. Walser: Finks Krieg. Frankfurt 1996.

92 A. a. O., S. 292.

93 A. a. O., S. 295.

94 M. Walser: Die Geburt der Tragödie aus dem Geist des Gehorsams. In:
     ders., Deutsche Sorgen. Frankfurt 1997, S. 599.

95 M. Walser: Tartuffe weiß, wer er ist. In: ders., Deutsche Sorgen, a. a. O.,
     S. 250.

96 Vgl. M. Walser: Finks Krieg, a. a. O., S. 9, 89, 27, 30.

97 A. a. O., S. 24.

98 A. a. O., S. 106f.

99 Vgl. a. a. O., S. 1 06 u. 215.

100 Vgl. a. a. O., S. 215.

101 Vgl. Apostelgeschichte, 6 u. 7.

102 M. Walser: Finks Krieg, a. a. O., S. 215.

103 Vgl. D. J. Goldhagen: Hitler's Willing Executioners. New York 1996
(dtsch.: Hitlers willige Vollstrecker. Berlin 1996) u. Hamburger Institut
für Sozialforschung (Hrsg.): Vernichtungskrieg. Verbrechen der Wehrmacht 1941 bis 1944 (Ausstellungskatalog). Hamburg 1996.

104 M. Walser: Über Deutschland reden (wie Anm. 70), S. 414f.

105 Die Äußerungen stammen von Verfassern, deren Beiträge in ›Historikerstreit‹. Eine Dokumentation der Kontroverse um die Einzigartigkeit
der nationalsozialistischen Judenvernichtung. München, Zürich 1987
abgedruckt sind: K. Hildebrand, S. 92; M. Stürmer, S. 98; A. Hillgruber,
S. 331; H. Möller, S. 330; H. Fleischer, S. 129; I. Geiss, S. 378.

106 Vgl. u. a. K. S. Frank: ›Adversus Judaeos‹ in der Alten Kirche. In: B.
Martin, E. Schulin (Hrsg.): Die Juden als Minderheit in der Geschichte
(wie Anm. 9), v. a. S. 33 u. W. Wirth: Judenfeindschaft von der frühen
Kirche bis zu den Kreuzzügen. In: G. B. Ginzel (Hrsg.): Antisemitismus
(wie Anm. 6), v. a. S. 54ff. A. Bein: Die Judenfrage. Biographie eines
Weltproblems. 2 Bde. Stuttgart 1980, meint, die christliche Revision der
jüdischen Geschichte hätte nicht nur die Schriften des alten Bundes »den
Juden gewissermaßen entrissen und für die christliche Kirche annektiert.
Mehr noch: In ... ihrer verfälschenden Umdeutung ... wird die jüdische
Bibel zur furchtbarsten Waffe gegen das Judentum« (a. a. O., Bd. 1,
S. 51).

107 M. Walser: Ohne einander. Frankfurt 1993, S. 17.

108 A. a. O., S. 20, 12, 33; die folgenden Zitate finden sich a. a. O., S. 59, 61
u. 100.

109 A. a. O., S. 65 u. 69.

110 A. a. O., S. 69.

111 M. Walser in »Ich hab' so ein Stuttgart-Leipzig-Gefühl« (Gespräch). In:
ders., Auskunft. Frankfurt 1991, S. 250

112 M. Walser: Die Banalität des Guten (wie Anm. 28).

113 M. Walser: Ohne einander, a. a. O., S. 66; das folgende Zitat findet sich
a. a. O., S. 33.

114 M. Reich-Ranicki: Wer weniger liebt, ist überlegen. In: ders., Martin
Walser. Frankfurt 1996, S. 133 (Figuren), 134 (Sprache), 131 (Handlung).

115 A. a. O., S. 133.

116 M. Walser: Ohne einander, a. a. O., S. 51.

117 T. W. Adorno: Versuch über Wagner. München, Zürich 1964, S. 20. Dieser Zusammenhang wird auch schon im Kapitel ›Elemente des Antisemitismus‹ der ›Dialektik der Aufklärung‹ hergestellt: »›Ich kann dich ja
nicht leiden – vergiß das nicht so leicht‹, sagt Siegfried zu Mime... Die
alte Antwort aller Antisemiten ist die Berufung aus Idiosynkrasie«.
M. Horkheimer, T. W. Adorno: Dialektik der Aufklärung. Amsterdam
1947, S. 212.

118 Vgl. u. a. die Beiträge in H.-K. Metzger, R. Riehn (Hrsg.): Richard Wagner. Wie antisemitisch darf ein Künstler sein? München 1978, u. H. Ze-
linsky: Richard Wagner. Ein deutsches Thema. Wien, Berlin 1983.

119 P. L. Rose: Richard Wagner und der Antisemitismus. Zürich, München
1999, S. 112.

120 M. Walser: Ohne einander, a. a. O., S. 68.

121 T. W. Adorno: Versuch über Wagner (wie Anm. 119), S. 19.

122 M. Walser: Ohne einander, a. a. O., S. 55, 85, 87.

123 W. Marr: Der Sieg des Judenthums über das Germanenthum. Bern 1879
(8. Aufl.), S. 25; zu Marr siehe M. Zimmermann: Wilhelm Marr. The Pa-
triarch of Anti-Semitism. New York, Oxford 1986.

124 H. v. Treitschke: Unsere Aussichten, S. 9 u. ders., Noch einige Bemerkungen zur Judenfrage, S. 79 – beides in W. Boehlich (Hrsg.): Der Berliner Antisemitismusstreit. Frankfurt 1965. Von Treitschke stammt im
übrigen das geflügelte Wort: »die Juden sind unser Unglück!« (ders.:
Unsere Aussichten, S. 11), das Funke und Rensmann auf Martin Walser
bezogen haben (vgl. oben, Anm. 2).

125 Vgl. J. Nordmann: ›Der Intellektuelle‹ u. R. Faber: ›Der Zersetzer‹; beides in J. H. Schoeps, J. Schlör (Hrsg.): Antisemitismus (wie Anm. 40).

126 M. Walser: Ohne einander, a. a. O., S. 52.

127 Zeichnung und Beschreibung finden sich im fünften Kapitel von W.
Busch: Plisch und Plum (zahlreiche Ausgaben); vgl. H. Schreckenberg:
Die Juden in der Kunst Europas. Göttingen, Freiburg 1996, S. 340.

128 E. Fuchs: Die Juden in der Karikatur. München 1921, S. 160f.

129 Vgl. die Abschnitte ›Der jüdische Gang‹ und ›Der pathologische Blick‹
in K. Hödl: Die Pathologisierung des jüdischen Körpers. Wien 1997,
S. 171 ff. und S. 208 ff.; dort, S. 209 u. 210, finden sich auch die Zitate.

130 M. Walser: Ohne einander, a. a. O., S. 63, 86, 90, 58 u. G. Freytag: Soll
und Haben. Kehl 1993, S. 586.

131 M. Walser: Ohne einander, a. a. O., S. 86.

132 K. Hödl: Die Pathologisierung des jüdischen Körpers (wie Anm. 129),
S. 189 (»Haut«) u. D. Bering: Der ›jüdische‹ Name. In: J. H. Schoeps,
J. Schlör (Hrsg.): Antisemitismus (wie Anm. 40), S. 161 (»Ekel-
namen«).

133 M. Walser: Ohne einander, a. a. O., S. 88.

Thomas Gondermann

EIN GEWISSER ANTISEMITISMUS
Rudolf Augstein und die Juden

Für die »nachträgliche Inszenierung eines Films« und für einen
»Roman«, der »(m)it der Wirklichkeit ... nichts zu tun haben«
könne, hält Martin Walser die Erinnerungen Rudolf Augsteins
an seine Kindheit und Jugend. Beide unterhalten sich im »Spiegel« über ein »Jahrhundertthema, das Hitler-Reich«, und Walser irritiert besonders die Weitsichtigkeit, die Augstein in diesem Gespräch seiner Familie zuschreibt, eine Weitsichtigkeit,
mit der man von Anfang an gewußt habe, wohin der Nationalsozialismus in Deutschland führen würde. Walser selbst, der in
bürgerlicher Arglosigkeit wenig gewußt, aber viel mitgemacht
habe, kann sie so seinem Gesprächspartner nicht glauben.[1]

Mehr Übereinstimmung finden beide in der Diagnose
der Entstehungsbedingungen des Nationalsozialismus. Walsers Stichwort »Versailles«, das »kein Frieden, sondern ...
wirklich Diktat« gewesen sei und zusammen mit der »wirtschaft liche(n) Misere ... Hitlers Aufstieg« ermöglicht habe,
stimmt Augstein zu. Weiter habe Hitler »von Anfang an ...
zwei Ziele« verfolgt. Er wollte »den Ostraum ... beherrschen«
und beabsichtigte »die Vertreibung und Vernichtung der europäischen Juden«.[2] Krieg und Holocaust werden zu Konsequenzen der Intentionen Hitlers erklärt, dessen Position als
allmächtig gilt: »Hätte er das Gegenteil befohlen, hätten alle
das Gegenteil getan.« Angesichts dieses Hintergrundes läßt
sich dann problemlos zugestehen, er habe »sich wohl auf
einen gewissen Antisemitismus stützen« können, »den es im-
merzu und überall gegeben« habe.

Diese Sichtweise führt den Nationalsozialismus auf Hitler, seine Weltanschauung oder seinen Wahn zurück und entspricht darin der Perspektive, die im historischen Diskurs als Hitlerismus gehandelt wird.[3] Gleichzeitig macht Augstein für den Holocaust eine besondere Form des Antisemitismus, die Hitlers eben, verantwortlich. Zur Unterstützung dieser Auffassung verweist er auf seinen Vater. Der habe, »obwohl er Antisemit war«, »der Mutter ihre naiven Antisemitensprüche verbot(en)« und »von einem Tag auf den anderen nichts an Antisemitismus mehr« zugelassen. Erst »nach dem Krieg« sei er »sofort wieder Antisemit« geworden.[4] Das Ressentiment gegen die Juden wird nicht nur differenziert, es gilt auch noch als ehrenhaft. Zwar ist es richtig, daß die große Masse der gewöhnlichen Antisemiten während der ersten Jahre des Nationalsozialismus nicht nach rabiateren Maßnahmen verlangten und daß gewalttätige Übergriffe durchaus auf Kritik stießen. Die Politik der Absonderung und Entrechtung, der Rassengesetze und Berufsverbote fand aber stillschweigende bis emphatische Akzeptanz.[5]

Der ›gewisse Antisemitismus‹ weist nicht nur jeden Verdacht der Kumpanei mit dem Regime der Nazis zurück. Er behauptet sogar, die Position des »Anti-Nazi« bezogen zu haben. Auf diese Weise wird der Antisemitismus nicht nur entlastet, sondern soll auch noch als legitim gelten. Augstein ist sich über den Charakter dieser Argumentation durchaus klar. Er »wandle am Rande der Political correctness«, gesteht er. Doch sei es notwendig, die »herrschende Meinung« zu »durchbrechen«, denn »politisch sollten wir uns nicht mehr ducken. Das geht nicht mehr. Das ist jetzt zu Ende. Wir sind ein normales Volk.«[6]

Offensichtlich rechnet zu solcher Normalität auch ein gewisser Antisemitismus. Als Augstein wenige Wochen nach der Veröffentlichung seines Gesprächs mit Walser dessen Kontroverse mit Ignatz Bubis kommentiert, greift er den Vorwurf der Instrumentalisierung von Auschwitz auf und verbindet ihn mit zwei Themen der aktuellen politischen Diskussion, der Entschädigungsforderung für Zwangsarbeit während des Nationalsozialismus und der Auseinandersetzung um das Denkmal für die ermordeten Juden Europas: »Was Walser im Oktober sagte, mag er bei falscher Gelegenheit gesagt haben, es bleibt trotzdem richtig. Es bestätigt sich, was wir erst jüngst von einigen New Yorker Anwälten erlebten ...: Auschwitz wird instrumentalisiert.«[7] Verantwortlich dafür seien »die New Yorker Presse und die Haifische im Anwaltsgewand«.

Diese Argumentation steht in der Tradition antisemitischer Rhetorik. Schon im neunzehnten Jahrhundert wirft sie den Juden vor, als Rechtsanwälte und Journalisten nach Vergrößerung von Macht und Einfluß zu trachten.[8] Indem Augstein die Anwälte der Opfer deutscher Zwangsarbeit zu verkleideten Haifischen erklärt, läßt er ein weiteres antisemitisches Motiv anklingen, die den Juden unterstellte Gier nach Blut wie nach Geld. Der Vorwurf an die New Yorker Presse ist durchsichtig genug, um ebenfalls als Stereotyp erkannt zu werden. Schließlich gehört zu den »feststehenden Regeln ... für die Darstellung amerikanischer Juden« die Behauptung: »Alle Juden stammen aus New York.«[9]

Doch begnügt sich Augstein nicht mit solcher Verortung, sondern charakterisiert den gemeinten Zusammenhang auch inhaltlich. Eine entschlossene Zurückweisung der Entschädigungsforderung wie auch der Pläne zur Errichtung einer »nationale(n) Gedenkstatte« werde durch die Furcht vor »Stimmungsmache« verhindert.[10] Der hätte »schon Konrad

235

Adenauer Anfang der fünfziger Jahre mit den Worten ... ›Das Weltjudentum ist eine jroße Macht‹« Ausdruck gegeben. Durch die Idiomatisierung wird hier nur scheinbar ironisch Distanz geschaffen. Denn nachdem Augstein mit Hilfe Adenauers das Weltjudentum in seine Überlegungen eingeführt hat, behauptet er gegen Ende seines Beitrags, nicht mehr nur die New Yorker Presse, sondern die »Weltpresse« übe Druck auf Deutschland aus.

Der ›gewisse Antisemitismus‹ geht nicht eben zurückhaltend mit den Versatzstücken judenfeindlicher Rhetorik um. Zu seinem Repertoire gehören das Weltjudentum, Haifisch-Metapher und die stereotype Verortung der Juden in New York. Auschwitz hingegen ist ihm eine »Hieroglyphe«, also verblassendes Zeichen der Vergangenheit, das allerhöchstens noch mit »persönliche(r) Scham« gelesen werden könne. Was Augstein von seinem Vater gelernt zu haben scheint, sollte er in den folgenden Jahren im »Spiegel« weiter üben. Dabei zeigt sich, daß Augstein selbst am Unlesbarmachen der ›Hieroglyphe‹ beteiligt war.

»Der Mensch hat die Gaskammer hinter sich«

In Augsteins Beiträgen für die ersten Jahrgänge des »Spiegels« spielte der Holocaust keine Rolle. Als er 1949 das Thema zum ersten Mal aufgreift, interpretiert er ihn als Zivilisationsbruch. Zum zweihundertsten Geburtstag Goethes fragt er, ob dessen »Werk und Beispiel« hätte »helfen können, die Katastrophe der europäischen Welt zu überwinden«.[11] Diese Katastrophe liege darin, daß der »abendländische Geist« es nicht vermocht

habe, »in Goethes eigenem Land die KZ ... (zu) verhin-
der(n)«, und »Weimar« seitdem »vor den Toren Buchenwalds«
liege.

Von da an strahle das »Licht Goethes« nurmehr in der
Vergangenheit, »aber es erhellt nicht unsere Zukunft«. Das
System der Konzentrationslager blockiert den unbefangenen
Umgang mit eigener Geschichte und kultureller Tradition.
Goethe könne »uns« daher heute »nicht mehr helfen als
Shakespeare und Homer, und vielleicht weniger als Dante«.
Durch den Hinweis auf Dante erfährt der Holocaust eine
transzendentale Deutung, die sich einer Benennung der Täter
enthält. Statt dessen verweist sie auf das »Problem ... der im-
mer böseren Macht«. Aus »Goethes eigenem Land« ist Aug-
stein über die »Katastrophe der europäischen Welt« mit Hilfe
Dantes bis zum allgemeinen Bösen gelangt.

Diese Deutung wird wenige Jahre später noch klarer formuliert. Vor dem Hintergrund des kalten Krieges und des
Wiederaufbaus heißt es: »Der Mensch ist gefährdeter als je,
aber er ist gleichzeitig gepanzerter als je. Er hat das Lager und
den russischen Winter, ja, er hat die Gaskammer hinter sich.
Viele Millionen starben, um die Überlebenden zu wappnen.
Der Mensch paßt sich an.«[12]

Diese abstruse Geschichtsphilosophie gefällt sich mit der
Aneinanderreihung von Lager, russischem Winter und Gaskammer nicht nur an der in ihr implizit angelegten Relativierung des Holocausts. Mit der Verschiebung des nationalsozialistischen Völkermordes auf die Ebene der Gattung
Mensch wird der Ermordung der europäischen Juden ein per-
verser Sinn unterstellt. Wie in den diversen Versionen aufge-
klärten Fortschrittsdenkens das Opfer der arbeitenden Klassen für den Prozeß der Zivilisation gewürdigt wird, sollen in

Lager, russischem Winter und Gaskammer Millionen gestorben sein, damit die Menschheit gepanzert und gewappnet in die Zukunft schreiten könne. In einer solchen Geschichte der Menschheit werden selbst noch die Jahreszeiten ideologisch bestimmt, die Winter sind russisch und stellen damit eine Mischung aus Stalingrad und Sibirien dar. Daß der Mensch aus ihnen soldatisch gestärkt, nämlich gepanzert und gewappnet hervorgehen soll, ließe sich zur Not mit einer stahlgewitterigen Mischung aus Chauvinismus und Gedankenlosigkeit erklären. Daß aber selbst die Opfer des Holocausts in dieses soldatische Zivilisationsmodell einbezogen werden, daß sie nicht erinnern, mahnen oder gedenken lassen, ist deswegen besonders infam, weil den Opfern bescheinigt wird, sie seien zum Wohl der Täter gestorben.

Nach solch unverdaulichen Äußerungen beginnt Augstein in den sechziger Jahren in Artikeln und Kommentaren auf mystifizierende Codes oder Relativierungen zu verzichten. Er erkennt die Singularität von Auschwitz an und bringt den Antisemitismus kausal mit dem Holocaust in Verbindung. Vor dem Hintergrund einer Welle von antisemitisch motivierten Friedhofsschändungen und der teilweise zustimmenden Resonanz in der Öffentlichkeit schreibt er von den »Untaten des Drittes Reiches«, die »noch stimmungsmäßig nachzittern«, und bezeichnet den Mord an »Millionen unschuldiger Juden« als ein »riesenhaftes Verbrechen«, das »alle anderen, der Hitler-Zeit und aller sonst bekannten Zeiten«, überträfe.[13] In einem Kommentar zu den Vorbereitungen des Eichmann-Prozesses heißt es, daß das deutsche »Volk an den Juden untilgbar schuldig« wäre.[14]

Das Eingeständnis solcher Schuld bedeutet indessen nicht, daß Augstein sich und die Deutschen dafür von anderen zu

238

Rechenschaft und Verantwortung gezogen sehen möchte. In einem wütenden Artikel gegen den Journalisten William S. Schlamm konstruiert er ein Motiv, das bis in seine historische Plauderei mit Martin Walser fortgesponnen wird. Schuld ist keine historische Kategorie, sondern mündet in persönliche Scham, die sich nicht politisch einfordern läßt.

Schlamm, vor der Naziverfolgung in die USA emigriert und nach dem Krieg als Korrespondent nach Deutschland gekommen, forderte offensiv die Aufrüstung der Bundesrepublik als Frontstaat gegen die Sowjetunion. Dagegen besteht Augstein auf einer Politik des »atomare(n) Friede(ns)« und der »politische(n) Vernunft«.[15] Dabei mobilisiert er aber etliche antisemitische Stereotype: Schlamm, ehemaliger Kommunist, habe ständig opportunistisch die Seiten gewechselt, sei im falschen Moment Pazifist gewesen und habe sogar den Kriegsdienst in der Armee der Vereinigten Staaten gescheut, als diese gegen Nazi-Deutschland kämpfte. Hinter seinem Verhalten stecke »nichts als vagabundierender Kosmopolitismus«.[16]

Dockt das ›Vagabundieren‹ am traditionellen Bild des wandering jew der Ahasver-Legende an, die die Geschichte der Versündigung der Juden gegenüber Christus transportiert und dabei die Diaspora als göttliche Strafe auslegt, so stellt der ›Kosmopolitismus‹ die moderne Variante dieser Legende dar, die als antisemitische Invektive eng mit den »Protokollen der Weisen von Zion« verbunden ist.[17] Damit nicht genug, wünscht Augstein schließlich noch, er »wäre Jude, damit (er) Schlamm an den Pelz könnte!« Denn der nutze die »schuldbewußte, ... tausendfach begründete Rücksicht« aus, »die einem Juden hierzulande wegen der ungeheuren Judenmorde Hitlers entgegengebracht wird«. Damit beteiligt sich Augstein an der Entwicklung der Behauptung, Juden könnten wegen

239

des Holocausts von Deutschen nicht kritisiert werden. Durch den aggressiven Ton und die Metaphorik seiner Argumentation macht er indessen deutlich, daß es sich hierbei tatsächlich um eine Variante antisemitischen Ressentiments handelt, in welcher sich Vorstellungen jüdischer Macht und instrumentalisierter Schuld mischen.

Wenig später operiert er bereits mit jenem ›gewissen Antisemitismus‹, der sich ebenfalls bis in seine Unterhaltung mit Walser perpetuiert. Antisemitismus gilt als »ein Ärgernis, das fast überall grassiert, wo Juden leben«.[18] Augstein führt ihn als eine Reaktion der christlichen Umwelt auf das vermeintliche Verhalten der Juden zurück: »Juden suchten durch die Jahrhunderte ihr religiöses Anderssein zu bewahren ... Juden sperrten sich ab und wurden in Gettos gesperrt ... Juden versuchten, die ihnen verweigerte Gleichberechtigung durch naiven Geldstolz oder durch übertriebene Anpassung wettzumachen. Juden waren den Handwerkern und Bauern, unter denen sie lebten und arbeiteten, geschäftlich überlegen, waren als Intellektuelle schneller in der Auffassung, schneller vielleicht auch in der Kunst, spielerisch den entgegengesetzten Standpunkt zu beziehen.«

Zur Erklärung des Antisemitismus bedient sich Augstein gleich eines ganzen Bündels antisemitischer Stereotype. Zunächst wird das Bild des schlauen Judens aufgerufen, der dank ›schnellerer Auffassungsgabe‹ seine Geschäftspartner zu übertrumpfen vermag.[19] Mit dem Hinweis auf das spielerische Beziehen konträrer Standpunkte wird weiter das stereotype Motiv vom jüdischem Opportunismus mobilisiert, das nach der Emanzipation in den häufig erhobenen Vorwurf vom mangelnden Patriotismus mündete.[20]

Neben den verwendeten Vorurteilen von schlauen, opportunistischen und auch reichen Juden greift Augstein auf die Vorstellung von jüdischer Servilität zurück, wenn er von übertriebener Unterwürfigkeit spricht.[21] Anschließend erklärt er sich die Ghettoisierung aus dem Bedürfnis der Juden, sich religiös abzusondern. Damit nimmt er die Vorstellung auf, der Talmud als religiöser jüdischer Kodex schreibe die Abgrenzung von der christlichen Welt vor, und kann Ausgrenzungsmechanismen wie Kleiderordnungen, Gewerbeverbote, Einschränkung der religiösen Praxis und Ghettoisierung ignorieren, mit denen die christliche Umwelt die Stigmatisierung der Juden betrieb.[22] Antisemitismus fände sich deshalb überall. Es »wäre ein Wunder, wenn es ihn nicht gäbe, und niemand sollte Aufhebens davon machen«. Nur dort, »wo Antisemitismus in faßbare Diskriminierung ausschlägt«, müsse interveniert werden.«Den unterschwelligen Antisemitismus hingegen« solle »man aktiv aussterben lassen. Man hüte sich, ihm etwa mit drakonischen Strafen zu begegnen.«

Für unterschwellig und somit nicht diskriminierend hält Augstein zu dieser Zeit die antisemitischen Äußerungen des Studienrates Ludwig Zind, dessen Verurteilung er für zu hart erachtet.[23] Zind hatte einem Juden angedroht, ihn »umzulegen«, wenn er ihn schon nicht ins Konzentrationslager stecken könne.[24] Augstein scheint der Performativität einer solchen Aussage keine Bedeutung beizumessen. Diskriminierend wirkt Antisemitismus, so verstanden, letztlich nur durch politische Macht. Deshalb kann auch behauptet werden, der »Antisemitismus mußte nicht notwendig dazu führen, daß Männer, Frauen und Kinder vergast wurden«. Der gewisse Antisemitismus hat Auschwitz überlebt, da er dafür auch nicht verantwortlich sei, könne ihm mit Gelassenheit begegnet werden.

»Die schweigende Mehrheit der Juden«

Beständig durch Rückgriffe auf den Holocaust gekennzeichnet ist die Auseinandersetzung Augsteins mit Israel, die ihren Ausgangspunkt beim Sechs-Tage-Krieg nimmt. Unmittelbar danach schreibt er mehrere Kommentare zum Nahostkonflikt mit dezidiert freundlicher Haltung gegenüber Israel, in denen er dessen politische Anerkennung verlangt und zu wirtschaftlichen Hilfsmaßnahmen auffordert.[25] Wenig später verschiebt sich die Akzentuierung, die Israel nun konsequent an den Holocaust zurückbindet und Augstein deshalb behaupten läßt, »Israelis wie Araber« seien »beide auf sehr unvergleichbare Weise Opfer Hitlers«.[26]

Daß die ›unvergleichbare Weise‹ in Wirklichkeit ein Vergleich ist, zeigt sich wenige Jahre später direkt. Unter dem Titel »Keinen zweiten Holocaust, bitte!« schreibt Augstein: »Wie die Juden Opfer der deutschen Nazis waren, so sind die Araber nunmehr Opfer der Israelis.«[27] Für die Antwort auf die Frage, wie das geschehen konnte, entwickelt Augstein eine aberwitzige Argumentation. Nach ihrer Logik gäbe es im Zusammenhang mit rassistischen Verfolgungen außer den Opfern immer Täter, deren Helfer und eine schweigende Mehrheit. Im nationalsozialistischen Deutschland wären das einerseits »Hitler, ... Goebbels, Himmler und Speer« und ihre »zehntausend Helfer und Helfershelfer« gewesen. Andererseits waren da »wir selbst«, die, »willig oder nicht, ›mitgemacht‹« haben, denn »(w)as hätte ein Nicht-Nazi ... tun können?« Der einzelne hätte sich höchstens »mit seinem Leben« »für seinen biblisch Nächsten opfern können«.

Die in dieser Alternative schon angelegte Antwort fällt indessen doppeldeutig aus: »Das haben die Deutschen, das ha-

ben die Juden nicht getan.« Diese Argumentation, die nebenbei die Trennung von Deutschen und Juden, mithin eine heute
noch in unterschiedlichsten Graden präsente antisemitische
Vorstellung, transportiert, führt zu dem Ergebnis, daß »(k)ein
moralischer Unterschied ... zwischen der schweigenden
Mehrheit der Deutschen und der schweigenden Mehrheit der
Juden« bestünde.[28] Dabei läßt der Autor sich und seine Leser
darüber im unklaren, ob er hier die schweigende Mehrheit der
Deutschen während des Nationalsozialismus mit einer schwei-
genden Mehrheit der Juden in Israel vergleicht oder den
Opfern der nationalsozialistischen Vernichtungspolitik auch
noch die perfide Doppelrolle zuweist, gleichzeitig Opfer und
Zuschauer des Holocausts gewesen zu sein. In jedem Fall aber
steht für ihn fest, daß sich die ›schweigende Mehrheit der
Deutschen‹ »so moralisch verhalten« hätte »wie die übergroße
Mehrheit der jüdischen Opfer«.

Nach solcher historischen Rückblende nimmt es nicht wunder, daß »der Staat der Juden« für »rassistische Verbrechen«
verantwortlich gemacht wird. Sie werden aber nicht allein mit
dem Holocaust kompatibel gemacht, sondern sol-len eine
weit größere Katastrophe heraufbeschwören. Israel würde
durch seine Politik sämtliche Staaten der Welt in den »zweiten
Holocaust« hineinziehen. Dies ist Anfang der achtziger Jahre
ein gängiges Motiv Augsteins, mit dem er die verbreitete
Angst vor einem Nuklearkrieg zwischen den beiden Macht-
blöcken Nato und Warschauer Pakt gegen Israel mobilisiert.
Durch die Gleichsetzung von Juden und Israel werden die
überlebenden Opfer des Holocausts für die Gefahr eines ato-
maren Holocausts verantwortlich gemacht.[29]

Diese Politik erscheint Augstein zudem besonders verwerflich, weil, wie er schon länger vermutet, »wir« unter dem

Zwang der Entschädigungsdebatte »Israel ... mit Waffen den Mund stopfen«.[30] Daß »im Fall Israels« »Schuld in Geld« abgelöst würde, steht für ihn fest.[31] Im Zusammenhang mit dem Vorstoß Israels in den Libanon vermerkt er, daß Deutschland gegen diese Maßnahme wegen seines schlechten Gewissens nicht zu protestieren wage und zudem noch »zur Kasse gebeten« werde.[32] Noch deutlicher wird Augstein dann anläßlich der Feiern zum vierzigsten Jahrestag des Endes des Zweiten Weltkrieges mit dem Hinweis, daß die »Israelis ... die Erinnerung an die deutsche Schuld wachhalten« würden, »um materieller und rüstungstechnischer Gründe willen«.[33] Und ein Jahr später ist er sich sicher, daß »uns die Juden in Israel ... immer unter Hinweis auf Auschwitz« erpreßten.[34] Durch diese Argumentation spielt er beharrlich auf der Klaviatur antisemitischer Stereotype und ermöglicht Assoziationen mit der Figur des Geldjuden.[35]

»Volk von Märtyrern«

Nachdem besonders durch den Eichmann-Prozeß im Jahr 1962 in der Bundesrepublik ein detaillierteres Wissen über den Holocaust die öffentliche Debatte bestimmte, war eine Mystifizierung, die keine Opfer und keine Täter kennen wollte, nicht mehr zeitgemäß. Augstein paßt jedoch die historischen Fakten einem Bild ein, das den Antisemitismus und die ihn tragende Bevölkerung entlastet. Hitler nimmt in seinem nun verweltlichten Verständnis des Holocausts eine omnipotente Rolle ein und wird zur Personifikation der Verbrechen des Nationalsozialismus. Er »tötete Menschen um ihrer Hautfarbe,

ihrer Nase, ihrer Haare willen« und »ließ grundlos Kinder tö-
ten«.[36] Warum »er« dies tat, bleibt für Augstein ein »Rätsel«.

Der Versuch, jegliche historische Verantwortung bei Hitler
abzuladen, korrespondiert mit einer entsprechenden Charakterisierung, nach der dieser zwar »eine bedeutende Natur«, dabei aber »ungebildet« und »von roher Grausamkeit« war, »ab-
stoßend in seiner vulgären Bestialität« und »»unmenschlich‹
durchweg im Exzeß«. Letzteres wird besonders betont und
Hitler weiter attestiert, daß ihm »nichts Konstruktives, sondern nur unendlich Zerstörerisches gelang«, bis er schließlich
»überschnappte«.

So erscheinen bei Augstein in den folgenden Jahren Krieg
und Holocaust als ureigenster Ausdruck der Obsessionen
Hitlers.[37] Zu dessen hundertstem Geburtstag skizziert er ein
eindrucksvolles Psychogramm. Ihm gemäß sei Hitler »wöl-
fisch« gewesen und hätte »in jenen Ausdrücken« gesprochen
und geschrieben, »die der Mensch dem aggressiven Tier
zuschreibt, eben »dem undressierten Wolf«.[38] Auch wäre er
»kein Mann des inneren Friedens« gewesen: »Der Feind war
nicht da, er brauchte einen, also erschuf er ihn in seiner Phantasie. Er wollte ihn nicht besiegen, sondern auslöschen.« Daraus meint Augstein »schließe(n)« zu können, »daß er sich
selbst auslöschen wollte«.

Zuletzt stellt er die nach solchen Ausführungen unvermeid-
liche Frage: »War er ein Mensch?« und bleibt die Antwort
nicht schuldig: »Er war ein Unmensch.« Aus dieser Charakterisierung spricht nicht zuletzt die zu jener Zeit populäre
Psychologisierung Hitlers. Sie sollte helfen, das Verhältnis
von Führer und Massen zu erklären, und konnte zudem als
»Trost« vermitteln, »daß ›der Führer eben verrückt ist‹. Würde
der Führer sterben, könnte alles wieder normal werden.«[39]

Zudem erlaubte sie, die Judenhetze der Nationalsozialisten zur Machination eines Psychopathen zu erklären und damit vom traditionellen Antisemitismus abzusetzen. Der »Feind«, den Hitlers Phantasie erschaffen haben soll, muß deswegen nicht beim Namen genannt werden, und die Verbindung des Antisemitismus der nationalsozialistischen Propaganda mit den tradierten Judenbildern bleibt ausgeblendet.

Die Zustimmung der Bevölkerung zur nationalsozialistischen Politik kann dann ganz ohne Rückgriff auf den Antisemitismus durch die politischen Anfangserfolge erklärt werden, aufgrund derer das »Jahr 1936 ... wohl das glücklichste im Sinne des deutschen Normalverbrauchers« gewesen sei. Hitler habe »die Volonté générale« durch die Ermordung der SA-Führung und anderer unliebsamer Personen, die Ausweitung der Flottenkapazität, den Autobahnbau und den Rückgang der Arbeitslosigkeit, die Olympischen Spiele oder auch durch das Anti-Komintern-Abkommen vollstreckt.[40] Obwohl die Judenverfolgung der Bevölkerung bekannt gewesen sei, gilt sie dem gegenüber nur als »Schönheitsfehler«: »Juden wurden diskriminiert und gequält ... Es gab KZs, Stichwort Dachau, wo geprügelt wurde und Schlimmeres ... Was sollte ein normaler Bürger, der kein Anti-Nazi war, über dieses Regime denken? Nicht nur Gutes, aber doch auch Gutes. Kein einziger Deutscher konnte wissen, daß Hitler den Krieg um jeden Preis wollte ... kein Jude konnte wissen, daß die Ermordung aller Juden beschlossene Sache war.«

Auch hier nimmt Augstein die Unterscheidung von Deutschen und Juden vor. Deren Nichtwissen um den Holocaust soll zudem als schlagkräftigster Beweis für die eigene, sprich deutsche Unwissenheit dienen. Ungewollt gesteht diese Differenzierung nach vermeintlicher Betroffenheit aber eine

breite antisemitische Basis und Akzeptanz antijüdischer Maßnahmen ein, indem sie darin, im Gegensatz zur Kriegsgefahr,
keine hinlänglichen Gründe für eine oppositionelle Haltung
gegenüber dem Naziregime sieht.

Ohnehin muß sich für Augstein eine solche Haltung schon
vor 1933 entwickelt haben, denn danach habe es aufgrund der
Gleichschaltung der Medien »schon eigener Initiative« be-
durft, »um mehr zu erfahren« und aus diesem Wissen heraus
politische Position gegen den Nationalsozialismus zu beziehen. Nachdem das Wissen um die Existenz von Konzentrationslagern und Verfolgung bereits großzügig eingestanden
worden ist, soll die Betonung ›eigener Initiative‹ also offensichtlich auf den Holocaust und die industrielle Massenver-
nichtung verweisen. Durch diese Unterscheidung wird die
Zustimmung zu den »Schönheitsfehlern« legitimiert. Augstein setzt auf die Überzeugungskraft der vagen Trennung von
Wissen und Vermuten, die hier unausgesprochen mitschwingt
und an die Selbstlegitimation der passiven Zeitgenossen an-
koppelt.

Daher kann in Augsteins Geschichtsbild auch erst der Krieg
zu vermehrten Widerstandshandlungen führen. Obwohl er
dabei »tausend bis zehntausend Deutsche, Männer wie Frau-
en, während des Krieges mit regimefeindlichen Tätigkeiten
beschäftigt« sieht, nennt er namentlich neben Johann Georg
Elser nur noch den Widerstandskreis des 20. Juli.[41] Daraus
spricht einerseits eine stille Bilanz der Zahlenwerte, denn frap-
pierend egalisieren die zehntausend Widerständischen die
zehntausend Helfer und Helfershelfer, die weiter oben als
Mitschuldige an den NS-Verbrechen benannt worden waren.
Andererseits führt die Betonung des Einzeltäters Elser und
seiner unklaren Motive dazu, daß der Widerstand seiner

sozialen Dimension entkleidet wird. Dadurch soll auf die besondere Lage aller Akteure verwiesen und die Unmöglichkeit des Widerstands für die Bevölkerung erklärt werden: »Wer sich am Widerstand nicht beteiligt hat, kann deswegen nicht gescholten werden. Ein Volk von Märtyrern waren die Deutschen nicht.«

»Der absolute Hitler«

Nachdem die Verfolgung und Entrechtung der Juden bei Augstein eine Zeitlang meist nur sekundär in der Auseinandersetzung mit Israel oder als düsteres Element der Persönlichkeit Hitlers Beachtung fand, rückt er nach der Ausstrahlung der Fernsehserie »Holocaust« im Januar 1979 wieder stärker in den Vordergrund. Unter dem Titel »Ich habe es nicht gewußt« erklärt Augstein, »erst nach Kriegsende« erfahren zu haben, daß die Nazis die Juden systematisch ermordet hatten«.[42] Hingegen ereignete sich noch vor Kriegsende die Geschichte, mit der Augstein seine Unwissenheit hervorheben möchte: »In Woitowka, einem rumänischen Dorf, wurden 1944 rumänische Juden zusammengezogen, konzentriert. Sie waren wegen ihrer Fertigkeiten bei der dumpfen bäuerlichen Bevölkerung unbeliebt, bei uns Soldaten beliebt. Ein junges Mädchen sagte mir: ›Morgen muß ein Teil von uns weg. Wir werden alle ermordet.‹ Ich fragte: ›Wie machen die das? Und wieso ihr alle?‹ Sie sagte: ›Weiß ich auch nicht.‹ ... Ich sagte: ›Du bist jung, und sie brauchen Arbeitskräfte, das sieht man doch.‹ ... Ich ahnte also und wußte nichts«. Der unwissende Soldat stellt jedoch kenntnisreiche Fragen. Über das Morden selbst zeigt er sich nicht entsetzt.

Er fragt auch nicht nach seinem Grund und scheint über das ›was‹ und das ›wie‹ Bescheid zu wissen. Indem er statt dessen nach dem ›wie‹ und ›wieviel‹ fragt, nimmt er Fragestellungen der späteren revisionistischen Diskussion in seine Erinnerung auf und entlarvt diese als Konstruktionen. Auch hier knüpft Augstein an seine Versuche an, zwischen Wissen und Nicht-wissen eine präzise Trennungslinie einzuziehen. Wissen konnte er vom Antisemitismus und von der mörderischen Ju-denpolitik der Nationalsozialisten. Nichts wissen wollte er hingegen von den Vernichtungslagern, wie er schreibt, von »Gaskammern (und) systematische(r) Ausmordung«.

Der genaue Schnitt zwischen Wissen und Nichtwissen wird zwar durch eine Grauzone des Ahnens relativiert. Gleichwohl ist er nötig, um Augsteins Haltung zu erklären. Wie im Ge-spräch mit Walser, so berichtet er auch hier von seiner Fami-lie, die »in strikter Gegnerschaft zum Hitlerreich« gestanden habe. Doch weil diese Gegnerschaft in ihren Kenntnissen der Untaten beschränkt war, konnte sie sich auf die Sorge um die eigene Existenz beschränken: »Wir hatten mit der Nazi-Ma-schinerie selbst genug zu tun, und machen konnten wir oh-nehin nichts.« Die so beschriebene eigene Ohnmacht wird be-sonders dadurch charakterisiert, daß sie weniger einem sozialen als einem mechanischen System geschuldet sei. Aug-stein behauptet, von dieser Apparatur völlig in Anspruch ge-nommen worden zu sein, so daß er es für angemessen erach-tet, sich und seine Familie mit den jüdischen Mitbürgern zu vergleichen: »Wir wollten nichts anderes als die Juden auch, nämlich überleben.«

Die auch in diesen Behauptungen enthaltene vollständige Ausklammerung politischer Handlungsmöglichkeiten der Subjekte korrespondiert mit der allmächtigen Figur Hitlers.

Die damit verbundene Vorstellung von dessen alleiniger Verantwortung wird nur einmal unterlaufen, als Augstein schreibt, daß es für »uns Deutsche des 20. Jahrhunderts, und hoffentlich kommender Jahrhunderte«, gelte, »daß sich mit dem Kennwort Auschwitz eine einmalige ideologische und menschliche Untat verbindet, die von uns Deutschen insgesamt begangen wurde«.[43]

Wenn Augstein aber andererseits behauptet, als einfacher Soldat nichts gewußt zu haben, und schon gar nicht an den Verbrechen beteiligt gewesen sein will, ist diese Feststellung ein bloß rhetorisches Mittel. Durch sie wendet Augstein stillschweigend die Kategorien der von den Nazis propagierten Volksgemeinschaft an. Denn an den Verbrechen haben sich nicht die Opfer beteiligt, die von dieser Volksgemeinschaft ausgeschlossen, verfolgt und letztlich vernichtet wurden. Das Verbrechen wird damit auch der Dimension individuellen Handelns entkleidet und so zu einer von allen zu tragenden, metaphysischen Schuld. In seiner entlastenden Wirkung für ›persönliche Scham‹, Augsteins einzige Kategorie im Umgang mit dem Nationalsozialismus, erweist sich die Rede von den ›Deutschen insgesamt‹ als eine Variante des ›absoluten Hitlers‹.

Die Aussage, daß ›Auschwitz von uns Deutschen insgesamt‹ begangen wurde, weicht so in späteren Beiträgen wieder einer hitleristischen Formel, dernach Hitler »allein ... die Vernichtung von fünf bis sechs Millionen Juden« initiierte und durchführte, »betrieb und erreichte«, wie es bei Augstein heißt.[44] Allerdings weiß Augstein, daß »Hitler als einzig Schuldiger für die nationalsozialistische Vergangenheit ... also einen bequemen Schutzschild« bot, und »(m)an ... Auschwitz nicht unter die Haut« lies, »das kam erst viel später«.[45] Was für ihn das ›unter die Haut lassen‹ bedeutet, bleibt unklar, besonders, wenn Auschwitz für ihn eine ›Hieroglyphe‹ darstellt, die schon die nächste Generation nicht mehr zu entziffern vermöge.

Die Frage nach Wissen, Verantwortung oder Beteiligung der ›normalen Deutschen‹ am Holocaust beschäftigt Augstein auch in der Auseinandersetzung mit Daniel J. Goldhagen. Zu dessen Buch ›Hitlers willige Vollstrecker‹ schreibt Augstein, daß »nur einer den Krieg begonnen hat, einer allein, der absolute Hitler«.[46] Räumt er auch eine Beteiligung der Wehrmacht an den Naziverbrechen ein, so sind für ihn die Mitglieder der Polizeibataillone, die Gegenstand der Untersuchung Goldhagens waren, »nicht die Tapfersten und Klügsten« gewesen, »sondern, sit venia verbo, der Bodensatz von Leuten«.[47] Augstein versucht das Problem der willigen Vollstrecker dadurch zu lösen, daß er sie zu nicht vollwertigen Mitgliedern der Gesellschaft erklärt. Im Gegensatz zum normalen Soldaten scheint das Handeln des ›Bodensatzes von Leuten‹ in geringerem Maße auf gesellschaftliche Diskurse zurückzugreifen. Zudem scheint ihr Tun unausweichlich und fast zwanghaft zu sein: »Wenn sie ›freiwillig‹ mordeten, so hatten sie doch im Kopf: Was soll ich tun, wenn ich das hier nicht tue?« Mit dem ›gewissen Antisemitismus‹ kann solch ein Verhalten nichts zu tun haben. Denn die Aussage, daß »(d)ie Deutschen ›die Juden wirklich mit einer Leidenschaft gehaßt haben, die sich zu einer nationalen Psychose hochschaukelte‹«, hält Augstein für »Unsinn«. Die Unterscheidung zwischen einem schon »vor Hitler vorhandene(n) Antisemitismus« und einem, der »›bösartig auf Ausrottung bedacht‹ war«, assistiert von der Expatriierung der Täter, läßt den ›gewissen Antisemitismus‹ unbeschadet den Holocaust hinter sich bringen.

Anders als in den Thesen Goldhagens sieht Augstein in der Ausstellung ›Verbrechen der Wehrmacht‹ keinen wirklichen Widerspruch zu seiner Vorstellung, daß Hitler allein, mit allenfalls der Unterstützung von zehntausend Helfershelfern, die Nazi-Verbrechen begangen habe. Zwar spricht das Material deutlich auch von der Beteiligung der einfachen Soldaten, und Augstein »scheint« es so, »als seien viele freiwillig auf ›Judenjagd‹ gegangen«.[48] Allerdings fügt er sogleich an, daß »viele Wehrmachtsangehörige dank Waffengattung, Kriegsschauplatz und sonstiger Glücksumstände gar nicht in die Lage kamen, Kriegsverbrechen zu begehen«. Nicht einmal könne man »sagen, 18 Prozent der Wehrmachtsangehörigen haben Kriegsverbrechen begangen«. Und selbst bei denen habe die »Gesinnung ... die geringste Rolle« gespielt. Ihr verbrecherisches Vorgehen habe vor allem an der Angst, »dem ›Iwan‹ in die Hände« zu fallen, gelegen: »Das Ostheer war nicht ideologisch führertreu, es fürchtete ganz einfach die Rache der Roten Armee.« Der derart wieder hergestellten Ehre des einfachen Soldaten steht die ideologisch korrumpierte Wehrmachtsspitze gegenüber: »Die höchsten Heeresgenerale machten sich nachweislich die Propaganda-These von der ›jüdisch-bolschewistischen Weltverschwörung‹ zu eigen.«

»Den Holocaust zum Beruf machen«

Mit der Wiedervereinigung wurde für Augstein klar, daß »das Gedenken an Auschwitz« als Handlungsanweisung« nicht tauge, denn »Deutschland ... ist frei«.[49] Damit richtet er sich vor allem gegen eine Position, die wegen des Holocausts von

252

einer Wiedervereinigung zugunsten einer Zweistaatlichkeit absehen möchte. Augstein antwortet in einer Fernsehdiskussion Günter Grass, der in diesem Zusammenhang von Auschwitz als Schamschwelle sprach, daß Auschwitz »in der praktischen Politik nicht perpetuier(t)« werden könne, denn »das können ja unsere Kinder gar nicht nachvollziehen«. Eine Erwiderung, die Augstein wortgetreu auch in seinem Gespräch mit Walser verwendet.[50] Ähnliche Bedenken äußerte auch Elie Wiesel: »Wartet ab! Deutschland ist noch nicht bereit für einen solchen Wechsel. Und wir sind auch noch nicht bereit.«[51] Augstein entgegnet darauf, daß zwar Auschwitz »das entsetzlichste Verbrechen der zivilisierten Menschheit« gewesen sei, Deutschland aber dafür, wo materielle Ableistung möglich gewesen sei, »bezahlt« habe.[52] Indem Augstein schreibt, jemand, »(d)er in seiner Familie von Auschwitz betroffen worden ist«, müsse »Deutschland auf immer hassen dürfen«, unterstellt er Wiesel persönliche Motive, die er in der Politik für deplaziert hält. Wiesel habe »sein ganzes Leben in den Dienst der ›Erinnerung‹ gestellt« und wolle nicht, daß diese »beschädigt« werde. Um die »moralischen Kategorien« Wiesels, die ihm »ein gefährliches Feld« sind, zu verlassen, lenkt Augstein die Frage des Erinnerns auf Israel: »Wieso dürfen wir den Holocaust nicht als *das* Jahrhundertverbrechen ansehen und gleichzeitig die Knochenbrecher in Israel nicht eben schätzen? Wenn Wiesel aggressive Leute nicht liebt, so können ihm Rabin, Schamir und Scharon nicht lieb sein ... Wiesel, der Erinnerer, wird zu Wiesel, dem Verdränger.« So soll der Einwand Wiesels gegen den Wiedervereinigungsprozeß durch dessen Haftbarmachung für Israel entkräftet werden. Da selbst Augstein noch schreibt, daß Wiesel in New York lebe, wird der folglich in ein Weltjudentum eingemeindet. Vom »›internationalen Judentum‹« solle man »wirklich nicht reden. Wie aber, wenn man den Begriff nur denkt?« Denn Augstein weiß, daß es »unantastbare und bedeutende Juden in aller Welt« gäbe, die mächtig genug wären, die »fatale Gleichung: Wer Israel kritisiert, ist Antisemit« zu etablieren.

Ein ähnliches Auffahren der Erinnerung gegen Deutschland sieht Augstein in dem geplanten Mahnmal für die ermordeten Juden Europas. In der Debatte darüber entdeckt er die Tendenz, »den Holocaust zum Beruf zu machen«.[53] Bekräftigend zitiert er Peter Ambros' Wort von der »Bewältigungsbranche«. Dabei kümmert ihn nicht, daß er damit eine konträre Position für sein Anliegen einspannt, denn Ambros hatte seine Zweifel am deutschen Gedenken vor allem damit begründet, daß Juden immer noch nicht als Deutsche betrachtet werden.[54] Augstein hingegen sieht in dem geplanten Mahnmal den Versuch, »die Erinnerung ... zwangsweise an künftige Generationen« weiterzureichen, die »nicht mehr aufnahmebereit sind«. Und er fordert auf zu bedenken, »wieviel der Psyche einer Bevölkerung zugemutet werden« könne. Seine Kritik am Mahnmal ist also weder ästhetischer Natur, noch sieht er darin Ausdruck einer Doppelmoral, seine Ablehnung ist gegen eine unzumutbare Präsentation der Schuld gerichtet. In diesem Zusammenhang geniert er sich nicht, den Deutschen eine ›gemeinsame Psyche‹ zuzuschreiben und sie damit zu einer Erlebnisgemeinschaft zu machen, die ihre Abkunft von der Volksgemeinschaft nicht verbergen kann. Wie jene politisch Andersdenkende und vermeintlich rassisch Andersartige ausschloß und verfolgte, so sollen zum Gedenken an deren Verbrechen ihre Opfer und Kritiker nicht zugelassen werden. Die ›Psyche‹ der Augsteinschen Bevölkerung umfaßt offenkundig nicht die Empfindungen der Opfer.

Die Zumutung des Mahnmals liegt vor allem im Erzwungenen des Gedenkens, das sich auch aus der vorgesehenen Lage ergebe. So erklärt Augstein in einem weiteren Beitrag, daß der »geplanten und großenteils erfolgreichen Mordaktion an den europäischen Juden ... allerdings in der neuen deutschen Hauptstadt ein Mahnmal gesetzt werden« solle.[55] »Nicht aber an einer Mittelpunktstelle, die schlechthin jeder passieren muß, ob er will oder nicht.« Es müsse ein dezenterer Platz ausfindig gemacht werden, »wo Gedenken möglich« sei, denn »(e)rzwungenes Gedenken hilft nicht«.

War Augstein hier zwischenzeitlich für eine diskrete Form des Gedenkens zu haben, die niemanden in Berlins Mitte am unbeschwerten Bezug auf deutsche Vergangenheit behelligt hätte, so ist ihm Anfang 1998 endgültig klar, daß man »ein Monument für eine Sache«, aber »keines gegen sich selbst« errichten kann, denn »Schmach und Schande« vertrügen »keine Monumentalität«.[56] Aber weniger die Monumentalität, die ihm nur ein quantitatives Merkmal wie die Lokalität in Berlins Mitte ist, als der Inhalt, nämlich der Umstand, daß »die schlimmste Untat der eigenen Geschichte festgehalten werden soll: Das hätte von Anfang an bedenklich stimmen müssen.« Augstein geht auch hier wieder von einer Erlebnisgemeinschaft der Deutschen aus. Gegen die makellose Präsentation der ›eigenen Geschichte‹ sei »dieses Schandmal« gerichtet, und damit gegen »das sich in Berlin neu formierende Deutschland«.[57] Trotzdem durchgesetzt werden konnte es nur deshalb, weil die Befürworter offenbar mit einer »Moralkeule« namens Antisemitismus erpreßt wurden: Sie wollten »nicht als Antisemiten ... gelten«.[58]

Ein derart aufgezwungenes Gedenken würde aber nicht nur Augsteins Protest hervorrufen. Er ist sich sicher, daß das

Mahnmal erst »Antisemiten« schaffe, »die sonst vielleicht gar keine wären«.[59] Es würde zu einem »Sammelpunkt für sämtliche Radikalen von rechts und links ..., der Tag und Nacht bewacht werden muß. Man sieht Wachtürme und Stacheldraht schon vor sich.«[60] Das Gedenken muß vor dem Protest in Schutzhaft genommen werden. Augstein kann sich offenbar, wenn er an ein Mahnmal für die ermordeten Juden Europas denkt, nur ein Konzentrationslager im Herzen Berlins vorstellen.

1 Erinnerung kann man nicht befehlen. Martin Walser und Rudolf Augstein über ihre deutsche Vergangenheit. In: Der Spiegel, 45/1998, S. 52 (»Film«), 60 (»Roman«), 48 (»Jahrhundertthema«).

2 Erinnerung kann man nicht befehlen. (wie Anm. 1), S. 48 (»Versailles«), S. 49 (»Ziele«, »Gegenteil«, »Antisemitismus«).

3 Vgl.: Ian Kershaw: Der NS-Staat, Geschichtsinterpretationen und Kontroversen im Überblick. Reinbek bei Hamburg 1999 (erw. Neuaufl.), S. 112 ff.

4 Erinnerung kann man nicht befehlen, (wie Anm. 1). S. 55 f.

5 Vgl.: D. Bankier: Die öffentliche Meinung im Hitler-Staat: Die Endlösung und die Deutschen. Berlin 1995.

6 Erinnerung kann man befehlen. (wie Anm. 1), S. 58 (»Anti-Nazi«), S. 72 (»correctness«, »Volk«).

7 Rudolf Augstein: Wir sind alle verletzbar. In: Der Spiegel, 49/1998, S. 32. Dort findet sich auch das folgende Zitat: (»Haifische«).

8 Solche Motive werden im zwanzigsten Jahrhundert fortgeschrieben – vgl.: J. Petzold: Die Demagogie des Hitlerfaschismus. Frankfurt 1983, S. 36 ff. Wilhelm Marr, von dem Augstein im Gespräch mit Walser zu berichten weiß, daß auf diesen der Begriff des Antisemitismus zurückgeht, schreibt: »Das Judenthum dictirte die öffentliche Meinung in der Presse« (Wilhelm Marr: Der Sieg des Judenthums über das Germanenthum. Vom nicht confessionellen Standpunkt aus betrachtet. Bern 1879, S. 25). Als Anwälte wie auch als Publizisten wirkten Juden nach Heinrich Claß »zersetzend«, indem sie mit »talmudischen Kniffen« arbeiteten, »die Recht zu Unrecht verdrehen«, und indem sie das Bild »der besten nationalen Bestrebungen verzerrt als halbverrückten und blutgierigen Chauvinismus« wiedergäben (Daniel Frymann [d. i. H. Claß]: Das Kaiserbuch. Politische Wahrheiten und Notwendigkeiten. 7. Aufl., Leipzig 1925, S. 30 u. S. 67).

9 Sander L. Gilman: Die schlauen Juden. Über ein dummes Vorurteil. Hildesheim 1998, S. 254 f.

10 Wir sind alle verletzbar. (wie Anm. 7), S. 32. Dort auch die folgenden Zitate (»Adenauer«, »Weltpresse«, »Hieroglyphe«).

11 Jens Daniel (d. i. R. Augstein): Goethe unter uns. In: Der Spiegel, 36/1949, S. 25. Dort auch die folgenden Zitate (»Land«, »Buchenwald«, »Zukunft«, »Dante« und »Macht«). Augstein verwendet hier eines seiner Pseudonyme – Jens Daniel. Diesen Namen trugen regelmäßig Artikel von Augstein zwischen 1948 und 1970. Er bediente sich hierbei einer alttestamentarischen Symbolik, der Daniel-Figur aus dem Buch Daniel des Alten Testamentes (vgl. Die Bibel, Buch Daniel). Augstein setzt als deutscher Daniel auf diese Metapher von belohnter Standhaftigkeit, besonders im Hinblick auf seine Position zur Deutschlandpolitik.

12 Rudolf Augstein: Lieber Spiegelleser. In: Der Spiegel, 1/1953, S. 4; Sowjetische Gulags bezeichnet Augstein auch an anderer Stelle als Konzentrationslager (vgl.: Rudolf Augstein: Der gußeiserne Kanzler. In: Der Spiegel, 26/1956, S. 8).

13 Moritz Pfeil (d. i. R. Augstein): Säuberung. In: Der Spiegel, 3/1960, S. 16; und Rudolf Augstein: Lieber Spiegel-Leser. In: Der Spiegel, 3/1960, S. 12; Zur Entwicklung des Antisemitismus in der Bundesrepublik der 60er Jahre siehe: Werner Bergmann: Antisemitismus in öffentlichen Konflikten. Frankfurt 1997, S. 235 ff.

14 Moritz Pfeil: Recht auch noch für den Henker. In: Der Spiegel, 25/1960, S. 24.

15 Rudolf Augstein: Lieber Spiegel-Leser. In: Der Spiegel, 20/1960, S. 14. Dort finden sich auch die folgenden Zitate (»Kosmopolitismus«, »Pelz«, »Rücksicht«, »Judenmorde«). William Siegmund Schlamm, 1904 als Sohn jüdischer Eltern in Galizien geboren, war von 1920 bis 1929 Mitglied der österreichischen KP. 1932 gab er die Wiener Ausgabe der »Weltbühne« heraus, 1938 emigrierte er in die USA, von wo aus er 1949 als Korrespondent wieder nach Europa kam (vgl.: Munzinger-Archiv 40/78).

16 Zu modernen Variationen antisemitischer Vorstellungen jüdischer Weltverschwörung siehe: Friedrich Battenberg: Das europäische Zeitalter der Juden. Darmstadt 1990, Band 2, S. 233 ff.

17 Norman Cohn: Die Protokolle der Weisen von Zion. Der Mythos der jüdischen Weltherrschaft. Zürich 1988.

18 Moritz Pfeil (d. i. R. Augstein): Antisemitismus unter uns? In: Der Spiegel, 31/1963, S. 32. Dort auch die Zitate: »Geldstolz«, »Diskriminierung«, »Aufhebens«, »Strafen«, »vergast«.

19 Zur Entwicklung dieses Stereotyps siehe: Die schlauen Juden. (wie Anm. 9) S. 55–79.

20 Antisemitische Vorwürfe in diese Richtung wurden schon zum deutschfranzösischen Krieg 1870/71 geäußert und führten z. B. im Ersten Weltkrieg durch die Behauptung, Juden würden sich vornehmlich in der Etappe aufhalten und dort Schwarzhandel betreiben, zu einer »Judenzäh-

lung« des preußischen Kriegsministeriums, dessen, die Vorwürfe entkräf-
tendes, Ergebnis zunächst nicht veröffentlicht wurde, was Spekulationen
weiter anheizte (vgl.: Helmut Berding: Moderner Antisemitismus in
Deutschland. Frankfurt 1988, S. 166 ff.).

21 Die stereotype Vorstellung von jüdischer Unterwürfigkeit findet sich
selbst als Element der Erklärung des Antisemitismus in der ›Dialektik der
Aufklärung‹. Dort heißt es, »Anschmiegen, Beschwichtigen, Zureden«
seien die undisziplinierte Mimik« und damit »das Brandzeichen der alten
Herrschaft«, das »durch jede frühe Kindheit hindurch auf Generationen
vererbt« werde, »vom Trödeljuden auf den Bankier« (Max Horkheimer,
Theodor W. Adorno: Dialektik der Aufklärung. Frankfurt 1998, S. 191).

22 Augstein bezeichnet an anderer Stelle den Talmud als »transportable Chi-
nesische Mauer« (vgl.: Rudolf Augstein: Die perfiden Juden. In: Der Spiegel, 37/1967, S. 121). Die Vorstellung, daß der Talmud das entscheidende
Hemmnis jüdischer Emanzipation darstelle, entstand aus tradierten christlichen Judenbildern besonders stark im 19. Jahrhundert, eben als Argument gegen die jüdische Emanzipation. Insbesondere entstand der Glaube,
der Talmud schreibe als Regelwerk des alltäglichen Umgangs vor, Christen zu übervorteilen, die Weltherrschaft zu erlangen, Ritualmorde zu begehen oder Zauberei zu betreiben (vgl.: Michael Langer: Zwischen Vorurteil und Aggression: zum Judenbild in der deutschsprachigen katholischen
Volksbildung im 19. Jahrhundert. Freiburg im Breisgau 1994, S. 75 ff.).

23 Vgl.: Antisemitismus unter uns? (wie Anm. 18), S. 32.

24 Im ›Spiegel‹ wurde der Dialog rekonstruiert: Kurt Lieser wurde auf seinen
Hinweis, er habe »›als Halbjude im Dritten Reich im KZ gesessen‹, von
Zind geantwortet: ›Was – dann hat man also auch Sie vergessen zu verga-
sen?‹ Lieser: ›Sie würden mich also auch noch heute ins KZ bringen, wenn
Sie die Möglichkeit dazu hätten?‹ Zind: ›Jawohl. Und ich will Ihnen sagen:
ich lege auch Sie noch um …Im übrigen bin ich stolz darauf, daß ich im
Krieg mit meinen Männern Hunderten von Juden mit der Schaufel das
Genick eingeschlagen habe‹«. (Israel wird ausradiert. In: Der Spiegel,
52/1957, S. 35. Nur die letzte Aussage relativierte Zind später dahingehend, daß es sich um erschlagene Russen gehandelt habe [ebd.]).

25 Vgl.: Rudolf Augstein: Israel soll leben. In: Der Spiegel, 25/1967, S. 3 und:
Israel verliert den Frieden. In: Der Spiegel, 27/1967, S. 59.

26 Rudolf Augstein: Zu Hitler fällt uns nichts mehr ein. In: Der Spiegel,
34/1977, S. 62.

27 Rudolf Augstein: Keinen zweiten Holocaust, bitte! In: Der Spiegel,
20/1981, S. 24. Dort auch die Zitate: (»Hitler«, »mitgemacht«, »Nächsten«, »Unterschied«, »Mehrheit«, »Staat«) S.25 (»zweiten Holocaust«).

28 Zur aktuellen Auseinandersetzung zu dieser Unterscheidung von Juden
und Deutschen, vgl.: Ignatz Bubis: »Damit bin ich noch lange nicht fertig«: Die Autobiographie. Frankfurt 1996, S. 220 ff.

29 So spricht Augstein vom »künftigen europäischen Holocaust« (Rudolf Augstein: Wenn Politik und Feindschaft in eins fallen. In: Der Spiegel, 28/1981, S. 30) oder davon, daß »der kleine Jom-Kippur-Krieg, mit seinen neuntausend Toten ... den großen Atomkrieg, der aus der Diskussion fast verschwunden schien, wieder denkbar gemacht« habe (Rudolf Augstein: Ein Jahr nach Jom-Kippur. In: Der Spiegel, 40/1974, S. 190). An anderer Stelle heißt es: »Denn wir täuschen uns, wenn wir uns trösten, der große, der Atomkrieg, werde nicht von den Einzeldynamikern à la Arik Scharon inszeniert werden« (Rudolf Augstein: Ariks gordischer Knoten. In: Der Spiegel, 29/1982, S. 84).

30 Rudolf Augstein: Die Wacht am Nil. In: Der Spiegel, 7/1965, S. 23. Dies sei zum einen auf israelische Proteste gegen die drohende Nichtverlänge- rung der Verjährungsfrist für Verbrechen während des Nationalsozialis- mus gemünzt und zum anderen auf das Kalkül der Bundesregierung, durch Waffenlieferungen an Israel die Aufnahme diplomatischer Verbin- dungen mit Israel zu vermeiden, weil dadurch die Anerkennung der DDR durch die arabischen Staaten erwartet wurde (vgl. ebd.).

31 Rudolf Augstein: Jener Mongole mit den schlauen Augen. In: Der Spiegel, 1/1976, S. 36.

32 Ariks Gordischer Knoten (wie Anm. 29), S. 84.

33 Rudolf Augstein: Bitte kein Bit. In: Der Spiegel, 18/1985, S. 18.

34 Rudolf Augstein: Die neue Auschwitz-Lüge. In: Der Spiegel, 41/1986, S. 62.

35 Eine erste skandalisierte Auseinandersetzung um Entschädigungsfragen stellt der Fall um den Vorsitzenden des Landesentschädigungsamtes Bay- erns, Auerbach, dar, dessen persönliches Verhalten ursächlich für den auf- keimenden Antisemitismus gewesen sei. In der Öffentlichkeit wurde, so schreibt Bergmann, »der Kern des Antisemitismus letztlich immer noch in einer ›Judenfrage‹ gesehen, so daß nicht eine ›Umstimmung‹ der Be- völkerung, sondern ein zurückhaltendes Auftreten der Juden von deut- scher Seite gefordert wurde« (Bergmann 1997, S.151, zum Fall Auerbach vgl. S. 145ff).

36 Rudolf Augstein: Lieber Spiegel-Leser. In: Der Spiegel, 13/1964, S. 18, die folgenden Zitate auf S. 17 (»Rätsel«, »Natur«).

37 So heißt es z. B.: »Hitler war nicht auf Vernunft und Erfolg, sondern auf Zerstörung und Untergang abonniert. Seinen mühelosen Sieg über seine innenpolitischen Gegner hatte er sich nicht verziehen, darum mußte er die Juden ermorden. Der unkriegerische Spaziergang nach Prag machte ihn geradezu wütend; mit um so größerer Gier wollte er Polen (dies sein Lieb- lingswort) ›zerschlagen‹. Hätte man ihm den Ural und Alaska auf silber- nem Tablett geboten, es hätte ihm nicht genügt. Der Rest der Welt wäre ihm nur um so bedrohlicher erschienen, des Krieges und Mordens und Zerschlagens kein Ende.« (Zu Hitler fällt uns nichts mehr ein. [wie Anm. 26] S. 63). Augstein geht davon aus, daß Hitler »sich und die ganze

259

Welt in die Luft sprengen« wollte (ebd.).«Hitler wird nur verständlich, wenn man davon ausgeht, daß er auf seinen relativ frühen Tod hingelebt hat und daß er, was man sein Lebenswerk doch wohl nennen muß, obgleich es ausschließlich im negativen Bereich angesiedelt war, nicht als Stück der realen Welt ... begriffen hat«. (Die neue Auschwitz-Lüge [wie Anm. 34], S. 62). Hitler wollte eben um »jeden Preis den Krieg ... Sein ›Verbrechen‹ hätte ihn in einer Klapsmühle enden lassen können oder, wie geschehen, in der Reichskanzlei. Auf kriegsverbrechenden Untergang war er programmiert« (Rudolf Augstein: ›Ja wenn Hitler nicht gewesen wäre‹. In: Der Spiegel, 14/1988, S. 232).

38 Rudolf Augstein: Der Terror als Staatsdoktrin – II. In: Der Spiegel, 16/1989, S. 131. Hier auch die folgenden Zitate: S. 142 (»selbst auslöschen«), S. 148 (»Unmensch«).

39 Rudolf Augstein: Lieber Spiegelleser. In: Der Spiegel, 1/1951, S. 4. Vgl.: Kershaw 1999, S. 114 ff.

40 Rudolf Augstein: Der Terror als Staatsdoktrin – I. In: Der Spiegel, 15/1889, S. 136. Hier finden sich auch die Zitate: S. 137 (»wissen«), S. 136 (»Initiative«).

41 Rudolf Augstein: »Deutschlands längster Tag. In: Der Spiegel, 28/1994, S. 33. Auf S. 34 (»Symbiose«), S. 25 (»Märtyrern«).

42 Rudolf Augstein: ›Ich habe es nicht gewußt‹. In: Der Spiegel, 5/1979, S. 20. Dort auch die Zitate (»Mädchen«, »Ausmordung«, »Gegnerschaft«, »überleben«.

43 Rudolf Augstein: Wie man Auschwitz instrumentalisiert. In: Der Spiegel, 2/1989, S. 90.

44 Rudolf Augstein: ›Oh! That Inhumanity!‹. In: Der Spiegel, 4/1995, S. 41.

45 Rudolf Augstein: Politik der Erinnerung. In: Der Spiegel, 19/1995, S. 41.

46 Rudolf Augstein: Todbringende Humanisten. In: Der Spiegel, 33/1996, S. 4 S. 40; Daniel J. Goldhagen: Hitlers willige Vollstrecker. Ganz gewöhnliche Deutsche und der Holocaust. Berlin 1996.

47 Rudolf Augstein: Der Soziologe als Scharfrichter. In: Der Spiegel, 16/1996, S. 32. Da auch die Zitate (»Unsinn«, »bösartig«).

48 Rudolf Augstein: Anschlag auf die ›Ehre‹ des deutschen Soldaten? In: Der Spiegel, 11/1997, S. 95. Die folgenden Zitate und Verweise: S. 95 f. (zu Wehrmachtputschisten), S. 99 (»verstrickt«). Die Ausstellung ›Vernichtungskrieg. Verbrechen der Wehrmacht 1941 bis 1944‹ wurde 1994 vom Hamburger Institut für Sozialforschung erstellt.

49 Rudolf Augstein: Eile tut nun not. In: Der Spiegel, 12/1990, S. 22.

50 Rudolf Augstein und Günter Grass: Deutschland einig Vaterland. Göttingen 1990, S. 55. Und: Erinnerung kann man nicht befehlen (wie Anm.1), S. 72.

51 Elie Wiesel: ›Deutschland ist noch nicht bereit‹. In: Der Spiegel, 1/1990, S. 107.

52 Vgl.: Rudolf Augstein: Stunde Null. In: Der Spiegel, 2/1990, S. 18. Dort auch die Zitate (»Auschwitz«, »Erinnerung«, »Feld«, »Verdränger«, »Judentum«, »Juden«).

53 Rudolf Augstein: Politik der Erinnerung. In: Der Spiegel, 19/1995, S. 50. Hier auch die Zitate (»Generation«, »Psyche«).

54 Zur Diskussion um das Mahnmal vgl.: Michael Jeismann: Mahnmal Mitte: Eine Kontroverse. Köln 1999; darin die zitierte Rede von Peter Ambros, Pressesprecher der Jüdischen Gemeinde Berlin, auf S. 85 ff.

55 Rudolf Augstein: Dampfwalze Lea. In: Der Spiegel, 29/1995, S. 35. Da auch das Zitat (»Gedenken«).

56 Rudolf Augstein: Zugebaute Scham. In: Der Spiegel, 8/1998, S. 29. Da auch das folgende Zitat: (»bedenklich«).

57 Wir sind alle verletzbar (wie Anm. 7), S. 32.

58 Zugebaute Scham (wie Anm. 56), S. 29; »Moralkeule«: Martin Walser: Die Banalität des Guten. In: Frankfurter Allgemeine Zeitung, 236, 1998, S. 15.

59 Wir sind alle verletzbar (wie Anm. 7), S. 32.

60 Zugebaute Scham (wie Anm. 56), S. 29.

ZU DEN AUTOREN

Johannes Klotz, Dr. phil., schreibt für die Frankfurter Rundschau, Die Woche, Die Tageszeitung, Die ZEIT, Freitag, Ossietzky, Blätter für deutsche und internationale Politik, Tribüne u. a. Artikel über die Auseinandersetzung in Politik und Gesellschaft mit dem Nationalsozialismus, diverse Beiträge zur Auseinandersetzung um die Ausstellung »Vernichtungskrieg. Verbrechen der Wehrmacht 1941 bis 1944«; zahlreiche Vorträge an den Ausstellungsorten. Jüngste Publikationen über die »Deutschen und ihr Geschichtsbild. Zur Rolle der deutschen Wehrmacht im zweiten Weltkrieg«. In: Greven/von Wrochem: Der Krieg in der Nachkriegsgesellschaft. Verlag Leske und Budrich und über »Vergangenheitspolitik«. In: Tribüne, Heft 154, Juni 2000.

Gerd Wiegel, Diplompolitologe, promoviert über das Geschichtsbild des Neokonservatismus zum deutschen Faschismus. Jüngste Publikation: Rechtsextremismus in Europa (Heilbronn 1999).

Kai Köhler, Germanist und Promovent.

Wulf D. Hund, Professor für Soziologie an der HWP Hamburg. Jüngste Publikation: Rassismus. Die soziale Konstruktion natürlicher Ungleichheit (Münster 1999); Zigeunerbilder. Schnittmuster rassistischer Ideologie (als Herausgeber) (Duisburg 2000).

Thomas Gondermann, Diplomsoziologe, Hamburg.

Literarische Spaziergänge mit Büchern und Autoren

Das Kundenmagazin der Aufbau-Verlage.
Kostenlos in Ihrer Buchhandlung

Margret Jäger
Siegfried Jäger

Gefährliche Erbschaften
Die schleichende Restauration
rechten Denkens

Originalausgabe
216 Seiten
Band 7019
ISBN 3-7466-7019-5

»Ich sehe einen neuen Hitlerismus kommen«, notierte Victor Klemperer kurz nach dem Zusammenbruch des Naziregimes. Aus seinen Tagebüchern der Jahre 1933–1945 destillierte er sein Buch über die Sprache des Dritten Reiches, »LTI«, das er als »Erziehungsbuch« verstand, um der Fortdauer faschistischen Denkens und Handelns etwas entgegenzusetzen. Margret Jäger und Siegfried Jäger rekonstruieren Klemperers Sprach- und Gesellschaftskritik und versuchen, sie für die Gegenwart fruchtbar zu machen. Sie wenden Klemperers Methode zum einen auf die Sprache und Ideologie des heutigen Rechtsextremismus an und untersuchen darüber hinaus, ob und welche Elemente völkischen Denkens in die »Mitte« der Gesellschaft eingedrungen sind und dort Wirkung entfalten. Ihre Analysen beziehen sich auf aktuelle Textbeispiele und Illustrationen zentraler deutscher Zeitungen und Zeitschriften, auf Politikerreden jüngster Zeit und auf Alltagsinterviews.

AtV
Aufbau Taschenbuch Verlag

Ingo Hasselbach
Winfried Bonengel

Die Abrechnung
Ein Neonazi steigt aus

Aktualisierte Ausgabe
192 Seiten
Band 7036
ISBN 3-7466-7036-5

Ingo Hasselbach, jahrelang ein führender Neonazi, gibt einen authentischen Bericht über den Rechtsextremismus in Deutschland. Er beschreibt seinen eigenen verhängnisvollen Weg vom Punk zum Neonazi. Hasselbach nennt Namen, zeigt Strukturen, charakterisiert »Führer« und Anhänger. Er schildert seine Motive für den radikalen Ausstieg aus einer Szene, die wie eine Droge wirkt im Kampf um Anerkennung und Gemeinschaftsgefühl. Auch heute, Jahre nach seinem Ausstieg, muß Hasselbach im verborgenen leben. Präzise verfolgt er die neuesten Entwicklungen und analysiert Fehler, die vor allem von Politikern im Umgang mit der rechten Szene begangen werden.

»Ingo Hasselbach hat sich an seinen eigenen Haaren aus dem rechten Sumpf gezogen.«   *Die Zeit*

Aufbau Taschenbuch Verlag

Stefanie Christmann
Dieter S. Lutz

Die Zerstörung
der Vernunft in Zeiten
des Krieges

Zum Demokratieverlust
nach 1989

282 Seiten
Band 7024
ISBN 3-7466-7024-1

Seit dem Untergang des Staatssozialismus erlebt Deutschland nicht ein Mehr an Demokratie, sondern deren Verfall. Die Kluft zwischen Anspruch des Grundgesetzes und Wirklichkeit wird immer größer. Die Gewaltenteilung wird zunehmend preisgegeben, öffentlicher Diskurs reduziert sich auf Infotainement. Aufklärung, Gleichheit, Solidarität geraten auf dem Weg in eine nebulöse »neue Mitte« aus dem Blickfeld. Statt Vernunft wird »vernünftig« zum Leitziel. Die Bevölkerung reagiert zunehmend apathisch auf vorgebliche Alternativlosigkeit aller politischen Entscheidungen.

Die Autoren setzen sich mit Innenansichten der Macht auseinander, analysieren Feindbilder, Geschichtsklitterung und gezielte Mythenbildung durch Medien, Wissenschaft und Politik. Wollen die Bürger sich nicht endgültig selbst entmündigen, müssen sie endlich ihre ureigensten Interessen erkennen und wahrnehmen.

A^tV

Aufbau Taschenbuch Verlag

Wolfgang Engler

Die Ostdeutschen
Kunde von
einem verlorenen Land

348 Seiten
Band 8053
ISBN 3-7466-8053-0

Wolfgang Englers Buch »Die Ostdeutschen« zeichnet ein Bild
unerwartet lebendiger Vergangenheit ... Ihm geht es, ganz der
Dialektik verpflichtet, um das Verlorene, wissend, das es in irgendeiner Form an seiner Aufhebung arbeitet, durch Verklärung
oder Aufklärung wiedererscheint. ... Engler spricht nicht ohne
Doppelsinn von der DDR als einer »Diktatur in Grenzen«, also
einer Herrschaft, die nach außen mit strikter Grenzziehung arbeitete, die Räume nach innen ebenfalls vertikal abschottete, aber
horizontal durchlässig hielt. Aus ihren Werten, Normen und
Zielvorstellungen rekonstruiert er das Bild einer »arbeiterlichen
Gesellschaft«, die die Verarbeiterlichung der bürgerlichen Schichten und das Abschmelzen sozialer Barrieren und Differenzen erfolgreich bewerkstelligte, um schließlich an eben diesem Erfolg
zu scheitern, am Mangel an Effizienz, Differenzierung und Indi-
vidualisierung. ...

A^tV

Aufbau Taschenbuch Verlag

Victor Klemperer

Ich will Zeugnis ablegen
bis zum letzten
Tagebücher 1933–1945

Herausgegeben
von Walter Nowojski
unter Mitarbeit
von Hadwig Klemperer
8 Bände in Kassette
1800 Seiten
Band 5514
ISBN 3-7466-5514-5

Victor Klemperers Tagebücher haben sich als unverzichtbare und unvergleichliche Zeitdokumente von außergewöhnlicher Faszination erwiesen. »Beobachten, notieren, studieren« – das war die ständige Forderung, die er an sich selbst stellte. Seine minutiösen Notizen über den Alltag der Judenverfolgung mitten in einer deutschen Großstadt lösten die selbstgesetzte Chronistenpflicht des zwangsemeritierten jüdischen Professors ein, den die Liebe seiner nichtjüdischen Ehefrau Eva vor der Deportation bewahrte. Tag für Tag, trotz ständiger Todesgefahr, Zwangsarbeit und entwürdigender Existenz im »Judenhaus«, hielt Victor Klemperer fest, was er erlebte, hörte, sah, was ihm zugetragen wurde: den täglichen Terror mit Razzien, ständig neuen Verboten und Schikanen, gelegentlich auch Gesten der Solidarität von Unbekannten, Gerüchte, politische Witze oder Berichte von Frontsoldaten.

A^t V
Aufbau Taschenbuch Verlag